कुसुम कुमारी

हिन्दी का सुप्रसिद्ध एवं बहुचर्चित उपन्यास–

कुसुम कुमारी

<u>लेखक</u>

बाबू देवकीनन्दन खत्री

<u>सम्पादक</u>

डॉ. झारी

इण्डियन बुक बैंक

ISBN–978-81-8115-144-5

मूल्य : 550.00 रुपये

संस्करण : सन् 2022

प्रकाशक : **इण्डियन बुक बैंक**
33/1, झारी हाऊस, महरौली, नई दिल्ली–30
दूरभाष : 266 44 0 66

मुद्रक : पराग प्रिंटिंग सर्विस, नई दिल्ली–48 द्वारा शब्द संयोजन एवं बालाजी ऑफसेट, दिल्ली–110032 में मुद्रित ।

Kusum Kumari *(Famous Novel)*
by Babu Devkinandan Khatri
Edited by Dr. Jhari

1

ठीक दोपहर का वक्त और गर्मी का दिन है । सूर्य भगवान अपनी पूरी किरणों का मजा दिखा रहे हैं । सुनसान मैदान में दो आदमी खूबसूरत और तेज घोड़ों पर सवार साये की तलाश और ठंडी जगह की खोज में इधर-उधर देखते घोड़ा फेंके चले जा रहे हैं । ये इस बात को बिलकुल नहीं जानते कि शहर किस तरफ है या आराम लेने के लिए ठंडी जगह कहां मिलेगी, घड़ी-घड़ी रूमाल से अपने मुंह का पसीना पोंछते और घोड़ों को एड़ लगाते बढ़े जा रहे हैं ।

इन दोनों में से एक की उम्र अट्ठारह या उन्नीस वर्ष की होगी, दिमागदार खूबसूरत चेहरा धूप में पसीज रहा है, बदन की चुस्त कीमती पोशाक पसीने से तर हो रही है, जड़ाऊ कब्जे वाली इसकी तलवार फौलादी जड़ाऊ म्यान के सहित उछल-उछल कर घोड़े के पेट से टक्कर मारती और चलने में घोड़े को तेज करती जाती है । इसका घोड़ा भी जड़ाऊ जीन से कसा और कीमती गहनों से भरा, अपने एक पैर की झांझ की आवाज पर मस्त होकर चलने में सुस्ती नहीं कर रहा था । ऐसे बांके बहादुर खुशरू दिलावर जवान को जो देखे वह जरूर यही कहे कि किसी राजा का लड़का है और शायद शिकार में भूला हुआ भटक रहा है ।

इसका साथी दूसरा शेरदिल भी जो इसके साथ-साथ अपने तेज घोड़े को डपटे चला जा रहा है, खूबसूरती, दिलावरी, साज और पोशाक में बेनजीर मालूम होता है, फर्क इतना ही है कि इसको देखने वाला यह कहने से न चूकेगा कि यह पहिले बहादुर राजकुमार का वजीर या दीवान है, जो ऐसे वक्त में अपने मालिक का जी-जान से साथ दे रहा है ।

यह दोनों दिलावर इसी तरह देर तक घोड़ा फेंके चले गये मगर कहीं भी आराम लेने के लिए कोई सायेदार दरख्त इन्हें नजर न आया, यहां तक

कि दिन सिर्फ घंटे भर बाकी रह गया जब दूर पर एक छोटी-सी पहाड़ी नजर आई जिसके नीचे कुछ सायेदार पेड़ों का भी निशान मालूम हुआ ।

इन दोनों के तेज घोड़े धूप में दौड़ते-दौड़ते बिलकुल सुस्त हो रहे थे, बड़ी मुश्किल से उस पहाड़ी के नीचे तक पहुंचे और पीठ खाली होते ही जीभ निकाल हांफते हुए जमीन पर गिर कर देखते-देखते बेदम हो गए ।

इन दोनों को पहाड़ी के नीचे सायेदार दरख्तों के मिलने की इतनी खुशी न हुई जितना दोनों घोड़ों के मर जाने का रंज और गम हुआ । हमारे राजकुमार रनबीरसिंह ने आंखें डबडबा कर अपने मित्र जसवन्तसिंह से कहा-

रनबीरसिंह : इन घोड़ों ने आज हम लोगों की जान बचाई और अपनी जान दी, अफसोस कि इस वफादारी के बाद हम लोग इनकी कोई खिदमत न कर सके ! सिवाय इसके हम लोगों को यह भी बिलकुल नहीं मालूम कि किधर चले आये और अपना घर किस तरफ है ?

जसवन्तसिंह : इसमें तो कोई शक नहीं कि इन घोड़ों के मर जाने से बहुत-सी तकलीफों का सामना करना पड़ेगा, हम लोग पैदल चल कर तीन दिन में भी उतनी दूर नहीं जा सकते जितना आज इन घोड़ों पर चले आये ।

रनबीरसिंह : इस पहाड़ी के ऊपर चढ़ कर चारों तरफ देखना चाहिए कि कहीं किसी शहर का निशान दिखाई पड़ता है या नहीं । (पहाड़ी की तरफ देख कर) इस पर चढ़ने के लिए पगडण्डी नजर आ रही है, मालूम होता है कि इस पहाड़ी पर आदमियों की आमदरफ्त जरूर होती है ।

जसवन्तसिंह : (पहाड़ी के ऊपर निगाह करके) हां, मालूम तो यही होता है ।

रनबीरसिंह : तो चलो फिर देर करने की कोई जरूरत नहीं ।

जसवन्तसिंह : चलिए ।

मरे हुए घोड़ों को कसे-कसाये उसी तरह छोड़ ये दोनों उस पहाड़ी के ऊपर चढ़ने लगे । बिलकुल शाम हो गई थी जब ऊपर पहुंचे ।

पहाड़ी के ऊपर पहुंचने ही से इन दोनों की तबीयत हरी हो गई और उतनी फिक्र न रही जितनी उस वक्त थी जब ये पहाड़ी के नीचे थे, क्योंकि ऊपर पहुंच कर एक छोटे बगीचे की निहायत खूबसूरत चारदीवारी दिखाई पड़ी और बायें तरफ कुछ दूर पर एक गांव का निशान भी मालूम हुआ, मगर वह इतना नजदीक न था कि दो-तीन घंटे रात जाते-जाते भी ये दोनों वहां

तक पहुंच सकते ।

रनबीरसिंह : जसवन्त, उस गांव तक तो पहुंचना इस वक्त मुश्किल है, अब तो इतनी हिम्मत भी नहीं रही कि आगे चलने की कोशिश करें, इसी बगीचे में कहीं रात काटना मुनासिब होगा, जरा देखो तो इसका दरवाजा किधर है ।

जसवन्तसिंह : वह देखिए, पूरब तरफ दो घने पेड़ दिखाई दे रहे हैं, मुमकिन है उधर ही दरवाजा भी हो ।

रनबीरसिंह : चलो उधर ही चलें ।

दोनों आदमी उन घने पेड़ों की तरफ चले । जसवन्तसिंह का ख्याल ठीक ठहरा, वे दोनों पेड़ दोनों तरफ थे और बीच में एक छोटा-सा खूबसूरत दरवाजा था । रनबीरसिंह ने दरवाजे को धक्का दिया जो भीतर से बन्द न था, खुल गया, और ये दोनों उसके अन्दर गए ।

रात हो गई थी मगर चांदनी खूब खिली हुई थी । ये दोनों उस छोटे से दिलचस्प बाग में टहलने लगे । पश्चिम तरफ एक छोटी-सी खूबसूरत बारहदरी थी मगर किसी तरह के सामान से सजी हुई न थी, उसी के बगल में एक मन्दिर नजर आया जिसके आगे छोटा-सा संगीन कुआं था और रस्से में बंधा हुआ लोहे का एक डोल भी उसी जगह पड़ा था ।

दोनों उस मन्दिर के अन्दर गये, भीतर अंधेरा था मगर बाहर की चांदनी की चमक से जो उसके चबूतरे पर पड़ रही थी इतना मालूम हुआ कि इसमें कोई देवता बैठे हुए नहीं हैं, बल्कि उनकी जगह बीचोंबीच में दो पत्थर की मूर्तियां ठीक आदमी के बराबर की बैठाई हुई हैं जिन्हें देख इन दोनों को भ्रम हो गया कि दो आदमी बैठे हैं, मगर बड़ी देर तक न हिलने-डोलने से जान पड़ा कि ये आदमी नहीं बल्कि पत्थर की मूर्तियां हैं ।

रनबीरसिंह ने कहा, "भाई जसवन्तसिंह, इस वक्त तो कुछ भी समझ में नहीं आता कि ये मूर्तियां कैसी या किसकी हैं । चलो बाहरवाले कुएं पर लेट रहें, सवेरे देखा जायगा । मुझे प्यास भी बड़े जोर की लगी है, मगर जब तक यह न मालूम हो कि यह बाग किसका है या यह डोल किस जात के पानी पीने का है तब तक इस डोल से पानी भर कर कैसे पीऊं ?"

जसवन्तसिंह बोले, "आपने ठीक कहा । इस बगीचे में कोई माली भी नहीं दिखाई देता जिससे पूछें कि यहां का मालिक कौन है या यह डोल हम

लोगों के पानी पीने लायक है या नहीं । हां एक बात हो सकती है, उन डोलो में से रस्सी खोल ली जाय और उसमें अपनी चादर जो कमर के साथ कसी है, बांध कर कुएं में डाली जाय, दो-तीन दफा डुबो कर निकालने और निचोड़कर पीने से जरूर जी भर जायगा, फिर सवेरे ईश्वर मालिक है ।"

लाचार होकर इस बात को रनबीरसिंह ने पसन्द किया । कुएं पर आए और उसी तरकीब से जो जसवन्तसिंह ने सोची थी प्यास बुझाई ।

ज्यों-त्यों करके रात काटी । ध्यान तो उन मूर्तियों में लगा हुआ था । सवेरे उठते ही पहिले उस मन्दिर में जाकर उन अद्भुत मूर्तियों को देखा ।

यह दोनों बैठी हुई मूर्तियां ठीक आदमियों जैसी ही थीं और इनके डील-डौल, ऊंचाई-नीचाई में कुछ भी फर्क न था । ये दोनों, रनबीरसिंह और जसवन्तसिंह, एकटक उन मूर्तियों की तरफ देखने लगे ।

इनमें एक मूर्ति मर्द की और दूसरी औरत की थी । देखने से यही जी में आता था कि अगर मिले तो उस कारीगर के हाथ चूम लें जिसने इन मूर्तियों को बनाया है । चाल-ढाल, हाव-भाव, रंगरोगन सभी ऐसे थे कि चालाक से चालाक आदमी भी एक दफे धोखा खा जाय ।

दोनों मूर्तियां एक से एक बढ़ के खूबसूरत, दोनों ही की युवा अवस्था, दोनों ही का गोरा रंग, दोनों ही के सभी अंग सुन्दर और सुडौल, दोनों ही का चेहरा चन्द्रमा को कलंकित करने वाला, दोनों ही की राजशाही पोशाक और दोनों ही बदन पर कीमती गहने पहिरे हुए थे ।

स्त्री हाथ जोड़े सिर नीचा किए बैठी है, दोनों आंखों से आंसू की बूंदें गिर कर दोनों गालों पर पड़ी हुई हैं, बड़ी-बड़ी आंखें सुर्ख हो रही हैं । मर्द प्रेम-भरी निगाहों से उस स्त्री के मुख की तरफ देख रहा है, बायां हाथ गर्दन में डाले और दाहिने हाथ से उसकी ठुड्डी पकड़ कर ऊपर की तरफ उठाना चाहता है, मानों उसे उदास और रोते देख दुःखित हो प्रेम से मनाने और खुश करने की चेष्टा कर रहा है ।

पत्थर की इन दोनों सुन्दर हाव-भाव वाली मूर्तियों को देख कर रनबीरसिंह और जसवन्तसिंह दोनों बहुत देर तक सकते की-सी हालत में चुपचाप तस्वीर की तरह खड़े रहे, आंख की पलक तक नीचे न गिरी । आखिर रनबीरसिंह ने मुंह फेरा और ऊंची सांस लेकर जोर से कहा, "ओह, आश्चर्य ! यह क्या मामला है ! मैं कहां और यह पहाड़ी बाग और मूर्तियां

कहां ! क्या होने वाला है ? हे ईश्वर ! जैसा ही मैं इन बातों से भागता था वैसा ही फंसना पड़ा । मेरी भूल थी जो मैंने यह न सोचा था कि ब्रह्मा ने अपनी सृष्टि में एक-से-एक बढ़ के सुन्दर मर्द और औरत बनाये हैं । (थोड़ी देर तक चुप-चाप उन मूर्तियों की तरफ देख कर) जसवन्त, क्या कह सकते हो कि यह किसकी मूरत है और यहां से मेरा देश कितनी दूर होगा ?"

जसवन्तसिंह ने कहा, "इस आश्चर्य को देख मैं सब कुछ भूल गया और तबीयत घबड़ा उठी, अक्ल ठिकाने न रही । मुझे यह कुछ मालूम नहीं कि यह पहाड़ी किस राजधानी में है या हमारा देश यहां से किस तरफ है । अपनी सरहद छोड़े आज चार रोज हो गए, ऐसा भूले कि पूरब-पश्चिम का भी ध्यान न रहा, दौड़ते-दौड़ते बेचारे घोड़े भी मर गए । यद्यपि इसमें शक नहीं कि यहां से हमारा देश बहुत दूर न होगा, फिर भी हम लोगों को अब तक इस जगह की कोई खबर न थी ! अहा, कैसी सुन्दर मूर्ति बनाई है, मालूम होता है कारीगर ने अभी इन मूर्तियों को तैयार करके हाथ हटाया है ! यह मर्द की मूरत तो बेशक आपकी है । कोई निशान आप में ऐसे नहीं जिसे इस मूर्ति में न बनाया गया हो, कोई अंग ऐसे नहीं जो आप से न मिलते हों, मानो आप ही को सामने बैठा कर कारीगर ने इस मूर्ति को बनाया और रंगा हो । अगर आप चुपचाप इस मूर्ति के पास बैठ जाएं तो मैं क्या आपके माता-पिता भी ताज्जुब में ठिठक के खड़े रह जाएं और यह न कह सकें कि मेरा बेटा कौन है !!"

रनबीरसिंह ने कहा, "अगर यह मूर्ति मेरी है तो यह दूसरी मूर्ति भी जरूर किसी ऐसी औरत की होगी जो इस दुनिया में जीती-जागती है । ओह, क्या कहा जाये, कुछ समझ में नहीं आता, किसने इन दोनों को यहां इकट्ठा किया ! क्या तुम बता सकते हो कि वह कौन औरत है जिसकी यह मूर्ति है !!"

जसवन्तसिंह बोले, "मुझे यकीन नहीं आता कि यह इस पृथ्वी की कोई औरत है । जरूर यह कोई देवकन्या या अप्सरा होगी, इस दुनिया में तो ऐसी खूबसूरती कभी किसी ने देखी नहीं ।"

रनबीरसिंह : ऐसी बात नहीं है और जरूर तुम मुझे धोखा दे रहे हो । खोजने से जरूर मैं इसे देख सकता हूं । नहीं नहीं, अब खोजना क्या सामने ही तो बैठी है, इसे छोड़ कर अब मैं कहां जा सकता हूं ? अहा, किस प्रेम

से हाथ जोड़े हैं। (मूर्ति का हाथ पकड़ के) ऐसा न होगा, तुम हाथ न जोड़ो, यह काम तो मेरा है, मैं तुम्हारे पैरों पर सिर रखता हूं। (पैरों पर सिर रखकर) कहो तो सही, रो क्यों रही हो ? क्या मुझसे खफा हो गई हो ? भला कुछ तो बोलो, मैं कसम खाकर कहता हूं कि अब कभी तुमसे अलग न होऊंगा, मुझसे कोई कसूर हो गया हो तो उसे माफ करो।

जसवन्तसिंह : हैं हैं ! यह आप क्या कर रहे हैं ? क्या भूल गये कि यह पत्थर की मूर्ति है ?

रनबीरसिंह : (चौंक कर) क्या कहा ? पत्थर की मूर्ति ! हां ठीक तो है।

इतना कह रनबीरसिंह चुप हो गए और एकटक उस मूरत की तरफ देखने लगे। बहुत देर के बाद जसवन्तसिंह ने फिर टोका, "रनबीरसिंह ! बैठे क्या हो, उठो आओ इधर-उधर घूमें, चलो किसी को ढूंढ़ें, कुछ पता लगावें जिसमें मालूम हो कि यह बगीचा किसका है और इन मूर्तियों को बनाने वाला कौन है। इस तरह बैठे रहने से क्या काम चलेगा।"

रनबीरसिंह ने जसवन्तसिंह की तरफ देखकर कहा, "भाई, मुझे छोड़ दो, क्यों तकलीफ देते हो, तुम जाओ, देखो, खोजो, मेरे बिना क्या हर्ज होगा ?"

जसवन्तसिंह : आखिर कब तक बैठे रहियेगा ?

रनबीरसिंह : जब तक यह खुश न होगी और हंसेगी नहीं !

जसवन्तसिंह : क्या इस पत्थर की मूरत में जान है जो आप इसे मनाने बैठे हैं ?

रनबीरसिंह : तुम क्यों मुझे तंग कर रहे हो, जाओ, अपना काम करो, मैं यहां से न उठूंगा !

जसवन्तसिंह जी में सोचने लगे कि रनबीरसिंह इस वक्त अपने होशोहवास में नहीं है, इस औरत का इश्क (जिसकी यह मूरत है) इनके सिर पर सवार हो गया है, यकायक उतारने से नहीं उतरेगा।

इसी झगड़े में दिन दोपहर से ज्यादा आ गया, नहाने-धोने, खाने-पीने की कुछ भी फिक्र नहीं। जसवन्तसिंह सोचने लगे, "अगर रनबीरसिंह को कभी अपनी सुध भी आई और कुछ खाने को मांगा तो क्या दूंगा ? इस बाग में कोई ऐसा पेड़ भी नहीं जिसके फलों से पेट भरने की उम्मीद हो। अब

तो यही ठीक होगा कि पहिले उस गांव से जो पास ही दिखाई देता है चल कर जिस तरह बन पड़े कुछ खाने को लावें।"

यह सोच रनबीरसिंह को उसी तरह छोड़ जसवन्तसिंह उस बाग के बाहर आये और पहाड़ी के नीचे उतर गांव की तरफ चले।

❑

2

पहाड़ी के ऊपर से तो वह गांव बहुत पास मालूम पड़ा था, मगर जसवन्तसिंह को बहुत काफी रास्ता चलना पड़ा, तब वह उस गांव के पास पहुंचे।

एक जगह अटककर जसवन्तसिंह ने फिर कर उस पहाड़ी की तरफ देखा जिस पर रनबीरसिंह थे और तब फिर गांव की तरफ चले। दो कदम भी आगे नहीं बढ़े थे कि सामने से पांच फौजी सवार घोड़ा दौड़ाये चले आते दिखाई पड़े।

सवारों के निकल जाने की जगह छोड़ जसवन्तसिंह सड़क के एक किनारे खड़े हो गए, इतने में वे सवार भी उस जगह आ पहुंचे। इनको भड़कीली पोशाक पहिने, तलवार लगाये देख रुक गए और एक सवार ने इनसे पूछा, "कौन हो तुम ?"

जसवन्तसिंह : मैं एक मुसाफिर हूं।

एक सवार : अकेले मुसाफिरी कैसे करते हो ?

जसवन्तसिंह : साथियों का साथ छूट गया।

दूसरा सवार : तुम तो घोड़े पर सवार भी नहीं दिखाई देते। भूल कर आगे कैसे बढ़ आये ?

जसवन्तसिंह : (हाथ से इशारा करके) उसी पहाड़ी के नीचे हमारा घोड़ा मर गया।

जसवन्तसिंह की बातों को सुन पांचों सवार एक-दूसरे का मुंह देखने लगे। एक ने धीरे से कहा, "झूठा है !" दूसरा बोला, "यह तो उस पहाड़ी के नीचे चलने ही से मालूम हो जाएगा अगर वह मरा हुआ घोड़ा न दिखाई देगा।" तीसरे ने कहा, "इसे पकड़ के वहां तक साथ ले चलना चाहिए।" चौथे ने जो सभी से उम्दी पोशाक पहिरे हुए था और इन चारों का सरदार

मालूम होता था, अपनी जेब से एक तस्वीर निकाली और देख कर कहा, "नहीं, इसे पकड़ने की क्या जरूरत है मतलब तो उस दूसरे से है, इसे छोड़ो और आगे बढ़ो, वह खबर झूठी नहीं है।" इतना कह घोड़ा आगे बढ़ाया, चारों सवार भी साथ हुए और सब लोग उसी पहाड़ी की तरफ चले जहां से जसवन्तसिंह चले आ रहे थे।

इन सवारों की रोक-टोक, बातचीत और चितवनों से जसवन्तसिंह का जी खटका। खड़े होकर सोचने लगे कि अब क्या करना चाहिए, कहीं ये लोग रनबीरसिंह के दुश्मन न हों और उनकी गिरफ्तारी की फिक्र में न जा रहे हों ? मगर रनबीरसिंह ने तो आज तक कभी किसी को किसी तरह का दुःख नहीं दिया फिर उसका दुश्मन कोई क्यों होने लगा ? लेकिन अगर मान लिया जाय कि उनका दुश्मन कोई नहीं, फिर भी इन सवारों का उस पहाड़ी के नीचे जाना ठीक नहीं, क्योंकि ये लोग जरूर किसी-न-किसी की खोज में हैं जिसे पाते ही गिरफ्तार कर लेंगे और जब उस पहाड़ी के नीचे पहुंच कर मरे हुए दोनों घोड़ों को देखेंगे तो जरूर यह ख्याल होगा कि इन दोनों में से एक का सवार मैं होऊंगा और दूसरे का सवार पहाड़ी के ऊपर होगा।

जसवन्तसिंह सोचने लगे कि अगर ये लोग पहाड़ी के ऊपर जाकर कहीं रनबीरसिंह को देख लेंगे तो बुरा होगा। अगर दुश्मन समझेंगे तो पकड़ लेंगे या दुश्मन न भी समझ कर कुछ पूछेंगे तो वे क्या जवाब देंगे, उनकी अक्ल ही ठिकाने नहीं, इन लोगों के ज्यादे पूछने या दिक करने पर अगर वे कुछ कह बैठे या हाथ ही चला बैठें तो मुश्किल होगी ! अब तो गांव में चलने को जी नहीं चाहता, चलो पीछे लौटें, एक दिन बिना खाये आदमी मर नहीं सकता।

इन सब बातों को सोच-विचार कर जसवन्तसिंह फिर उस पहाड़ी की तरफ लौटे। वे पांचों सवार तो घोड़ा फेंकते निकल गये, वह उन्हें कब पा सकते थे। इनके पहुंचते-पहुंचते तक घंटे भर से ज्यादा रात चली गई थी, जब वहां पहुंचे तबीयत घबड़ाई हुई, हवास उड़े हुए, कलेजा धकधक कर रहा था, धीरे-धीरे पहाड़ी के ऊपर चढ़ने लगे।

रात चांदनी थी, पहाड़ी के ऊपर बाग में पहुंचकर उस मन्दिर में गए, देखा तो सुनसान है, रनबीरसिंह का कहीं पता-ठिकाना नहीं। तबीयत और भी घबड़ा उठी, इधर-उधर ढूंढ़ने लगे, कहीं कुछ नहीं। आखिर लाचार हो

सोचते-विचारते जसवन्तसिंह पुनः पहाड़ी के नीचे उतरे और मरे हुए दोनों घोड़ों के पास पहुंच सिर पर हाथ रख वहीं जमीन पर बैठ गए।

घोड़ों के चारजामों में जो कुछ रुपया, अशर्फी और जवाहिरात था निकाल कर कमर में रखा, ऊपर से लंगोटा कसा और एक कटार कमर में छिपाने के बाद अपने पहिरने के कपड़े वगैरह वहीं फेंक बदन में मिट्टी मल अवधूती सूरत बना फिर उस गांव की फिर चले। मन में कहते जाते थे, "बिना रनबीरसिंह के इस दुनिया में जिन्दगी रखने वाला मैं नहीं हूं। या तो उन्हें ढूंढ़ ही निकालूंगा या अपनी भी वही दशा करूंगा जो सोच चुका हूं।"

❑

3

रात आधी से ज्यादे जा चुकी थी जब जसवन्तसिंह अवधूती सूरत मनाए उस गांव की तरफ रवाना हुए। रनबीरसिंह की याद में आंसू बहाते, ढूंढ़ने की तर्कीबें सोचते चले जा रहे थे। यह बिलकुल मालूम नहीं था कि उनका दुश्मन कौन है या किसने उन्हें गिरफ्तार किया होगा। वे सवार भी फिर उस तरफ नहीं लौटे जिधर से आए थे।

जसवन्तसिंह अभी उस गांव के पास भी नहीं पहुंचे थे, बहुत दूर इधर ही थे कि सामने से बहुत-से घोड़ों के टापों की आवाज आने लगी जिसे सुन ये चौंक पड़े और सिर उठा कर देखने लगे। कुछ ही देर में बहुत-से सवार जो पचास से कम न होंगे वहां आ पहुंचे। जसवन्तसिंह को देख सभी ने घोड़ा रोका मगर एक सवार ने जोर से कहा, "सभी के रुकने की कोई जरूरत नहीं, हरीसिंह अपने दसों सवारों के साथ रुकें, हम लोग बढ़ते हैं।" इतना कह उसी पहाड़ी की तरफ रवाना हो गए जहां से रनबीरसिंह गायब हुए थे।

कुछ सवार तो उस पहाड़ी की तरफ चले गए मगर ग्यारह सवार जसवन्तसिंह के सामने रह गए जिनमें से एक ने जिसका नाम हरीसिंह था आगे बढ़ कर इनसे पूछा–"बाबाजी, आप कौन हैं और कहां से आ रहे हैं?"

जसवन्तसिंह : मैं एक गरीब साधू हूं और (हाथ से बता कर) उस पहाड़ी के नीचे से चला आ रहा हूं।

सवार : वहां किसी आदमी को देखा था?

जसवन्तसिंह : हां, पांच सवारों को मैंने देखा था जो पहाड़ी के ऊपर जा रहे थे।

हरीसिंह : (चौंक कर) पहाड़ी के ऊपर जा रहे थे ?

जसवन्तसिंह : जी हां, पहाड़ी के ऊपर जा रहे थे।

हरीसिंह : गजब हो गया ! भला उन सभी ने वहां से किसी को गिरफ्तार भी किया ?

जसवन्तसिंह : हां, पहाड़ी के ऊपर से एक दिलावर खूबसूरत जवान को गिरफ्तार कर ले गए जिसे मैंने कल उस बाग में देखा था।

हरीसिंह : यह किस वक्त की बात हैं ?

जसवन्तसिंह : आज ही शाम की !

हरीसिंह : आप उस पहाड़ी के ऊपर क्यों गए थे ?

जसवन्तसिंह : इसी तरह ! जी में आया कि ऊपर एकान्त जगह होगी, चल के धूनी लगावेंगे, मगर ऊपर जाकर और ही कैफियत देखी, इससे लौट आया।

हरीसिंह : भला आप उस बेचारे के बारे में और भी कुछ जानते हैं जिसे दुष्ट सवार गिरफ्तार करके ले गए हैं ?

इस सवार (हरीसिंह) की बातचीत से जसवन्तसिंह को विश्वास हो गया कि यह हम लोगों का दोस्त है, दुश्मन नहीं, इसके साथ मिलने में कोई हर्ज नहीं होगा। यह सोच उन्होंने जवाब दिया, "हां, मैं उस बेचारे के बारे में बहुत कुछ जानता हूं, कई दिनों तक साथ रह चुका हूं।"

सवार : अगर आप घोड़े पर चढ़ सकते हैं तो आइये, मेरे साथ चलिये, किसी तरह उन्हें कैद से छुड़ाना चाहिये।

जसवन्तसिंह : बहुत अच्छा, मैं आपके साथ चलता हूं।

उस सवार ने एक दूसरे सवार की तरफ देख कर कहा, "तुम घोड़े पर से उतर जाओ, बाबाजी को चढ़ने दो।" सवार 'बहुत अच्छा' कह के उतर गया। बाबाजी (जसवन्तसिंह) उछल कर उस घोड़े पर सवार हो गए और बराबर घोड़ा मिलाते हुए तेजी के साथ उस पहाड़ी की तरफ रवाना हुए। □

4

सवेरा हो गया था जब बाबाजी को साथ लिये हुए ये ग्यारहो सवार उस पहाड़ी के नीचे पहुंचे । देखा कि उनके साथी सवारों में से बहुत-से उसी जगह खड़े हैं ।

हरीसिंह ने उनसे पूछा–"क्या हाल है ?"

एक सवार ने जवाब दिया, "कुछ साथी लोग उनको लेने के लिये ऊपर गए हैं ।" हरीसिंह ने एक लम्बी सांस लेकर कहा, "ऊपर है कौन जिसे लेने गए हैं, वहां तो मामला ही दूसरा हो गया । क्या जाने ईश्वर की क्या मर्जी है ! (जसवन्तसिंह की तरफ देख कर) आइये बाबाजी, हम और आप भी ऊपर चलें ।"

हरीसिंह और जसवन्तसिंह घोड़े पर से उतर पहाड़ी के ऊपर गए और बाग में जाकर अपने साथियों को रनबीरसिंह की खोज में चारों तरफ घूमते देखा ।

हरीसिंह और बाबाजी को देख एक सवार जो सभी का बल्कि हरीसिंह का भी सरदार मालूम होता था आगे बढ़ आया और बोला, "हरीसिंह, यहां तो कोई भी नहीं है ! माली ने बिलकुल गप्प उड़ाकर हम लोगों को फिजूल ही हैरान किया ।"

हरीसिंह : नहीं नहीं, माली ने झूठी खबर नहीं पहुंचाई थी ।

सरदार : क्या इन बाबाजी से कोई हाल तुम्हें मिला है ?

हरीसिंह : हां, बहुत कुछ हाल मिला है । यह कहते हैं कि पांच सवारों ने यहां आकर रनबीरसिंह को गिरफ्तार कर लिया और अपने साथ ले गए ।

सरदार : (चौंक कर) हैं, यह क्या गजब हो गया ! (बाबाजी की तरफ देखकर) बाबाजी, क्या यह बात ठीक है ?

जसवन्तसिंह : हां, मैं बहुत ठीक कह रहा हूं ।

इसके बाद हरीसिंह ने अपने सरदार से वे सब बातें कही जो रास्ते में बाबाजी से हुई थीं और आखिर में यह भी कहा कि यह बाबाजी हमें असली बाबाजी नहीं मालूम होते, जरूर इन्होंने अपनी सूरत बदली है । जब से घोड़े पर सवार होकर हमारे साथ चले हैं तभी से मैं इस बात को सोच रहा हूं,

क्योंकि जिस तरह सवार होकर ये बराबर हम लोगों के साथ घोड़ा फेंके चले आये हैं इस तरह की सवारी करना किसी बाबाजी का काम नहीं है, कौन ऐसे बाबाजी होंगे ?

हरीसिंह की बातें सुनकर सरदार ने गौर से जसवन्तसिंह की तरफ देखा और कहा, "कृपानिधान, अब आप अपना ठीक-ठीक हाल कहिये, यह तो आपको भी मालूम हो गया होगा कि हम लोग रनबीरसिंह के खैरख्वाह हैं, और मुझे भी यकीन होता है कि आप रनबीरसिंह की भलाई चाहने वालों में से हैं, फिर छिपे रहने की जरूरत ही क्या है ?"

जसवन्तसिंह ने कहा, "मैं अपना हाल जरूर कहूंगा । मैंने अपनी ऐसी सूरत इसीलिये बनाई थी कि जब इस तरफ कोई मेरा मददगार नहीं है तो अपने दोस्त रनबीरसिंह को किस तरह छुड़ाऊंगा ? मेरा नाम जसवन्तसिंह है, मुझसे और रनबीरसिंह से दिली दोस्ती है ।"

जसवन्तसिंह इतना ही कहने पाये थे कि सरदार ने रोक दिया और लपक कर जसवन्तसिंह का हाथ पकड़ के कहने लगा, 'बस बस, मालूम हो गया, अहा ! क्या जसवन्तसिंह आप ही का नाम है ? बेशक आपसे और रनबीरसिंह से दिली दोस्ती है । अब ज्यादे पूछने की कोई जरूरत नहीं, सिर्फ इतना कहिये कि आपसे और उनसे जुदाई कैसे हुई ?'

जसवन्तसिंह ने ताज्जुब में आकर कहा, "पहिले यह तो बताइये कि आपने मेरा नाम कब और कैसे सुना ?"

सरदार : यह किसी दूसरे वक्त पूछियेगा, पहले मेरी बातों का जवाब दीजिये ।

जसवन्तसिंह : मैं और रनबीरसिंह दोनों दोस्त एक साथ ही भूले-भटके यहां तक आ पहुंचे । (हाथ का इशारा कर के) उस मन्दिर में जो औरत की मूर्ति है, उसे देखते ही रनबीसिंह के सिर पर इश्क सवार हो गया और पूरे पागल हो गए । जब मेरे समझाने-बुझाने से न उठे तब लाचार हो उनके लिये कुछ खाने-पीने का बन्दोबस्त करने मैं उस गांव की तरफ जा रहा था जिसके पास आप लोगों से मुलाकात हुई थी, बस उसी वक्त से हम दोनों जुदा हुए ।

सरदार : उन सवारों को आपने कहां देखा था जो रनबीरसिंह को कैद करके ले गए हैं ?

जसवन्तसिंह : मैं उस गांव के पास पहुंचा भी न था कि पांचों सवारों

के दर्शन हुए। उन्होंने मुझसे रोक-टोक की पर मैंने अपना ठीक पता नहीं दिया फिर भी उनकी बातचीत से मुझे शक हुआ, नहीं, बल्कि निश्चय हो गया कि वे लोग इस पहाड़ी पर जरूर पहुंचेंगे क्योंकि उनके सरदार ने अपने जेब से एक तस्वीर निकाल कर देखी और कहा, "मैं उस दूसरे आदमी की खोज में निकला हूं-इससे कोई मतलब नहीं, चलो देरी होती है।" इतना कह साथियों को साथ ले वह तेजी से इसी पहाड़ी की तरफ रवाना हुआ। मुझे यकीन हो गया कि ये लोग जरूर मेरे दोस्त को परेशान करेंगे इसलिये मैं भी तुरन्त इसी तरफ लौटा मगर अब क्या हो सकता था, वे लोग घोड़ों पर थे और मैं पैदल, जब तक यहां पहुंचा वे लोग मेरे प्यारे दोस्त को गिरफ्तार करके ले गये। यहां आकर जब मैंने अपने लंगोटिये दोस्त को न देखा, जी में बड़ा दुःख हुआ। यह बाग राक्षस की तरह खाने को दौड़ने लगा। उसी वक्त पहाड़ी के नीचे उतर गया और जहां हमारे घोड़े मरे पड़े थे वहीं बैठ कर रनबीरसिंह के बारे में सोचने लगा, आखिर अपने कपड़े उतार कर फेंक दिये और इस फकीरी सूरत में दोस्त को खोजने निकला, दिल में निश्चय कर लिया कि बिना उनसे मिले खुद भी अपने घर न लौटूंगा, इसी सूरत में रहूंगा। उन्हीं की खोज में फिर उसी गांव की तरफ जा रहा था कि रास्ते में आप लोगों से मुलाकात हुई। इसके आगे का हाल आप जानते ही हैं, मैं क्या कहूं।

इतना कह जसवन्तसिंह दोस्त के गम में आंसू गिराने लगे, यहां तक कि हिचकी बंध गई।

सरदार ने उन्हें बहुत कुछ समझाया-बुझाया और दिलासा देकर कहा, "आप इतना सोच न कीजिए। हम लोग आप के साथ हैं, जब तक दम है आपके मित्र का पता लगाने में कसर न करेंगे और न उनके दुश्मन से बदला लिए बिना ही छोड़ेंगे। मगर आपका यह सोचना ठीक नहीं कि जब तक दोस्त न मिलेग तब तक बाबाजी बने रहें, आप अकेले ढूंढ़ने निकलते तो जोगी बनना वाजिब था, मगर हम लोगों के साथ फकीरी भेष में चलना ठीक नहीं है क्योंकि इसका कोई ठिकाना नहीं कि हम लोगों का कब लड़ने-भिड़ने का मौका आन पड़े, तो क्या आप क्षत्री होकर उस वक्त खड़े मुंह देखेंगे ?"

ऐसी-ऐसी बातें करके उस सरदार ने जिसका नाम चेतसिंह था जसवन्तसिंह को अपने कपड़े पहिरने और हर्बे लगाने पर राजी किया और सब कोई वहां से उठ पहाड़ी के नीचे आए।

रनबीरसिंह और जसवन्तसिंह के दोनों मरे हुए घोड़े अभी तक उसी तरह पड़े हुए थे, किसी जानवर ने अभी नहीं खाया था, और उन्हीं के पास ही जसवन्तसिंह के कपड़े जहां से छोड़ गए थे उसी तरह ज्यों-के-त्यों पड़े थे जिसे उन्होंने झाड़-पोंछ कर फिर पहिर लिया ।

सरदार चेतसिंह ने अपनी सवारी का घोड़ा जसवन्तसिंह को दिया और जिस घोड़े पर जसवन्तसिंह आये थे वह हरीसिंह को दे उनका घोड़ा आप ले लिया ।

थोड़ी देर तक यह मण्डली उस पहाड़ी के नीचे बैठकर यह सोचती रही कि अब क्या करना चाहिए । आखिर सरदार चेतसिंह ने कहा–"पहले महारानी के पास चल कर यह सब हाल कहना चाहिए, शायद उनको पता हो कि उनका दुश्मन कौन है ? हम लोग तो कुछ भी नहीं जानते कि महारानी का दुश्मन भी कोई है और न इसी बात का विश्वास होता है कि ऐसी नेक रहमदिल गरीबपरवर और बुद्धिमान महारानी का कोई दुश्मन भी होगा ।"

आखिर यही राय ठीक रही और अपने-अपने घोड़ों पर सवार हो सब उसी गांव की तरफ रवाना हुए । जसवन्तसिंह ने सरदार चेतसिंह से बहुत पूछा कि वह महारानी कौन हैं और रनबीरसिंह का उनसे क्या वास्ता है परन्तु सरदार चेतसिंह ने कुछ भी खुल के न कहा और न उनके इसी सवाल का कोई जवाब दिया कि मैं तो लड़कपन से रनबीरसिंह के साथ हूं, उन्हें कभी कहीं आते-जाते नहीं देखा, तब महारानी से उनकी जान-पहचान कब हुई ?

ये सब के सब सवार जो गिनती में जसवन्तसिंह-सहित इक्यावन थे, उस गांव में पहुंचे जिसका जिक्र ऊपर आ चुका है । यह गांव बहुत छोटा और इसमें पचास-साठ घर से ज्यादा की बस्ती न होगी ।

जसवन्तसिंह ने पूछा, "यह गांव किसके इलाके में है ?"

चेतसिंह : हमारे ही सरकार का है ।

जसवन्तसिंह : इसी राह से वे पांचों सवार आये थे जिन्होंने रनबीरसिंह को गिरफ्तार किया है । अगर मुनासिब हो तो यहां के रहने वालों से कुछ पूछिए ।

चेतसिंह : नहीं, मेरी समझ में यह बात जाहिर करने लायक नहीं है ।

जसवन्तसिंह : जैसा मुनासिब समझिए ।

ठीक शाम के वक्त ये लोग एक लम्बे-चौड़े मैदान में पहुंचे जहां पल्टनी सिपाहियों के रहने लायक कई खेमे खड़े थे और बहुत-से आदमी खाने की चीजें तैयार कर रहे थे, पास ही एक बहुत बड़ा कुआं भी था ।

सरदार चेतसिंह ने घोड़ा रोक कर जसवन्तसिंह से कहा, "यह हम लोगों का पड़ाव (टिकने की जगह) है । हम लोगों के घोड़े बहुत थक गए हैं और हम लोग खुद भी बहुत भूखे-प्यासे हैं । इस वक्त रात को इस जगह खा-पीकर आराम करना मुनासिब होगा, कल सवेरे कुछ रात रहते हम लोग फिर रवाना होंगे ।" जसवन्तसिंह ने जवाब दिया, "जो आप बेहतर समझिए वही ठीक है, मुझे तो यह भी नहीं मालूम कि कहां जाना है या क्या करना है और कितनी दूर का सफर बाकी है ।"

सरदार चेतसिंह ने इसका जवाब कुछ न दिया । खेमों के पास पहुंच कर कुल सवार घोड़ों पर से उतर पड़े । यहां तक बहुत-से साईस भी मौजूद थे जिन्होंने उसी वक्त आगे बढ़ कर अपने-अपने घोड़े थाम लिए और मलने-दलने की फिक्र में लगे । सरदार चेतसिंह जसवन्तसिंह को साथ लिये एक खेमे में गए जो बनिस्बत और खेमों के छोटा मगर खूबसूरत था और जिसके अन्दर एक सफरी चारपाई और एक खूबसूरत पलंग बिछा हुआ था । सरदार चेतसिंह ने पलंग की तरफ इशारा करके जसवन्तसिंह से कहा, "रनबीरसिंह के लिए यह मसहरी बिछाई गई थी । हम लोग सोचते थे कि आज उनको अपने साथ लाकर इसी मैदान में डेरा करेंगे, मगर अफसोस, बिलकुल मेहनत बरबाद गई ! अब आप इस मसहरी पर आराम कीजिए ।"

सरदार चेतसिंह की बातें सुन और मसहरी के पास बैठ रनबीरसिंह को याद कर जसवन्तसिंह खूब रोए । सरदार ने उन्हें बहुत कुछ समझाया और हिम्मत दिलाकर आंसू पोंछ हाथ-मुंह धुलवाया । घंटे भर बाद खाने की तैयारी हुई और सरदार ने जसवन्तसिंह को खाने के लिए कहा ।

जसवन्तसिंह तीन दिन के भूखे थे तिस पर भी खाने से इन्कार किया । सरदार चेतसिंह के बहुत कहने-सुनने और कसम देने पर मुश्किल से दो-चार ग्रास खाकर उठ खड़े हुए और हाथ-मुंह धो खेमे के अन्दर आ उसी सफरी चारपाई पर लेट रहे जो सरदार चेतसिंह के लिए बिछी हुई थी और पड़े-पड़े रनबीरसिंह की याद में आंसू बहाने लगे ।

सरदार ने आकर देखा कि जसवन्तसिंह मसहरी छोड़ उसकी चारपाई

पर लेटे हैं, समझ गए कि इनको रनबीरसिंह का गम हद से ज्यादे है, उनके वास्ते लगाई मसहरी पर कभी न सोवेंगे और इसके लिए जिद्द करना उन्हें दुःख देना होगा, लाचार होकर दूसरी चारपाई मंगवाकर आप उस पर लेट रहे।

5

थोड़ी रात बाकी थी जब सरदार चेतसिंह की आंख खुली। उठ कर खेमे के बाहर आए और अपनी जेब से एक छोटा-सा बिगुल निकाल कर बजाया जिसकी आवाज दूर-दूर तक गूंज गई, इसके बाद फिर खेमे के अन्दर गए और चाहा कि जसवन्तसिंह को जगावें मगर वे पहले ही से जाग रहे थे बल्कि उन्हें तो रात-भर नींद ही नहीं आई थी, सरदार चेतसिंह के उठने और बिगुल बजाने से आप भी चारपाई पर से उठ खड़े हुए और पूछा, "क्या चलने की तैयारी हो गई ?" सरदार चेतसिंह ने जवाब दिया, "हां, अब थोड़ी ही देर में हमारे सवार भी तैयार हो जाते हैं और घंटे-भर में हम लोग यहां से कूच कर देंगे।"

जसवन्तसिंह : अभी कितनी रात बाकी है ?

चेतसिंह : दो घंटे के करीब बाकी होगी।

जसवन्तसिंह : हम लोग उस ठिकाने कब तक पहुंचेंगे जहां जाने का इरादा है ?

चेतसिंह : सूरज निकलते-निकलते हम लोग अपने ठिकाने पहुंच जायेंगे, आप भी जरूरी कामों से छुट्टी पा लीजिए, तब तक मैं भी तैयार होता हूं।

जसवन्तसिंह और सरदार चेतसिंह जरूरी कामों से निपट, हाथ-मुंह धो और कपड़े पहिर तैयार हो गए, इसके बाद सरदार ने फिर खेमे के बाहर आ एक दफे बिगुल बजाया जिसके साथ ही उनके कुल सवार घोड़ों पर सवार हो रवाने हो गए।

घंटा-भर दिन चढ़ने तक ये लोग एक शहर में पहुंचे। यद्यपि यह शहर छोटा-सा ही था मगर देखने में निहायत खूबसूरत था, अभी दुकानें बिलकुल नहीं खुली थीं लेकिन अन्दाज से मालूम होता था कि गुलजार है।

एक छोटे किले के पास पहुंच सरदार ने अपने साथी सवारों को कुछ इशारा करके कहीं रवाना कर दिया और खुद जसवन्तसिंह को अपने साथ ले दरवाजे के अन्दर घुसे ।

इस किले का फाटक बहुत बड़ा था और बहुत से सिपाही संगीन लिए पहरे पर मुस्तैद थे जिन्होंने सरदार चेतसिंह को अदब के साथ सलाम किया और उसके बाद जसवन्तसिंह को भी सलाम किया ।

सरदार चेतसिंह ने एक सिपाही से पूछा, "दीवान साहब अभी दरबार में आए या नहीं ?" जिसके जवाब में उस सिपाही ने कहा, "अभी नहीं आए मगर आते ही होंगे, वक्त हो गया है, लेकिन आप उनके आने की राह न देखें क्योंकि हम लोगों को महारानी साहिबा का हुक्म है कि सरदार साहब जिस वक्त आवें फौरन सीधे हमारे पास पहुंचे, दरवाजे पर अटकने न पावें, सो आप दीवान साहब की राह न देखिए ।" इतना कह वह सिपाही इनके साथ चलने पर मुस्तैद हो गया ।

सरदार चेतसिंह ने इतना सुन फिर दीवान साहब के आने की राह न देखी और सिपाही के कहे मुताबिक जसवन्तसिंह को साथ ले महल की तरफ रवाना हुए ।

फाटक के अन्दर थोड़ी दूर जाने पर एक निहायत खूबसूरत दीवान खाने में पहुंचे जिसके बगल में एक दरवाजा जनाने महल के अन्दर जाने के लिए था । यह दरवाजा बहुत बड़ा तो न था मगर इस लायक था कि पालकी अन्दर चली जाए । इस दरवाजे पर कई औरतें सिपाहियाना भेष किए ढाल तलवार लगाए रुआब के साथ पहरा देती नजर आईं जिन्होंने सरदार चेतसिंह को झुक कर सलाम किया । एक सिपाही औरत इन्हें देखते ही बिना कुछ पूछे अन्दर चली गई और थोड़ी ही देर के बाद लौट आकर सरदार चेतसिंह से बोली, "चलिए, महारानी ने बुलाया है ।"

जसवन्तसिंह को साथ लिए हुए सरदार चेतसिंह उसी औरत के पीछे-पीछे महल के अन्दर गए । जसवन्तसिंह ने भीतर जाकर एक निहायत खूबसूरत और हरा-भरा छोटा-सा बाग देखा जिसके पश्चिम तरफ एक कमरा और सजा हुआ दालान, पूरब तरफ बारहदरी, दखिन तरफ खाली दीवार, और उत्तर तरफ एक मकान और हम्माम नजर आ रहा था । बहुत-सी लौंडियां अच्छे-अच्छे कपड़े और गहने पहरे इधर-उधर घूम रही थीं ।

औरत के पीछे-पीछे ये दोनों पश्चिम तरफ वाले उस दालान में पहुंचे जिसके बाद कमरा था। कमरे के दरवाजों में दोहरी चिकें पड़ी हुई थी तथा दालान में फर्श बिछा हुआ था।

सरदार ने चिक की तरफ झुककर सलाम किया और इसी तरह जसवन्तसिंह ने भी सरदार की देखा-देखी सलाम किया। इसके बाद एक लौंडी ने बैठने के लिए कहा और ये दोनों उसी फर्श पर बैठ गए। चारों तरफ से बहुत-सी लौंडियां आकर उसी जगह खड़ी हो गई और जसवन्तसिंह को ताज्जुब की निगाह से देखने लगीं।

चिक के अन्दर से मीठी मगर गम्भीर आवाज आई "क्यों चेतसिंह, क्या हुआ और यह तुम्हारे साथ कौन है ?"

चेतसिंह : एक सवार की जुबानी ताबेदार ने कुछ हाल कहला भेजा था।

आवाज : हां, हां, मालूम हुआ था कि जिनको लाने के लिए तुम गए थे उन्हें कोई दुश्मन ले गया और यह हाल तुम्हें एक साधू से मालूम हुआ। वह साधू कहां है ? और यह तुम्हारे साथ कौन है ? इनका नाम जसवन्तसिंह तो नहीं है ?

चेतसिंह : जी हां, इनका नाम जसवन्तसिंह ही है, उनकी जुदाई में ये ही साधू बने घूम रहे थे और हम लोगों को मिले थे।

आवाज : इनसे और रनबीरसिंह से तो बड़ी दोस्ती है, फिर संग कैसे छूटा ?

इसके जवाब में सरदार चेतसिंह ने वह पूरा हाल कह सुनाया जो जसवन्तसिंह से सुना और अपनी आंखों देखा था।

जसवन्तसिंह अपने दोस्त की जुदाई में तो परेशान और दुःखी हो ही रहे थे, दूसरे इन ताज्जुब-भरी बातों और घटनाओं ने उन्हें और भी परेशान कर दिया। पहले तो यही ताज्जुब था कि सरदार चेतसिंह ने मेरा नाम सुनते ही कैसे पहचान लिया कि मैं रनबीरसिंह का दोस्त हूं, अब उससे भी बढ़ के यह बात हुई कि यहां पर्दे के अन्दर से महारानी ने बिना नाम पूछे ही पहिचान लिया कि यह जसवन्त है और रनबीरसिंह का पक्का दोस्त है ! क्या मामला है सो समझ में नहीं आता, इन लोगों को हमारे रनबीरसिंह से क्या मतलब है और इनका इरादा क्या है ?

इन बातों को नीचे सिर किए हुए जसवन्तसिंह सोच रहे थे कि इतने में चिक के अन्दर से फिर आवाज आई–"अच्छा चेतसिंह, जसवन्तसिंह को तो हमारी लौंडियों के हवाले करो, वे सब इनके नहलाने-धुलाने, खाने-पीने का सामान कर देंगी और इन्हें यहां आराम के साथ रखेंगी, और इनको भी समझा दो कि यहां इन्हें किसी तरह की तकलीफ न होगी, आराम के साथ रहें, और हमारे दीवान साहब को कहला दो कि शाम के वक्त जासूसों के जमादार को साथ लेकर यहां आवें, इस वक्त मैं दरबार न करूंगी। आज दरबार के वक्त किसी के आने की जरूरत नहीं है और किसी तरह की दर्खास्त भी आज न ली जाएगी।"

यह हुक्म पाकर सरदार चेतसिंह उठ खड़े हुए और पर्दे की तरफ झुक कर सलाम करने के बाद बाहर रवाना हो गए।

हमारे जसवन्तसिंह बेचारे चुपचाप ज्यों के त्यों हक्का-बक्का बैठे रहे, मगर थोड़ी देर बाद कई लौंडियों ने अन्दर से आकर उनसे कहा, "आप उठिए और नहाने-धोने की फिक्र कीजिए क्योंकि आज ही आपको हम लोगों के साथ रनबीरसिंह की खोज में जाना होगा। हम लोग उनके दुश्मन को जानते हैं, आप किसी तरह की चिन्ता न करें।"

जसवन्तसिंह ने जवाब दिया, "हाय, मुझे बिलकुल नहीं मालूम कि इस वक्त मेरे दोस्त पर क्या आफत गुजरती होगी ? उसको नहाने-धोने का भी मौका मिला होगा या नहीं ? उसने क्या खाया-पीया होगा ? हाय, मुझे विश्वास है कि उसके दिमाग से अभी तक पागलपन की बू न गई होगी, उसी तरह बकना-झकना जारी होगा, अब तो उसके सामने वह सत्यानाशी मूरत भी नहीं जिसे देख वह खाना-पीना भूल गया था ! अब न-मालूम उसकी क्या दशा होगी, अगर तुम लोग यह जानती हो कि उसे फलाना आदमी ले गया है तो ईश्वर के लिए जल्दी बता दो ताकि मैं उसके पास पहुंच कर जिस तरह बने उसे कैद से छुडाऊं या अपनी भी जान उसके कदमों पर न्योछावर करूं। मेरे नहाने-धोने, खाने-पीने, की फिक्र मत करो, इसका कुछ अहसान मेरे ऊपर न होगा। अगर मेरे दोस्त के दुश्मन का पता बता दोगे तो मैं जन्म-भर तुम्हारा ताबेदार बना रहूंगा, बिना खरीदे गुलाम रहूंगा, चाहे मुझ से एकरार लिखा लो पर यह ईश्वर के लिए जल्द बताओ कि वह कहां है और किस दुष्ट ने उसे दुःख दिया है ? हाय, अभी तक उसके ऊपर किसी तरह की

तकलीफ नहीं पड़ी थी । न मालूम वह कौन-सी सत्यानाशी घड़ी थी जिसमें हम दोनों घर से बाहर निकले थे ! उसके मां-बाप की क्या दशा होगी ? हाय, उनके एक ही यह लड़का है, दूसरी कोई औलाद नहीं जिसे देख उनके जी को तसल्ली हो ।"

इतना कह जसवन्तसिंह चुप हो गए और उनकी आंखों से आंसुओं की बूंदे गिरने लगीं ।

लौंडियों के बहुत कुछ कहने और समझाने-बुझाने पर वे वहां से उठे, स्नान किया और कुछ अन्न मुंह में डाल कर जल पिया, इसके बाद फिर हाथ जोड़ और रो-रो कर लौंडियों से पूछने लगे-"परमेश्वर के लिए सच बता दो, क्या तुम रनबीरसिंह के दुश्मन को जानती हो ? अगर जानती हो तो बताने में देरी क्यों करती हो ? हाय, कहीं तुम लोग मुझे धोखा तो नहीं दे रही हो !"

रनबीरसिंह की जुदाई में जसवन्तसिंह को हद्द से ज्यादे दुःखी देख लौंडियों से रहा न गया, आपस में राय करके एक लौंडी ने जाकर महारानी से उनका सब हाल कहा और जवाब पाने की उम्मीद में सामने खड़ी ही रही ।

बहुत देर तक सोचने के बाद महारनी ने उस लौंडी को हुक्म दिया, "अच्छा जाओ, जसवन्तसिंह को मेरे पास ले आओ, मैं उसे समझाऊंगी, अब तो पर्दा खुल ही गया और बेहयाई सिर पर सवार हो ही चुकी, तो रनबीरसिंह के दोस्त का सामना करने में ही क्या हर्ज है !"

हुक्म पाकर लौंडी दौड़ी हुई गई और अपने साथ वालियों से महारानी का हुक्म कहा । वे सब जसवन्तसिंह को साथ ले महारानी के पास चलीं ।

जिस दालान में पहले सरदार चेतसिंह के साथ जसवन्तसिंह बैठाए गए थे उसी के साथ पीछे की तरफ महारानी का खास महल था । लौंडियां जसवन्तसिंह को साथ लिए हुए दूसरी राह से उसके अन्दर गई । इस महल को जसवन्तसिंह ने बहुत ही अच्छी तरह से सजा हुआ पाया और यहीं पर एक छोटे से कमरे में स्याह गद्दी के ऊपर गावतकिए के सहारे बाई हथेली पर गाल रखे बैठी हुई महारानी दिखाई पड़ीं ।

महारानी को देखते ही जसवन्तसिंह ने जोर से 'हाय' किया और साथ ही बेहोश होकर जमीन पर गिर पड़ा ।

❐

6

पाठक, जसवन्तसिंह का बेहोश हो जाना कोई ताज्जुब की बात न थी बल्कि वाजिब ही था । हाय, जिस शक्ल पर उसका दोस्त आशिक हुआ, जिसकी पत्थर की मूरत ने उसके दिली दोस्त का दिमाग बिगाड़ दिया, जिस सत्यानाशी सूरत ने उसके मित्र रनबीरसिंह का घर चौपट कर दिया, वही जानघातक सूरत इस समय फिर उसे अपने सामने नजर आ रही थी !

उस पत्थर की मूरत ने जिसमें हाथ-पैर हिलाने या चलने-फिरने या बोलने की ताकत न थी जब इतनी आफत मचाई तो यह मूरत तो हाथ-पैर हिलाने, चलने-फिरने, बोलने और हंसने की ताकत रखती है । वह बेजान थी, यह जानदार है, वह स्थिर थी यह चंचल है, वह नकल थी, यह असल है । जब उसने इतना किया तो यह क्या नहीं कर सकती है ! फिर क्यों न जसवन्तसिंह की यह दशा हो !

यह सब कुछ तो है ही उस पर से अफसोस की बात यह कि जमाना भी बहुत बुरा है । किसी की बात का कोई विश्वास नहीं, किसी के दिल का कोई ठिकाना नहीं, किसी की दोस्ती का कोई भरोसा नहीं—अथवा है तो क्यों नहीं, लेकिन हुश्न और इश्क का झगड़ा बुरा होता है, खूबसूरती जी का जंजाल हो जाती है, और आदमी को शैतान बना देती है । यह वही जसवन्तसिंह है जिसे अभी तक हम रनबीरसिंह का पक्का और सच्चा दिली दोस्त लिखते चले आये मगर देखना चाहिए कि इन महापुरुष के लिए आगे अब क्या लिखना पड़ता है ।

जसवन्तसिंह को बेहोश होकर गिरते देख महारानी ने लौंडियों को कहा, "देखो, देखो, सम्हालो, यह रनबीरसिंह का दिली दोस्त है, इसे कुछ न होने पावे, बेदमिश्क वगैरह लाकर जल्द इस पर छिड़को !"

मुंह पर अर्क बेदमिश्क इत्यादि छिड़कने से थोड़ी देर में जसवन्तसिंह होश में आए और रानी के सामने बैठकर बोले—

"क्या मैं स्वप्न देख रहा हूं या जाग रहा हूं ? नहीं-नहीं, यह स्वप्न नहीं है, मगर स्वप्न नहीं तो आखिर है क्या ? क्या आप ही की मूरत उस पहाड़ी के ऊपर थी ? नहीं-नहीं, इसमें तो कोई शक ही नहीं कि वह आप ही की मूरत थी जिसकी बदौलत मेरे दोस्त पर यह आफत आई और मुझ को उनके

साथ से अलग होना पड़ा ! ठीक है, वह संगीन मूरत (पत्थर की मूरत) आप ही की थी जिसे कारीगर संगतराश ने बड़ी मेहनत और कारीगरी से बनाया था मगर इतनी नजाकत और सफाई उस तस्वीर में वह कहां से ला सकता था जो आप में है । रनबीरसिंह के नसीब ही में यह लिखा था कि वह उस मूरत ही को देख कर पागल हो जाये और आप तक न पहुंच सके, इसे कोई क्या करे ? अपनी-अपनी किस्मत अपने-अपने हाथ है !!"

इतना कह जसवन्तसिंह चुप हो रहे, मगर महारानी से न रहा गया । एक 'हाय' के साथ ऊंची सांस लेकर धीमी आवाज से बोली–

"हां, वह पत्थर की मूरत तो मेरी ही थी मगर अफसोस, सोचा था कुछ और हो गया कुछ ! खैर, अब ईश्वर मालिक है, देखना चाहिए क्या होता है, मैं अपने दुश्मन को खूब पहचानती हूं, आखिर वह जाता कहां है !"

इतना कह महारानी चुप हो रहीं । जसवन्तसिंह भी मुंह बन्द किए बैठे रहे । थोड़ी देर तक बिल्कुल सन्नाटा रहा, इसके बाद महारानी ने फिर जसवन्तसिंह से कहा, "आज मैं अपने जासूसों को इस बात का पता लगाने के लिए भेजूंगी कि रनबीरसिंह कहां और किस हालत में है ।"

जसवन्तसिंह : जरूर भेजना चाहिए ।

महारानी : अभी आपके तकलीफ करने की कोई जरूरत नहीं ।

जसवन्तसिंह : मैं जानता ही नहीं कि वह कहां हैं ।

महारानी : अगर जान भी जाओगे तो क्या करोगे ?

जसवन्तसिंह : जो बन पड़ेगा करूंगा ! भला बताइए तो सही कि उनका वह दुश्मन कौन है और कहां है ?

महारानी : यहां से बीस कोस दखिन की तरफ एक गांव है जिसका मालिक बालेसिंह नामी एक क्षत्री है । कहने को तो वह एक जमींदार है मगर पुराना डाकू है और उसके संगी-साथी इतने दुष्ट हैं कि वह राजाओं को भी कुछ नहीं समझता । जहां तक मैं समझती हूं, यह काम उसी का है ।

जसवन्तसिंह : रनबीरसिंह ने उसका क्या बिगाड़ा है ?

महारानी : (कुछ शर्मा कर और नीची गर्दन करके) आपसे कहने में तो कोई हर्ज नहीं, खैर कहती हूं । एक वर्ष के लगभग हुआ कि उसने अपनी एक तस्वीर मेरे पास भेजी और कहला भेजा कि तुम मेरे साथ शादी कर लो, पर मैंने इसे कबूल न किया क्योंकि मेरा दिल अपने काबू में न था ।

बहुत पहिले ही से वह रनबीरसिंह के काबू में जा चुका था और मैं दिल में उनको अपना मालिक बना चुकी थी, जिस बात को किसी तरह बालेसिंह भी सुन चुका था। उसने बहुत जोर मारा मगर कुछ न कर सका, बस यही असल सबब है।

जसवन्तसिंह : (ताज्जुब में आकर) आपने रनबीरसिंह को कब देखा ? क्या आप ही ने उस पहाड़ी पर अपनी और रनबीरसिंह की मूरत बनवाई थी ?

महारानी : हां, मगर वह सब हाल मैं अभी न कहूंगी, मौका आवेगा तो तुम्हें आप ही मालूम हो जाएगा।

जसवन्तसिंह : अच्छा, उस बालेसिंह की वह तस्वीर कहां है ? जरा मैं देखूं ?

महारानी : हां, देखो, (एक लौंडी से) वह तस्वीर तो ले आ।

महारानी का हुक्म पाते ही लौंडी लपकी हुई गई और वह तस्वीर जो हाथ-भर से कुछ छोटी होगी ले आई। जसवन्तसिंह ने उसे गौर से देखा। अजब तस्वीर थी, उसके एक-एक अंग से बहादुरी और दिलावरी झलकती थी मगर साथ ही इसके सूरत बहुत ही डरावनी, रंग काला, बड़ी-बड़ी सुर्ख आंखें ऊपर की तरफ चढ़ी हुई कड़ी-कड़ी मूंछें-देखने ही से रोंगटे खड़े होते थे। मोटे-मोटे मजबूत ऐंठे हुए अंगों पर की चुस्त पोशाक और ढाल-तलवार पर निगाह डालने ही से बहादुरी छिटकी फिरती थी, मगर जसवन्तसिंह उसे देखकर हंस पड़ा और बोला-

"आह ! क्या सूरत है ! कैसे हाथ-पैर हैं ! मजा तो तभी था न कि बहादुरी के साथ-साथ मेरे जैसी मुलायमियत और खूबसूरती भी होती ! खैर, आज ही कल में मुझ से और इस दुष्ट से हाथापाई होगी ही ! देखें कितनी बहादुरी दिखाता है !"

जसवन्तसिंह की बात सुन और उसके चेहरे की तरफ गौर से देख महारानी गुस्से में आ लाल आंखें कर उठ खड़ी हुई और जब तक जसवन्तसिंह आंख उठा कर उनकी तरफ देखे तब तक बिजली की तरह लपक कर दूसरे कमरे में चली गई।

जसवन्तसिंह ताज्जुब से उस तरफ देखने लगा बल्कि कुछ देरी तक देखता रहा लेकिन फिर महारानी न दिखाई पड़ी, हां लौंडियां जितनी उस वक्त उस जगह खड़ी थीं ज्यों-त्यों जसवन्तसिंह को घेरे खड़ी रहीं।

अब तो जसवन्तसिंह के दिल में बड़े-बड़े ख्याल पैदा होने लगे। महारानी क्यों चली गई ? जाती वक्त मुझ से कुछ कहा भी नहीं ? कुछ रंज तो नहीं हो गई ! इस तस्वीर की निन्दा करने से कुछ गुस्सा तो नहीं आ गया ? वह तो इस डाकू से अपना रंज और रनबीरसिंह से मुहब्बत दिखाती थीं ! फिर यह क्या हो गया ? हाय, क्या भोली सूरत है ! रनबीरसिंह का इस पर आशिक होना ठीक ही था मगर वह पत्थर की मूरत इतनी खूबसूरत कहां जितनी यह खुद हैं ! वाह वाह, मेरी भी किस्मत कितनी अच्छी थी जो अपनी आंखों से इनकी मोहिनी सूरत देख ली। कम्बख्त रनबीरसिंह की ऐसी किस्मत कहां ? वाह, क्या मजे में सामने बैठी बातचीत कर रही थीं, यकायक न मालूम क्यों उठकर चली गयीं और अभी तक न लौटी ? मेरा तो यही जी चाहता है कि दिन-रात बैठे-बैठे इनकी सूरत ही देखा करूं, रनबीरसिंह की खोज में कहां टक्करें मारता फिरूंगा ! यह तो अपनी-अपनी किस्मत है, जो जिसके नसीब में लिखा है, होगा ही, किसी की मदद से क्या होता-जाता है ? मगर अफसोस तो यही है कि यह रनबीरसिंह पर आशिक है ! कोई तरकीब ऐसी करनी चाहिए जिसमें यह रनबीरसिंह को भूल जाय और मेरे साथ ब्याह करने पर राजी हो जाय। क्या मैं किसी तरह रनबीरसिंह से खूबसूरती में कम हूं ? बात यह है कि इसने पहिले किसी तरह रनबीरसिंह को देख लिया है या उसकी तस्वीर ही देख ली है और इसी से उसके ऊपर जान दे बैठी है। रनबीरसिंह के बदले में पहिले मुझे देखती तो मेरी ही किस्मत जाग जाती। खैर, रनबीरसिंह तो इस वक्त जहन्नुम में जा पड़ा है, किसी तरह न छूटे सो ही ठीक है, आखिर दस-पांच दिन में यह मेरे साथ मिल ही जाएगी, अगर जब तक रनबीरसिंह को मार डाला हो तो बड़ी खुशी की बात है, नहीं तो जिस तरह हो सके उससे मिलकर रनबीरसिंह को खत्म करा देना चाहिए, तब मेरा काम होगा। ऐसी खूबसूरत औरत भी मिलेगी और इस राज्य का मालिक भी बनूंगा।

दुष्ट और बेईमान जसवन्तसिंह वहां बैठा-बैठा इसी किस्म की बातें सोच रहा था कि इतने में एक लौंडी वहां आई जिसे जसवन्त ने पहिले नहीं देखा था और उसने कहा, "भोजन तैयार है, चलिए, खा लीजिए।"

जसवन्तसिंह : कहां चलूं ? तुम्हारी महारानी कहां गई ! क्या अब वह न आवेंगी ?

लौंडी : जी नहीं, अब इस वक्त उनसे मुलाकात न होगी, आपको दूसरे मकान में ले चल कर भोजन कराने के लिए हुक्म दिया है ।

जसवन्तसिंह : अच्छा चलिए, उनका हुक्म मानना जरूरी है ।

जसवन्तसिंह को साथ लिए हुए वह लौंडी उस महल के बाहर हुई और अलग एक दूसरे मकान में ले गई जहां खाने-पीने तथा आराम करने और सोने का बिलकुल सामान दुरुस्त था और दो लौंडियां भी हाजिर थीं ।

जसवन्तसिंह ने आज खूब पेट भर के भोजन किया और चारपाई पर लेट कर रनबीरसिंह और महारानी के बारे में क्या-क्या करना चाहिए, यही सब कुछ सोचने लगा ।

❐

7

महल के अन्दर ही एक छोटा-सा नजरबाग है जिसके बीच में थोड़ी-सी जमीन घास की सब्जी से दुरुस्त की हुई है, उसी पर एक फर्श लगा है और पांच-चार सखी-सहेलियों के साथ महारानी वहीं बैठी धीरे-धीरे बातें कर रही हैं । महारानी ने कहा, "देखो, हरामजादे का मिजाज एकदम से फिर गया ।"

एक सखी : उससे यह उम्मीद बिलकुल न थी ।

दूसरी सखी : अब किसी तरह का भरोसा उससे न रखना चाहिए ।

महारानी : राम राम, उसका भरोसा रखना अपनी जान से हाथ धो बैठना है, मगर मुश्किल तो यह है कि अगर रनबीरसिंह से कोई कहे कि जसवन्तसिंह तुम्हारा सच्चा दोस्त नहीं है तो वह कभी न मानेंगे ।

तीसरी सखी : न मानेंगे तो धोखा भी खायेंगे ।

महारानी : बड़ी मुश्किल हुई, अब तो किसी से कुछ काम लेने का जी नहीं चाहता ।

इतने में एक लौंडी ने आकर खबर दी कि ड्योढ़ी पर सरदार चेतसिंह जासूसों को लेकर हाजिर हुए हैं, क्या हुक्म होता है ? इसके जवाब में महारानी ने कहा, "कह दो इस वक्त हमारी तबीयत अच्छी नहीं है और जासूसों की भी कोई जरूरत नहीं, फिर देखा जायगा ।"

इसके बाद एक लौंडी की जुबानी जसवन्तसिंह को कहला भेजा कि रनबीरसिंह के दुश्मन का पता हमने आपको बतला दिया अब अगर आपको उनकी मुहब्बत है तो वहां जाकर उनको बचाने की तर्कीब कीजिए, क्योंकि मैं औरत हूं, मेरे किए कुछ नहीं हो सकता और बालेसिंह बड़ा भारी शैतान है, मैं किसी तरह उसका मुकाबला नहीं कर सकती ।

हुक्म पाकर लौंडी जसवन्तसिंह के पास गई और महारानी का संदेशा दिया जिसे सुन बड़ी देर तक जसवन्तसिंह चुप रहे, इसके बाद जबाब दिया– "अच्छा आज तो नहीं मगर कल मैं जरूर रनबीरसिंह के छुड़ाने की फिक्र में जाऊंगा ।"

जसवन्तसिंह ने यह कह तो दिया कि रनबीरसिंह को छुड़ाने के लिए मैं कल जाऊंगा मगर कल तक राह देखना और बेकार बैठे रहना भी उसने मुनासिब न समझा क्योंकि वह दुष्ट यही सोच रहा था कि जहां तक जल्द हो सके बालेसिंह से मेल करके रनबीरसिंह को मरवा देना चाहिए । आखिर उससे न रहा गया और शाम होते ही महारानी से हुक्म ले बालेसिंह की तरफ रवाना हुआ ।

महारानी ने अपने लायक और ईमानदार दीवान को बुला कर कहा "आज-कल मेरी तबीयत ठीक नहीं रहती, कुछ न कुछ बीमार रहा करती हूं, मेरा इरादा है कि महीने-पन्द्रह दिन तक बाग में जाकर रहूं और हवा-पानी बदलूं, तब तक राज का कोई काम न करूंगी । लीजिए यह मोहर अपनी आपको देती हूं । जब तक मेरी तबीयत बखूबी दुरुस्त न हो जाय तब तक आप राज का काम ईमानदारी के साथ कीजिए ।"

दीवान ने पर्दे की तरफ हाथ जोड़ कर अर्ज किया, "अगर सरकार की तबीयत दुरुस्त नहीं है तो जरूर कुछ दिन बाग में रहना चाहिए, ताबेदार से जहां तक होगा ईमानदारी से काम करेगा । ईश्वर चाहेगा तो किसी काम में हर्ज न होगा । ऐसा ही कोई मुश्किल काम आ पड़ेगा तो सरकार का हुक्म लेकर करूंगा ।"

महारानी ने कहा, "नहीं, जब तक मैं बाग से वापस न आऊं तब तक मुझे किसी काम के लिए मत टोकना, जो मुनासिब मालूम हो, करना ।"

दीवान साहब "बहुत अच्छा, जो हुक्म सरकार का" कह और सलाम कर रवाना हुए । ❑

8

शैतान के बच्चे जसवन्तसिंह ने बेचारे रनबीरसिंह के साथ बदी करने पर कमर बांध ली। उस पहिली मुहब्बत की बू उसके दिल से बिलकुल जाती रही। अब तो यह फिक्र हुई कि जहां तक जल्द हो सके रनबीरसिंह की जान लेनी चाहिए, बल्कि इस ख्याल ने उसके दिमाग में इतना जोर पैदा किया कि नेक और बद का कुछ भी ख्याल न रहा और वह बेधड़क बालेसिंह की तरफ रवाना हुआ। हां, चलती समय उसने इतना जरूर सोचा कि महारानी ने पहले तो मेरी खूब ही खातिरदारी की थी मगर पीछे से इतनी बेरुखी क्यों करने लगी, यहां तक कि सवारी के लिए एक घोड़ा तक भी न दिया और मुझे पैदल बालेसिंह के पास जाना पड़ा! साथ ही इसके यह ख्याल भी उसके दिल में पैदा हुआ कि पहिले मुझे रनबीरसिंह का दोस्त समझे हुए थी इसलिए खातिरदारी के साथ पेश आई, मगर जब से मेरा सामना हुआ तब से वह मुझ को मुहब्बत की निगाह से देखने लगी, इसी से इस नई मुहब्बत को छिपाने के लिए उसने मेरी खातिरदारी छोड़ दी।

इन्हीं सब बेतुकी बातों को सोचता-विचारता बेधड़क बालेसिंह की तरफ पैदल रवाना हुआ। दो दिन रास्ते में लगा कर तीसरे दिन पूछता हुआ उस गांव में पहुंचा जिसमें बालेसिंह थोड़े-से शैतानों को लेकर हुकूमत करता था।

यह बालेसिंह का गांव देखने में एक छोटा-सा शहर ही मालूम होता था जिसके चारों तरफ मजबूत दीवार बनी हुई थी और अन्दर जाने के लिए पूरब और पश्चिम की तरफ दो बड़े-बड़े फाटक लगे हुए थे। दीवारें इस अन्दाज की बनी हुई थीं कि अगर कोई गनीम चढ़ आवे तो फाटक बन्द करके अन्दर वाले बखूबी अपनी हिफाजत कर सकते थे और दीवार के छोटे-छोटे सुराखों में से बाहर अपने दुश्मनों पर गोली और तीर इत्यादि बरसा सकते थे।

जसवन्तसिंह जब पूरब के दरवाजे से उस किलेनुमा शहर के अन्दर घुसा तो दरवाजे ही पर कई पहरेवालों से मुलाकात हुई। पहिले तो वह फाटक के दोनों तरफ पहरेवालों को देखकर अटका मगर फिर सोच-विचार कर आगे बढ़ा। पहरेवालों ने भी उसकी तरफ गौर से देखा और आपस में कुछ इशारा करके हंसने लगे। जब जसवन्तसिंह कुछ आगे बढ़ा तब उन पहरे वालों में

से दो आदमी उसके पीछे-पीछे रवाना हुए ।

जसवन्तसिंह भी चौंका हुआ था और इसीलिए इधर-उधर आगे-पीछे देखता-भालता जा रहा था । अपने पीछे दो दिलावर जंगी सिपाहियों को आते देख वह कुछ अटका मगर फिर आगे बढ़ा, इसी तरह घड़ी-घड़ी पीछे देखता-अटकता आगे बढ़ता, चला जा रहा था । पीछे-पीछे जाने वाले दोनों सिपाही भी उसी की चाल चलते थे अर्थात् जब वह अटकता तो वे भी रुक जाते और उसके चलने के साथ ही पीछे-पीछे चलने लगते । यह कैफियत देख जसवन्तसिंह के जी में खुटका पैदा हुआ बल्कि उसे खौफ मालूम होने लगा और एक चौमुहानी पर पहुंच वह एक किनारे हट कर खड़ा हो गया । वे दोनों सिपाही भी कुछ दूर पीछे ही खड़े हो गए ।

जसवन्तसिंह आधी घड़ी तक खड़ा रहा । जब उन दोनों सिपाहियों को भी रुके हुए देखा तो पीछे की तरफ लौटा, मगर जब वहां पहुंचा जहां वे दोनों सिपाही खड़े थे तब रोक लिया गया । दोनों सिपाहियों ने पूछा, "लौटे कहां जाते हो ?"

जसवन्तसिंह ने कहा, "जहां से आये थे वहां जाते हैं ।"

दोनों सिपाहियों ने कहा, "तुम अब लौट कर नहीं जा सकते, इस चारदीवारी के अन्दर जहां जी चाहे जाओ, घूमो-फिरो, हम दोनों तुम्हारे साथ रहेंगे, मगर लौट कर नहीं जाने देंगे ।"

जसवन्तसिंह : क्यों ?

एक सिपाही : मालिक का हुक्म ही ऐसा है ।

जसवन्तसिंह : यह हुक्म किसके लिए है ?

दूसरा सिपाही : खास तुम्हारे लिए है ।

जसवन्तसिंह : क्या तुम लोग मुझे जानते हो ?

दोनों सिपाही : खूब जानते हैं कि तुम जसवन्तसिंह हो ।

जसवन्तसिंह : यह तुमने कैसे जाना ?

दोनों सिपाही : इसका जवाब देने की जरूरत नहीं । तुम यहां क्यों आये हो ?

जसवन्तसिंह : तुम्हारे मालिक बालेसिंह से मुलाकात करने आया था ।

एक सिपाही : तो लौटे क्यों जाते हो ? चलो हम लोग तुम्हें अपने मालिक के पास ले चलते हैं ।

जसवन्तसिंह : (कुछ सोचकर) खैर चलो, इसीलिए तो मैं आया ही हूं।

दोनों सिपाही जसवन्तसिंह को साथ लिए अपने सरदार बालेसिंह के पास पहुंचे। उस वक्त बालेसिंह एक सुन्दर मकान के बड़े कमरे में अपने साथी दस-बारह आदमियों के साथ बैठा गप्पें उड़ा रहा था। अपने दो सिपाहियों के साथ जसवन्तसिंह को आते देख खिलखिला कर हंस पड़ा और जसवन्तसिंह के हाथ-पैर खुले देख बोला, "क्या यह खुद आया है ?" जिसके जबाब में दोनों सिपाहियों ने कहा, "जी सरकार !"

बालेसिंह : क्यों जसवन्तसिंह साहब बहादुर, क्या इरादा है ? कैसी नीयत है जो बेधड़क चले आये हो ?

जसवन्तसिंह : बहुत अच्छी नीयत है, मैं आपसे मित्रभाव रखकर आपके मतलब की कुछ कहने आया हूं।

बालेसिंह : मैं तो तुम्हारा दुश्मन हूं, मेरे मतलब की बात तुम क्यों कहने लगे ?

जसवन्तसिंह : आप मेरे दुश्मन क्यों होंगे ! मैंने आपका क्या बिगाड़ा है ? या आप ही ने मेरा क्या नुकसान किया है ?

बालेसिंह : (जोश में आकर) तुम्हारे दोस्त रनबीरसिंह को मैंने गिरफ्तार कर लिया है और कल उनका सिर अपने हाथ से काटूंगा।

जसवन्तसिंह : (जी में खुश होकर) क्या हुआ जो रनबीरसिंह को आपने गिरफ्तार कर लिया ! शौक से उसका सर काटिए, इसके बाद एक तर्कीब ऐसी बताऊंगा कि महारानी बड़ी खुशी से आपके साथ शादी करने पर राजी हो जायंगी।

बालेसिंह : (जोर से हंस कर) वाह बे शैतान के बच्चे, क्या उल्लू बनाने आया है ! अबे तेरे ऐसे पचासों को मैं चुटकियों पर नचाऊं, तू क्या मुझे भुलावा देने आया है ! बेईमान हरामजादा कहीं का ! मुझे पढ़ाने आया है ! जन्म-भर जिसका नमक खाया, जिसके घर में पला, जिसके साथ पढ़-लिख कर होशियार हुआ और जिसके साथ दिली दोस्ती रखने का दावा करता है आज उसी के लिए कहता है कि शौक से उसका सर काट डालो ! जरूर तेरे नुत्फे में फर्क है, इसमें कोई शक नहीं ! तेरा मुंह देखने से पाप है। रनबीरसिंह ने तेरे साथ क्या बुराई की थी जो तू उसके बारे में ऐसा कहता

है ? उल्लू के पट्ठे, जब तू उसके साथ यह सलूक कर रहा है तो मेरे संग क्या दोस्ती अदा करेगा ! (इधर-उधर देख कर) कोई है ? पकड़ो इस बेईमान को, अपने हाथ से कल इसका भी सर काट कर कलेजा ठंडा करूंगा !

हुक्म पाते ही चारों तरफ से जसवन्तसिंह के ऊपर आदमी टूट पड़े और देखते-देखते उसे पकड़ रस्सियों से कस के बांध लिया ।

बालेसिंह ने अपने हाथ से वे बिलकुल बातें कागज पर लिखीं जो उस वक्त जसवन्तसिंह से और उससे हुई थीं और इसे एक आदमी के हाथ में देकर कहा, "यह पुर्जा रनबीरसिंह को दो और इस नालायक को ले जाकर जिस मकान में रनबीरसिंह हैं उसी में लोहे के जंगले वाली कोठरी बन्द कर दो ।"

बालेसिंह ने पहाड़ी के ऊपर से रनबीरसिंह को गिरफ्तार तो जरूर किया था मगर अपने घर लाकर उनको बड़े आराम के साथ रखा था । एक छोटा-सा खूबसूरत मकान उनके रहने के लिए मुकर्रर कर कई नौकर भी काम करने के लिये रख दिये थे और मकान के चारों तरफ पहरा बैठा दिया था । मिजाज उनका अभी तक वैसा ही था । उस पत्थर की मूरत का इश्क सिर पर सवार था, घड़ी-घड़ी ठंडी सांस लेना, रोना और बकना उनका बन्द न हुआ था, खाने-पीने की सुध अभी तक न थी बल्कि उस पत्थर की तस्वीर से अलहदे होकर उनको और भी सदमा हुआ था । बालेसिंह से हरदम लड़ने को मुस्तैद रहते थे मगर उनके सामने जब बालेसिंह आता था और उनको गुस्से में देखता था तो हाथ जोड़ के यही कहता था, "मैं तो तुम्हारा ताबेदार हूं !" इतना सुनने ही से रनबीरसिंह का गुस्सा ठंडा हो जाता था और अपना क्षत्रिय धर्म याद कर उसे कुछ नहीं कहते थे, बल्कि किसी-न-किसी तर्कीब से कह-सुन कर बालेसिंह उनको कुछ खिला-पिला भी आता था । जब ये खाने से इन्कार करते तो बालेसिंह कहता कि आप अगर कुछ न खायंगे तो मैं उस पहाड़ी पर जाकर उस मनमोहिनी मूरत के टुकड़े-टुकड़े कर डालूंगा, और अगर आप इस वक्त कुछ खा लेंगे तो मैं वह मूरत आपके पास ले आऊंगा । यह सुन रनबीरसिंह लाचार हो जाते और कुछ-न-कुछ खाकर पानी पी ही लेते ।

कभी-कभी जब तबीयत ठिकाने होती तो वे ये बातें भी सोचने लगते कि पहाड़ी पर मुझे अकेला छोड़कर मेरा दोस्त जसवन्तसिंह कहां चला

गया ? इस बालेसिंह ने धोखा देकर मुझे क्यों गिरफ्तार किया ? मैंने इसका क्या बिगाड़ा था ? तिस पर न तो मेरा यह दोस्त मालूम होता है न दुश्मन, क्योंकि कैद भी किए है और खुशामद और खातिरदारी भी करता है । जो हो, इस बात का तो अफसोस रह ही गया कि मैं किसी तरह की लड़ाई न कर सका और यकायक धोखे में गिरफ्तार हो गया !

आज भी इन्हीं सब बातों को बैठे-बैठे रनबीरसिंह सोच रहे थे कि आठ-दस आदमियों के साथ हथकड़ी-बेड़ी से जकड़े हुए जसवन्तसिंह आते दिखाई पड़े और सभी में से एक आदमी ने बढ़कर वह पुर्जा रनबीरसिंह के हाथ में दिया जो बालेसिंह ने अपनी और जसवन्तसिंह की बातचीत होने के बारे में लिखा था ।

रनबीरसिंह जसवन्तसिंह को देखकर बहुत खुश हुए, वह पुर्जा हाथ से जमीन पर रख दिया और जल्दी से उठ कर जसवन्त के साथ लिपट गए, बाद इसके उन सिपाहियों से जो इसे कैदी की तरह से लाये थे पूछा, "इसे हथकड़ी-बेड़ी क्यों डाल रखी है ? जब तुम्हारा सरदार मेरे साथ इतनी नेकी करता है तो उसने मेरे दोस्त को इतनी तकलीफ क्यों दे रखी है !"

जिस सिपाही ने रनबीरसिंह के हाथ में पुर्जा दिया था उसने जवाब में कहा, "उस पुर्जे को पढ़ने से इसका सबब आपको मालूम हो जायगा जिसे हमारे राजा साहब ने लिख कर आपके पास भेजा है ।"

रनबीरसिंह ने उस पुर्जे को उठा कर पढ़ा और ताज्जुब में आकर सोचने लगे, "हैं ! यह क्या मामला है ? जसवन्तसिंह मेरा दुश्मन क्यों हो गया और यह सब क्या लिखा है !" जसवन्तसिंह ने कहा है–"क्या हुआ जो रनबीरसिंह को आपने गिरफ्तार कर लिया ! शौक से उसका सर काटिये ! इसके बाद एक तर्कीब ऐसी बताऊंगा कि महारानी बड़ी खुशी के साथ आपसे शादी करने पर राजी हो जायेगी" यह सब क्या बात है ? कौन महारानी बालेसिंह के साथ शादी करने पर राजी हो जायेंगी जो मेरे मरने की राह देख रही हैं ? मालूम होता है कि वह पत्थर की मूरत जरूर किसी ऐसी औरत की है जो महारानी बोली जाती है और मुझसे मुहब्बत रखती है । बालेसिंह भी उसी पर आशिक है और शायद इसी सबब से उसने मुझे गिरफ्तार भी कर लिया हो तो ताज्जुब नहीं । मगर यह तो कभी हो नहीं सकता कि जसवन्तसिंह मेरे साथ दुश्मनी करने पर कमर बांधे.... हां, इस पुर्जे के नीचे यह भी तो लिखा है

कि "मैं खुद आकर आपको समझा दूंगा कि जसवन्तसिंह की नीयत खराब हो गई और अब वह आपका पूरा दुश्मन हो रहा है। खैर, बालेसिंह भी आता ही होगा, देखें क्योंकर साबित करता है कि मेरी तरफ से जसवन्तसिंह की नीयत खराब हो गई।"

उन सिपाहियों ने अपने सरदार बालेसिंह के हुक्म के मुताबिक जसवन्तसिंह को उसी मकान की एक लोहे के जंगले वाली कोठरी में कैद करके ताला लगा दिया और वहां से चले गए। रनबीरसिंह ने किसी को न टोका कि जसवन्तसिंह को कैद क्यों करते हो मगर जब वे लोग उसे कैद करके चले गये तब उठकर जसवन्तसिंह की कोठरी के पास जंगले के बाहर जा बैठे और बातचीत करने लगे–

रनबीरसिंह : क्यों जसवन्तसिंह, तुमने क्यों खुदबखुद आकर इस बालेसिंह के हाथ में अपने को फंसाया।

जसवन्तसिंह : मैं तो आपको छुड़ाने की नीयत से आया था, मगर कुछ कर न सका और इसने मुझे गिरफ्तार कर लिया।

रनबीरसिंह : तो छिप कर क्यों न आये?

जसवन्तसिंह : (कुछ सोच कर) भूल हो गई, मैंने सोचा था कि जाहिर होकर चलूंगा और तुम्हारा दुश्मन और उसका दोस्त बनके काम निकाल लूंगा मगर उस शैतान के बच्चे से कारीगरी न चली। पर आपको तो उसने इस तौर पर रखा है कि कैदी मालूम ही नहीं पड़ते!

रनबीरसिंह : भला यह तो बताओ कि तुम्हें कुछ मालूम हुआ कि वह पत्थर की मूरत किसकी है?

जसवन्तसिंह : हां, घूम-फिर कर दरियाफ्त करने से मुझे मालूम हो गया कि उसी पहाड़ी से थोड़ी दूर पर एक रानी रहती है और उसी ने अपनी और आपकी मूरतें उस पहाड़ी पर बनवाई हैं। यह सुन कर मुझे यकीन हो गया कि वह जरूर आपसे मुहब्बत रखती हैं, तभी तो फंसाने के लिये वे दोनों मूरतें उसने बनवाई हैं। यह सोच कर मैं उसके पास गया। मुझे उम्मीद थी कि जब आपके गिरफ्तार होने का हाल उससे कहूंगा तो वह आपके छुड़ाने की जरूर कोशिश करेगी और मुझे भी मदद देगी, मगर कुछ नहीं, वह तो निरी बेमुरौवत निकली! सब बातें सुन साफ जवाब दे दिया और बोली कि मैं क्या कर सकती हूं। मुझसे रनबीरसिंह से क्या वास्ता जो उसको छुड़ाऊं।

ऐसे-ऐसे सैंकड़ों रनबीरसिंह मारे-मारे फिरते हैं !!

रनबीरसिंह : (ऊंची सांस लेकर) ठीक ही है, भला इतना तो पता लगा कि वह पत्थर की मूरत झूठी न थी ! खैर, जो भी हो । मैं तो उसके दरवाजे की खाक ही बटोरा करूंगा । इसी में मेरी इज्जत है ।

रनबीरसिंह और जसवन्तसिंह में बातें हो ही रही थीं कि कई आदमियों को साथ लिये बालेसिंह उसी जगह आ पहुंचा और रनबीरसिंह को जसवन्तसिंह से बातें करते देख बोला,

"महाराज राजकुमार, आप इस नमकहराम से क्या बातें कर रहे हैं ! यह पूरा बेईमान और पाजी है, इसका तो मुंह न देखना चाहिये !"

रनबीरसिंह : यह मेरा पुराना दोस्त है, मुझे बिलकुल उम्मीद नहीं कि यह मेरे साथ बुराई करेगा ।

बालेसिंह : आप भूलते हैं जो ऐसा सोचते हैं, आज ही इसने मेरे सामने आकर कैसी-कैसी बातें कहीं, आपको तो मैंने लिख ही दिया था क्या पढ़ा नहीं ?

रनबीरसिंह : मैंने पढ़ा, मगर यह कहता है कि मैं अकेला था इसलिए आपके छुड़ाने की सिवाय इसके और कोई तर्कीब न देखी कि जाहिर में तुम्हारा दुश्मन और बालेसिंह का दोस्त बनूं ।

बालेसिंह : कभी नहीं, यह झूठा है ! मैं खूब समझ गया कि जिस पर आप आशिक हैं वह खुद भी उसी पर आशिक हो गया है और चाह है कि आपकी जान ले ।

रनबीरसिंह : होगा, मगर मुझे विश्वास नहीं होता !

बालेसिंह : अच्छा एक काम कीजिये, आप अपने हाथ से एक चिट्ठी महारानी को लिख कर पूछिये कि जसवन्तसिंह तुम्हारे पास गया था या नहीं और तुमने इसकी नीयत कैसी पाई ? उस खत को मैं अपने आदमी के हाथ भेज कर उसका जवाब मंगा देता हूं ।

रनबीरसिंह : अहा, अगर ऐसा करो तो मैं जन्मभर तुम्हारा ताबेदार बना रहूं ! भला मेरी ऐसी किस्मत कहां कि मैं उनके पास चिट्ठी भेजूं और जवाब आ जाए ! हाय ! जिसकी सूरत देखने की उम्मीद नहीं, उसके पास मेरी चिट्ठी जाय और जवाब आवे तो मेरे लिये इससे बढ़के और क्या खुशी की बात होगी !!

बालेसिंह : जरूर जवाब आवेगा, मगर एक बात है—आप उस चिट्ठी में यह भी लिख दीजियेगा कि बालेसिंह ने मुझे किसी तरह की तकलीफ नहीं दी है, बड़े आराम के साथ रखा है, और भाई की तरह मुझको मानता है ।

रनबीरसिंह : हां हां, जरूर मैं ऐसा लिख दूंगा ! जब तुम मेरे साथ इतनी नेकी करोगे कि मेरी चिट्ठी का जवाब मंगा दोगे तो क्या मैं तुमको अपने भाई के बराबर न समझूंगा ?

जसवन्तसिंह : (चिल्ला कर) मगर यह कैसे मालूम होगा कि महारानी ही ने इस पत्र का जवाब दिया है ? क्या जाने तुम जाल बना कर किसी गैर से चिट्ठी का जवाब लिखवा के ला दो, तब ?

बालेसिंह : (गुस्से में आकर) बेईमानों को ऐसी ही सूझती है ! हम लोग क्षत्रिय वंश में पैदा होकर जाल करने का नाम भी नहीं जानते । जरूर इस पत्र का उत्तर महारानी अपने हाथ से लिखेंगी और अपनी खास लौंडी के हाथ भेजेंगी, क्योंकि इनके लिये वह अपनी जान भी देने को तैयार हैं । क्या तुमने महारानी की सूरत देखी है ?

जसवन्तसिंह : हां, मैं उन्हें देख चुका हूं, वह इतनी मुरौवत वाली नहीं !

बालेसिंह : (हंस कर) बस बस, अब मुझे पूरा विश्वास हो गया । ऐसा तो कोई दुनिया में है ही नहीं जो उसे देखे और अपनी नीयत साफ बनाये रहे !

रनबीरसिंह : (बालेसिंह से) इन सब बातों में देर करने की क्या जरूरत है, आप मेरे ऊपर कृपा कीजिये और चिट्ठी लिखने का सामान मंगाइये, मैं अभी लिखे देता हूं ।

बालेसिंह ने अपने एक आदमी को भेज कर कलम–दवात तथा कागज मंगवाया और रनबीरसिंह के सामने रख कर कहा, "लीजिये, लिखिये ।" रनबीरसिंह खत लिखने बैठे ।

अहा, जिसके इश्क में रनबीरसिंह की यह दशा हुई, इतनी आफतें उठाई, आज उसी को पत्र लिखने बैठे हैं, मगर क्या लिखे ? क्या कह कर लिखे ? कौन–सी शिकायत करें ? इन्हीं बातों को घड़ी–घड़ी सोच–सोच रनबीरसिंह को कम्प हो रहा था, आंखें डबडबा आती थीं, लिखने वाला कागज आंसुओं से भज जाता था, बड़ी मुश्किल से कई दफे कागज बदलने

के बाद यह लिखा–

"मेरे लिये तुमने जो कुछ सोचा मुनासिब ही था, जिसका पहिला हिस्सा ठीक भी कर चुके। मगर अफसोस! उसका आखिरी हिस्सा अभी तक तै न हुआ। जसवन्तसिंह की मदद तक न की! बालेसिंह की खातिरदारी अभी तक जान बचाये जा रही है।"

तुम्हारा–रनबीरसिंह।

बालेसिंह ने यह पत्र उसी अपने एक विश्वासी और चालाक आदमी के हाथ महारानी की तरफ रवाना किया। उस आदमी के जाने के बाद रनबीरसिंह ने बालेसिंह से पूछा–

"क्यों बालेसिंह, यह महारानी कौन हैं? और मुझे तुमने क्यों गिरफ्तार कर रखा है? देखो, सच कहना, झूठ मत बोलना!"

बालेसिंह ने कहा, "ऐसा ही है तो लीजिये सुन ही लीजिये, आखिर मैं कहां तक और किस–किस से डरा करूंगा। महारानी चाहे जो भी हों आज मेरे और जसवन्तसिंह के तरह के सैंकड़ों ही उनके लिये जान दे रहे हैं, लेकिन उन्होंने सिवाय तुम्हारे किसी से भी शादी करना मंजूर न किया–जिसने जिद्द की उसी की दुर्गति कर डाली। अभी तक मेरे पास उनका लिखा पत्र मौजूद है जिसमें उन्होंने साफ लिखा है कि सिवाय रनबीरसिंह के मैं किसी को कुछ भी नहीं समझती। अपने पत्र का ऐसा जवाब पाकर मुझे भी बड़ा ही गुस्सा आया और दिल में ठान लिया कि अगर ऐसा ही है तो फिर चाहे जो हो मैं भी रनबीरसिंह से और उससे मुलाकत न होने दूंगा। सिवाय इसके...।"

बालेसिंह की बातें सुनते–सुनते यकायक रनबीरसिंह को बड़ा ही क्रोध चढ़ आया। वह आगे कुछ और कहना चाहता था मगर उसकी यह आखिरी बात कि–"मैं भी रनबीरसिंह से और उससे मुलाकात न होने दूंगा।" सुन कर उठ खड़े हुए, अपने गुस्से को जरा भी न रोक सके, और उसके गले में हाथ डाल ही तो दिया। दोनों में खूब कुश्ती और मुक्कों की मार होने लगी, यहां तक कि दोनों के सिर और बदन से खून बहने लगा। आखिर रनबीरसिंह ने बालेसिंह को उठा कर जमीन पर पटक दिया और उसकी छाती पर चढ़ बैठे।

अभी तक बालेसिंह के आदमी जो वहां मौजूद थे चुपचाप खड़े तमाशा देख रहे थे। जब अपने मालिक की पीठ जमीन पर देखी और उम्मीद हो

गई कि अब रनबीरसिंह उसका गला दबा के मार ही डालेंगे, तब एकदम रनबीरसिंह के ऊपर टूट पड़े, यहां तक कि बालेसिंह मौका पाकर हाथ से निकल गया और अपने साथियों की मदद से उसने रनबीरसिंह को बांध लिया।

अब रनबीरसिंह की आजादी बिलकुल जाती रही, वे पूरे कैदी हो गए। हथकड़ी-बेड़ी डालकर एक कोठरी में बन्द कर दिए गए। अभी तक बालेसिंह को उनकी खूबसूरती और हाथ-पैरों की मुलायमियत देख कर उनके इतने ताकतवर, बहादुर और जवांमर्द होने की उम्मीद बिलकुल न थी, अपने सामने वह किसी को भी कुछ नहीं समझता था, मगर आज रनबीरसिंह ने उनकी शेखी भुला दी, बल्कि अपना रौब उसके दिल पर जमा दिया।

9

बालेसिंह का आदमी रनबीरसिंह की चिट्ठी लेकर महारानी की तरफ रवाना हुआ, मगर जब उस शहर में पहुंचा तब सुना कि महारानी बहुत बीमार हैं और इन दिनों बाग में रहा करती हैं, दवा-इलाज हो रहा है, बचने की कोई उम्मीद नहीं, बल्कि आज का दिन कटना भी मुश्किल है।

वह आदमी जो चिट्ठी लेकर गया था निरा सिपाही न था बल्कि पढ़ा लिखा होशियार और साथ ही चालाक भी था। ऐसे मौके पर महारानी के पास पहुंच कर खत देना मुनासिब न जान उसने सराय में डेरा डाल दिया और सोच लिया कि जब महारानी की तबीयत ठीक हो जायेगी तब यह खत देकर जवाब लूंगा।

सराय में डेरा दे और कुछ खा-पी कर वह शहर में घूमने लगा यहां तक कि उस बाग के पास जा पहुंचा जिसमें महारानी बीमार पड़ी थीं। अपने को उसने बिलकुल जाहिर न किया कि मैं कौन हूं, किसका आदमी हूं, और क्यों आया हूं, मामूली मुसाफिर की तरह घूमता-फिरता रहा। शाम होते-होते बाग के अन्दर से रोने और चिल्लाने की आवाज आई और धीरे-धीरे वह आवाज बढ़ती ही गई, यहां तक कि कुछ रात जाते-जाते बाग से लेकर शहर तक हाहाकार मच गया, कोई भी ऐसा न था जो रो-रो कर अपना सिर न पीट रहा

हो ! शहर-भर में अंधेरा था, किसी को घर में चिराग जलाने की भी सुध न थी । जिसको देखिए वही "हाय महारानी ! कहां गई ? अब मैं किसका होकर रहूंगा ? पुत्र की तरह से अब कौन मानेगा ? किस भरोसे पर जिन्दगी कटेगी !" इत्यादि कह-कह कर रोता-चिल्लाता सर पीटता और जमीन पर लोटता था ।

वह आदमी जो चिट्ठी लेकर गया था घूम-घूम कर यह कैफियत देखने और पूछताछ करने लगा । मालूम हो गया कि महारानी मर गई, उसे बहुत ही रंज हुआ और अफसोस करता सराय की तरफ रवाना हुआ । वहां भी वही कैफियत देखी, किसी को आराम या चैन में न पाया, लाचार होकर वहां से भी लौटा और शहर से बाहर जा मैदान में एक पेड़ के नीचे रात काटी । सवेरे वापस हो अपने मालिक बालेसिंह की तरफ रवाना हुआ ।

महारानी के मरने से उनकी रियाया को जितना गम हुआ और वे लोग जिस तरह रोते-पीटते और चिल्लाते थे वह देखकर उस सिपाही को भी बड़ा रंज हुआ । बराबर आंसू बहाता हुआ दूसरे दिन अपने मालिक बालेसिंह के पास पहुंचा ।

बालेसिंह जो कई आदमियों के साथ बैठा गप्पें उड़ा रहा था अपने सिपाही की सूरत देखते ही घबड़ा गया और सोचने लगा कि शायद इसे किसी ने मारा-पीटा है या यह कैद हो गया था, किसी तरह छूट कर भाग आया है, मगर पूछने पर उसकी जुबानी महारानी के मरने का हाल सुना, तब उसकी भी अजब हालत हो गई । घंटे-भर तक सकते की हालत में इस तरह बैठा रहा जैसे जान निकल गई हो या मिट्टी की मूरत रखी हो, इसके बाद एक ऊंची सांस लेकर उठ खड़ा हुआ और दूसरे कमरे में जा चारपाई पर लेटकर सोचने लगा–

"हा ! जिसके लिए इतना बखेड़ा किया, इतने हैरान और परेशान हुए, बेचारे रनबीरसिंह को व्यर्थ कैद किया, अपनी जान आफत में डाली, वही दुनिया से उठ गई ! हाय, अभी तक वह भोली-भाली सूरत आंखों के आगे घूम रही है, वह पहिला दिन मानों आज ही है, यही मालूम होता है कि बाग में मकान की छत पर सहेलियों के साथ चढ़ी हुई इधर-उधर दूर-दूर तक के मैदान की छटा देख रही है । हाय, ऐसे वक्त में पहुंच कर मैंने क्यों उसकी सूरत देखी जो आज इतना रंज और गम उठाना पड़ा और मुफ्त की शर्मिन्दगी

और बदनामी भी हाथ लगी !!"

"मगर कहीं ऐसा तो नहीं है कि मेरा सिपाही झूठ बोलता हो या वहां महारानी ने इसे रिश्वत देकर अपनी तरफ मिला लिया हो और अपने मरने का हाल कहने के लिए समझा-बुझा कर इधर भेज दिया हो ? नहीं-नहीं, ऐसा नहीं हो सकता । अगर ब्रह्मा भी मेरे सामने आकर कहें कि यह तुम्हारा सिपाही बेईमान और झूठा है तो मैं न मानूंगा, यह मेरा दस पुश्त का नौकर कभी ऐसा नहीं कर सकता, इसके ऐसा तो कोई आदमी ही मेरे यहां नहीं !"

"खैर, जब महारानी मर ही गई तो फिर क्या किया जाएगा ? अब रनबीरसिंह और जसवन्तसिंह को कैद में रखना व्यर्थ है, उन्होंने मेरा कोई कसूर नहीं किया है ।"

ऐसी-ऐसी बहुत-सी बातें वह घंटों तक सोचता रहा, आखिरकार उठ खड़ा हुआ और सीधे उस मकान में पहुचा जहां रनबीरसिंह और जसवन्तसिंह कैद थे । बालेसिंह की सूरत देखते ही रनबीरसिंह ने पूछा, "क्यों साहब आपका सिपाही महारानी के पास से वापस आया ?"

बालेसिंह : हम लोगों का फैसला ईश्वर ही ने कर दिया !

रनबीरसिंह : वह क्या ?

बालेसिंह : महारानी ने परलोक की यात्रा की ! अब आपको भी मैं छोड़ देता हूं, जहां जी चाहे जाइए । यह लीजिए आपके कपड़े, ढाल तलवार इत्यादि भी हाजिर हैं ।

बालेसिंह की बात सुनते ही रनबीरसिंह ने जोर से 'हाय' मारी और बेहोश होकर जमीन पर गिर पड़े । बालेसिंह ने जल्दी से उनकी हथकड़ी-बेड़ी खोल डाली और मुंह पर बेदमिश्क वगैरह छिड़क कर होश में लाने की फिक्र करने लगा । जसवन्तसिंह को भी कैद से छुट्टी दे दी ।

कैद से छूट और महारानी के मरने का हाल सुन जसवन्तसिंह की नीयत फिर बदली । जी में सोचने लगा कि अब रनबीरसिंह की तरफ से नीयत खराब रखनी मुनासिब नहीं क्योंकि इसके साथ रहने में जिस खुशी के साथ जिन्दगी बीतती है वैसी इसके अलग होने पर नहीं मिल सकती । सिवाय इसके महारानी तो मर ही गई जिनके लिए बहुत कुछ सोचे हुए था, इस लिए अब तो इनके साथ पहिले ही की तरह मिल-जुल कर ही रहना मुनासिब है । मगर अभी इस बात का पूरा यकीन कैसे हो कि महारानी मर गई ! दुश्मन की बात

का यकीन करना बिलकुल भूल और नादानी है ।

बहुत देर के बाद रनबीरसिंह होश में आए मगर मुंह से कुछ न बोले और न अपना इरादा ही कुछ जाहिर किया कि अब वे क्या करेंगे ? उठ खड़े हुए, अपने कपड़े पहिरे और हर्बो को लगा शहर के बाहर की तरफ रवाने हुए । जसवन्तसिंह भी इनके साथ हुआ, किसी ने टोका भी नहीं कि कहां जाते हो ।

शहर के बाहर हो चुपचाप सिर नीचा किए हुए एक तरफ रवाना हुए, इसका ख्याल कुछ भी न किया कि कहां जा रहे हैं और रास्ता किधर है । जसवन्तसिंह ने चाहा कि समझा-बुझा कर घर की तरफ ले जायें मगर रनबीरसिंह ने उसकी एक भी न सुनी, लाचार बहुत-सी बातें कहता जसवन्तसिंह भी उन्हीं के साथ-साथ रवाना हुआ ।

लगभग कोस-भर के गए होंगे कि एक तरफ से दो सिपाहियों ने जो ढाल-तलवार के अलावे हाथ में तोड़ेदार बन्दूक भी लिए हुए थे जिसका पलीता सुलग रहा था, आकर रनबीरसिंह को रोका और अदब के साथ सलाम करके बोले, "आपसे कुछ कहना है ।" और तब जसवन्तसिंह की तरफ देखकर कहा, "हट जा बे यहां से, बात करने दे !"

जसवन्तसिंह ने कहा, "क्या तुम्हारे कहने से हट जायें, जन्म से तो हम इनके साथ हैं, ऐसी कौन बात है जो यह हमसे न कहते हों ?"

इसके जवाब में एक सिपाही ने बन्दूक तान कर कहा, "बस हट जा यहां से, नहीं तो अभी गोली मारता हूं, जन्म से साथ रहने की सारी शेखी निकल जायेगी !"

सिपाही की डांट से जसवन्तसिंह हट गया और कुछ दूर पर जा खड़ा हुआ । दूसरे सिपाही ने अपने जेब से एक चिट्ठी निकाल कर रनबीरसिंह को दिखाई जिसके जोड़ पर बड़ी-सी मोहर की हुई थी । मोहर पर निगाह कर रनबीरसिंह ने सिपाही की तरफ देखा और चिट्ठी खोल कर पढ़ने लगे, पढ़ते वक्त आंखों से बराबर आंसू जारी था । जब चिट्ठी खत्म होने पर आई तब एक दफे उनके चेहरे पर हंसी आई और आंसू पोंछ सिपाही की तरफ देखने लगे ।

सिपाही ने कहा, "बस, अब मैं बिदा होता हूं, आप मेरे सामने यह खत फाड़ डालिए ।" इसके जवाब में रनबीरसिंह ने यह कह कर खत फाड़ के

फेंक दिया कि "मैं भी यही मुनासिब समझता हूं !"

जब वे दोनों सिपाही वहां से चले गए तब जसवन्तसिंह ने इनके पास आकर पूछा, "ये दोनों कौन थे और यह खत किसका था ?"

रनबीरसिंह : था एक दोस्त का ।

जसवन्तसिंह : क्या नाम बताने में कुछ हर्ज है ?

रनबीरसिंह : हां, हर्ज है ।

जसवन्तसिंह : अब तक तो कभी ऐसा नहीं हुआ था !

रनबीरसिंह : खैर, अब सही ।

जसवन्तसिंह : क्या मैं आपका दुश्मन हो गया ?

रनबीरसिंह : बेशक !

जसवन्तसिंह : कैसे ?

रनबीरसिंह : हर तरह से ।

जसवन्तसिंह : आपने कैसे जाना ?

रनबीरसिंह : अच्छे सच्चे और पूरे सबूत से जाना ।

जसवन्तसिंह : अफसोस, एक नालायक बदमाश बालेसिंह के कहने से आपका चित्त मेरी तरफ से फिर गया और लड़कपन के संग-साथ और दोस्ती की तरफ जरा भी ख्याल न गया !!

रनबीरसिंह : दूर हो मेरे सामने से, हरामजादे के बच्चे ! तेरा तो मुंह देखने का पाप है । सच है, बड़ों का कहना न मानना अपने पैर में आप कुल्हाड़ी मारना है । मेरे पिता बराबर कहते थे कि यह दुष्ट सात पुश्त का हरामजादा है, इसका साथ छोड़ दे, नहीं तो पछताएगा । हाय, मैंने उनकी बात न मानी और तेरी जाहिरा सूरत और मीठी बातों में फंसकर अपने को खो बैठा । वह तो ईश्वर की कृपा थी कि जान बच गई, नहीं तो तैंने उसके लेने पर भी कमर बांध ली थी !

जसवन्तसिंह : यह ख्याल आपका गलत है । आप आजमाने पर मुझे ईमानदार और अपना सच्चा दोस्त पावेंगे ।

इतनी बात सुनते ही रनबीरसिंह को बेहिसाब गुस्सा चढ़ आया और कमर से तलवार खैंच होठों को कंपाते हुए बोले, "हट जा सामने से, नहीं तो अभी दो टुकड़े कर डालूंगा !!"

रनबीरसिंह की यह हालत देख खौफ के मारे जसवन्तसिंह हट गया और

जी में समझ गया कि अब किसी तरह यह न मानेगा । खैर देखा जाएगा ! यह सोच वहां से रवाना हुआ और जाती वक्त रनबीरसिंह से कहता गया, "देखिए, मेरा साथ छोड़ कर आप जरूर पछताएंगे !"

❐

10

जसवन्तसिंह के जाने के बाद रनबीरसिंह कुछ देर तक वहीं खड़े कुछ सोचते रहे, तब पश्चिम की तरफ चले । थोड़ी दूर जाकर इधर-उधर देखने लगे, बाईं तरफ पीपल का एक पेड़ नजर आया, उसी जगह पहुंचे और उस पेड़ को खूब गौर के साथ देख उसके नीचे बैठ गये ।

उस पेड़ के नीचे बैठे हुए रनबीरसिंह इस तरह चारों तरफ देख रहे थे जैसे कोई किसी ऐसे आदमी के आने की राह देखता हो जिसे वह बहुत ही ज्यादा मानता हो या जान बचाने के लिए जिसका मिलना बहुत जरूरी समझता हो ।

खैर, जो कुछ भी हो, मगर रनबीरसिंह को घड़ी-घड़ी खड़े होकर चारों तरफ देखते-देखते वह पूरा दिन बीत गया और भूख और प्यास से उनकी तबीयत बेचैन हो गई, मगर वह उस जगह से दस कदम भी इधर-उधर न हटे । आखिर शाम होते-होते कई सवार एक निहायत उम्दा घोड़ा कसा-कसाया, खाली पीठ और कुछ असबाब लिए उस जगह पहुंचे । एक सवार ने जो संभी का सरदार मालूम होता था घोड़े से नीचे उतर अपने जेब से एक चिट्ठी निकाली और रनबीरसिंह को सलाम करने के बाद उनके हाथ में दे दी ।

रनबीरसिंह खत खोलकर पढ़ने लगे, जैसे-जैसे पढ़ते जाते थे तैसे-तैसे उनके चेहरे पर खुशी चढ़ती हुई दिखाई देती थी और घड़ी-घड़ी हंसी आती थी । जब खत तमाम हुआ तब उस सवार की तरफ देख कर बोले, "इसमें कोई शक नहीं कि उन्होंने ऐसा काम किया जो अच्छे-अच्छे चालाकों से होना मुश्किल है, खैर यह बताओ कि तुम्हारी फौज यहां कब पहुंचेगी ?"

सवार ने कहा, "आधी रात के बाद से कुछ-न-कुछ असबाब-खेमा वगैरह आना शुरू हो जायगा बल्कि सुबह होते-होते कुछ फौज भी आ जायगी, बाकी कल और परसों दो दिन में कुल सामान के ठीक हो जाने की उम्मीद है । लेकिन पूरी फौज यहां इकट्ठी न होगी, वह मुकाम यहां से कुछ

दूर है जहां अब मैं आपको ले चलूंगा ।"

रनबीरसिंह : इस वक्त तुम्हारी फौज कहां है ?

सरदार : इसका जवाब मैं कुछ नहीं दे सकता, क्योंकि आज कई दिनों से कई ठिकानों पर फौजी आदमी बैठे हुए हैं । बालेसिंह की कैद से आपके छूटने की खबर जब मुझको लग चुकी तब मैंने अपने जासूसों को चारों तरफ रवाना किया है और एक ठिकाने का निशान देकर जहां आज मैं आपको ले चलूंगा ताकीद कर दी है कि जहां तक जल्द हो सके उसी जगह सभी को इकट्ठा करो, इसके बाद अपने सरकार में भी इन सब बातों की इत्तिला भेज दी है ।

रनबीरसिंह : इसके पहिले जो चिट्ठी एक सवार के हाथ मुझे मिली थी वह भी तो शायद तुम्हारे सरकार ही के हाथ की लिखी थी ?

सवार : जी हां, मगर वह कई दिन पहिले की लिखी थी और उस सवार को हुक्म था कि जब आप छूटें उसी वक्त यह चिट्ठी आपको दे ।

रनबीरसिंह : तो अब उस ठिकाने चलना चाहिये जहां फौज इकट्ठी होगी ?

सवार : जी हां, मैं आपकी सवारी का घोड़ा और कपड़े तथा हर्बे वगैरह भी लेता आया हूं और कुछ खाने का भी सामान लाया हूं, आप भोजन कर लें तो चलें ।

रनबीरसिंह ने खुशी और जल्दी के मारे भोजन करने से इन्कार किया मगर उस सवार की जिद्द से जिसका नाम बीरसेन था हाथ-मुंह धो कुछ खाना ही पड़ा, इसके बाद उन चीजों में से जो वह सवार इनके लिए लाया था जो कुछ जरूरी समझा लेकर घोड़े पर सवार हुए और वहां से रवाना हुए ।

उन सवारों के साथ-साथ कई कोस तक चले गये । आधी रात जाते-जाते एक मैदान में पहुंचे जिसके चारों तरफ घना जंगल और बीच में बहुत-से नीम के दरख्त थे । वहां सभी ने घोड़े की बाग रोकी और उस सवार ने रनबीरसिंह से कहा, "बस यही ठिकाना है जहां सभी को इकट्ठे होने के लिए कहा गया है ।"

इन सभी को वहां पहुंचे अभी कुछ ही देर हुई होगी कि खेमों और डेरों से लदे हुए कई ऊंट उस जगह आ पहुंचे जिनके साथ बहुत से आदमी थे ।

रात चांदनी होने के कारण रोशनी की कुछ जरूरत न थी । फर्राशों ने खेमा-डेरा खड़ा करना शुरू किया और तब तक कुछ-कुछ फौज भी इकट्ठी होने लगी । रनबीरसिंह ने बीरसेन से पूछा, "आपकी फौज यहां कितनी इकट्ठी होगी और उसका सेनापति कौन है ?"

बीरसेन ने कहा, "फौज दस हजार से ज्यादे नहीं है और उसका सेनापति यही ताबेदार आपके सामने हाजिर है ।"

रनबीरसिंह : इससे ज्यादे फौज की जरूरत ही क्या है ?

बीरसेन : आपका कहना ठीक है मगर वह बड़ा ही कट्टर है, और इतने से ज्यादे लड़ाकों का बन्दोबस्त कर सकता है ।

रनबीरसिंह : अफसोस, तुम्हारी हिम्मत बहुत छोटी मालूम होती है ।

बीरसेन : मेरी हिम्मत जो कुछ है और होगी यह तो मौके पर आपको मालूम होगा मगर आप खुद इसे सोच सकते हैं कि बेसरदार की फौज कहां तक काम कर सकती है और मेरा सरदार किस ढंग का है । हां आज आपकी ताबेदारी से अलबत्ते हम लोगों का हौसला दूना हो रहा है और बहुत-सा गुस्सा भी मिजाज को तेज कर रहा है ।

पांच दिन तक धीरे-धीरे बराबर फौज इकट्ठी होती रही और रनबीरसिंह अपने मन माफिक उसका इन्तजाम करते रहे । छठे दिन उनकी फौज पूरे तौर पर तैयार हो गई और तब रनबीरसिंह ने कहा, "अब बालेसिंह के पास दूत भेजना चाहिए ।"

बीरसेन : मेरी समझ में तो यकायक उसके ऊपर चढ़ाई कर देना ही ठीक होगा ।

रनबीरसिंह : सो क्यों ?

बीरसेन : क्योंकि हमारी नीयत का हाल अभी तक उसे कुछ भी मालूम नहीं और वह बिलकुल बेफिक्र बैठा है, ऐसे समय में उसको जीतना कोई मुश्किल न होगा ।

रनबीरसिंह : नहीं नहीं, ऐसा कभी न सोचना चाहिये, हम लोग धोखे की लड़ाई नहीं लड़ते !

बीरसेन : बालेसिंह और उसकी फौज बड़ी ही कट्टर है, महारानी के पिता को उसने तीन दफे लड़ाई में जीता और आज तक हमारी महारानी का हौसला कभी न पड़ा कि उसका मुकाबला करें और इसी सबब से उन्होंने

कैसी-कैसी तकलीफें उठाई सो भी आपको मालूम ही हो चुका है ।

रनबीरसिंह : जो हो, मगर मैं तो उससे कह-बद के लडूंगा ।

बीरसेन : मैं समझता हूं कि ऐसा करने के लिये महारानी भी आपको मना करेंगी ।

रनबीरसिंह : मैं इसमें उनकी राय न लूंगा ।

इसी तरह की बात बीरसेन से देर तक होती रही यहां तक कि सूर्य अस्त हो गया । उसी समय किसी आदमी ने खेमे के अन्दर आकर रनबीरसिंह के हाथ में एक चिट्ठी दी ।

चिट्ठी पढ़ते ही रनबीरसिंह की अजब हालत हो गई । इतने दिनों तक हर तरह की मुसीबत और रंज उठाने का ख्याल तक उनके जी से जाता रहा और गम की जगह खुशी ने अपना दखल जमा लिया, मगर यह खुशी भी अजब ढंग की थी । दुनिया में कई तरह की खुशी होती है और हर तरह की खुशी का रंग-ढंग और भाव जुदा ही होता है । यह खुशी जो आज रनबीरसिंह को हुई है निराले ही ढंग की है, जिसके साथ कुछ तरद्दुद का लेश भी लगा हुआ है । चिट्ठी पढ़ने के थोड़ी देर बाद रनबीरसिंह की आंखें सुर्ख हो गई, बदन कांपने और रोमांच होने लगा, सांस तेजी के साथ चलने लगी, बेचैनी के साथ इधर-उधर देखने लगे । मगर थोड़ी ही देर में रंगत फिर बदली, वहां से उठ खड़े हुए और बीरसेन से इतना कहते-कहते अपने खेमे से बाहर हुए- "अब मैं कल तुमसे मिलूंगा, किसी जरूरी काम के लिए जाता हूं !"

बीरसेन खूब जानते थे कि रनबीरसिंह को किस बात की खुशी है या किस बात पर क्रोध हुआ है, वह किसका आदमी है जिसने इन्हें पत्र दिया और अब ये कहां जा रहे हैं । इसलिये घोड़ा तैयार करके हाजिर करने के लिये हुक्म देकर वे खुद भी रनबीरसिंह के साथ-साथ खेमे के बाहर आ गये ।

घोड़ा हाजिर किया गया, रनबीरसिंह सवार हुए, वह चिट्ठी लाने वाला भी अपने घोड़े पर सवार हुआ जिसे वह खेमे के बाहर एक छोटे-से पेड़ के साथ बांध गया था । जंगल ही जंगल दोनों पश्चिम की तरफ रवाना हुए ।

❐

11

सूर्य अस्त हो चुका था पर वह चन्द्रमा जो सूर्य अस्त होने के पहिले ही से आसमान पर दिखाई दे रहा था, अब खूब तेजी के साथ महताबी रोशनी फैला कर रनबीरसिंह को रास्ता दिखाने और चलने में मदद करने लगा और ये भी खुशी से फूले हुए उस सवार के साथ जाने लगे। कभी-कभी कहते थे कि कदम बढ़ाये चलो जिसके जवाब में वह खत लाने वाला सवार कहता था कि राह ठीक नहीं है और जैसे-जैसे हम लोग आगे बढ़ेंगे रास्ता और भी खराब मिलता जायगा इसलिये धीरे ही धीरे चलना मुनासिब होगा। लाचार रनबीरसिंह उसी के मन माफिक चलते थे, फिर भी अगर ये उस स्थान को जानते होते जहां जाने की हद्द से ज्यादे खुशी थी तो उस सवार की बात कभी न मानते और पत्थरों की ठोकर खाकर गिरने, सिर फूटने या मरने तक का भी खौफ न करके जहां तक हो सकता तेजी के साथ चल कर अपने को वहां पहुंचाते जहां के लिये रवाना हुए थे।

राह की खराबी के बारे में उस सवार का कहना झूठ न था। जैसे-जैसे आगे बढ़ते थे, रास्ता ऊंचा-नीचा और पथरीला मिलता जाता था और यह भी मालूम होता था कि धीरे-धीरे पहाड़ के ऊपर चढ़ते जा रहे हैं, मगर यह चढ़ाई सीधी न थी, बहुत घूम-फिर कर जाना पड़ रहा था।

आधी रात तक तो इन लोगों को चन्द्रमा की मनमानी रोशनी मिली जिसके सबब से चलने में बहुत तकलीफ न हुई, मगर अब चन्द्रमा भी अपने घर के दरवाजे पर जा पहुंचा और जंगल बहुत घना मिलने लगा जिसके सबब से चलने में बहुत तकलीफ होने लगी, यहां तक कि घोड़े से उतरकर चलने की नौबत पहुंची।

थोड़ी देर तक बड़ी तकलीफ के साथ अंधेरे में चलने के बाद साथी सवार अटक गया। रनबीरसिंह ने रुकने का सबब पूछा जिसके जवाब में उसने कहा, "हम लोग अपने ठिकाने के बहुत पास आ चुके हैं, मगर अब अंधेरे के सबब रास्ता बिलकुल नहीं मालूम होता और यह जंगल ऐसा भयानक और रास्ता ऐसा खराब है कि अगर जरा भी भूल कर इधर-उधर भटके तो कोसों भटकना पड़ेगा।"

रनबीरसिंह : फिर क्या करना चाहिए ?

सवार : देखिये, मैं अभी पता लगाता हूं ।

यह कह उस सवार ने अपनी कमर में से एक छोटा-सा बिगुल निकल कर बजाया और इधर-उधर घूम-घूम कर देखने लगा । थोड़ी देर बाद एक रोशनी दिखलाई पड़ी जिसे देखते ही इसने फिर बिगुल फूंका । अब वह रोशनी इन्हीं की तरफ आने लगी । धीरे-धीरे यह मालूम हुआ कि एक आदमी हाथ में मशाल लिये चला आ रहा है । जब वह इनके पास आया तो रोशनी में इन दोनों की सूरत देख बोला, "आइये, हम लोग बड़ी देर से राह देख रहे हैं ।"

यहां से फिर घोड़े पर सवार हो मशाल की रोशनी में रवाना हुए थोड़ी दूर जाकर एक खुले मैदान में पहुंचे । रनबीरसिंह खड़े हो चारों तरफ देखने लगे मगर अंधेरे में कुछ मालूम न हआ । हां, इतना जान पड़ा कि जंगल के बीच में यह एक छोटा-सा मैदान है जिसमें दस-पांच बड़े-बड़े दरख्तों के सिवाय छोटे-छोटे जंगली पेड़ बहुत कम हैं ।

थोड़ी दूर और बढ़ कर पत्तों से बनी एक झोपड़ी नजर पड़ी जिसके चारों तरफ पत्तों ही की टट्टियों से घेरा किया हुआ था । टट्टी के बाहर चारों तरफ सैकड़ों ही आदमी मैदान में पड़े थे तथा छोटी-छोटी और भी कुटियां पत्तों की बनी इधर-उधर नजर आ रही थीं ।

रनबीरसिंह के पहुंचते ही सब-के-सब खड़े हुए और कई आदमियों ने उनके सामने आकर अदब के साथ सलाम किया । एक ने सवार से कहा, "उधर चलिये, वहां सोने-बैठने का सब सामान दुरुस्त है ।"

सवार के साथ रनबीरसिंह दूसरी तरफ गये जहां साफ जमीन पर फर्श लगा हुआ था । घोड़े से उतर कर फर्श पर जा बैठे, खिदमत के लिये कई खिदमतगार हाजिर हुए, कोई पानी ले आया, कोई पंखा झलने और कोई पैर दबाने लगा ।

इतने ही में एक लौंडी आई और हाथ जोड़कर रनबीरसिंह से बोली, "आपके आने की खबर सरकार को मिल चुकी है । अब रात बहुत थोड़ी बाकी है, इसी जगह दो घंटे आराम कीजिये, सुबह को मिलना मुनासिब होगा ।" यह कह जवाब की राह न देख लौंडी वहां से चली गई ।

रनबीरसिंह को भला नींद क्यों आने लगी थी ! तरह-तरह के ख्याल दिमाग में पैदा होने लगे, कभी तरद्दुद, कभी रंज, कभी क्रोध और कभी

खुशी, इसी हालत में सोचते-विचारते रात बीत गई, सवेरा होते ही एक लौंडी पहुंची और हाथ जोड़कर बोली, "अगर तकलीफ न हो तो मेरे साथ चलिये !"

रनबीरसिंह तो यह चाहते ही थे, तुरन्त उठ खड़े हुए और लौंडी के साथ-साथ उसी पत्तों वाले घेरे में गये जिसके अन्दर पत्तों ही की कुटी बनी हुई थी ।

इस समय ऐसे जंगल में पत्तों की इस कुटी को ही अच्छी-से-अच्छी इमारत समझना चाहिये, जिसमें खास कर रनबीरसिंह के लिये, क्योंकि इसी झोपड़ी में आज उन्हें एक ऐसी चीज मिलने वाली है जिससे बढ़ के दुनिया में वह कुछ भी नहीं समझते, या ऐसा कहना ठीक होगा कि जिस चीज पर उनकी जिन्दगी का फैसला है । इसके मिलने ही से वह दुनिया में रहना पसन्द करते हैं, नहीं तो मौत ही उनके हिसाब से बेहतर है ।

और वह चीज क्या है ? महारानी कुसुमकुमारी !! जैसे ही रनबीरसिंह उस घेरे के अन्दर जाकर झोपड़ी के पास पहुंचे कि भीतर से महारानी कुसुमकुमारी उनकी तरफ आती दिखाई पड़ीं ।

अहा, इस समय की छवि भी देखने ही लायक है ! बदन पर कोई जेवर न होने पर भी उनके हुस्न और नजाकत में किसी तरह फर्क नहीं पड़ा था । सिर्फ सुफेद रंग की एक सादी साड़ी पहिरे हुए थीं, जिसके अन्दर से चम्पे का रंग लिये हुए गोरे बदन की आभा निकल रही थी, सिर के बाल खुले हुए थे जिसमें से कई घूंघरवाली लटें गुलाबी गालों पर लहरा रही थीं, काली-काली भौंहें कमान की तरह खिंची हुई थीं, जिनके नीचे की बड़ी-बड़ी रतनार मस्त आंखें रनबीरसिंह की तरफ प्रेमबान चला रही थीं ।

पाठक, हम इनके हुस्न की तारीफ इस मौके पर नहीं किया चाहते क्योंकि यह तो श्रृंगार का समय नहीं, बल्कि एक वियोगिनी महारानी के ऐसे समय की छवि है जबकि खदेड़ा हुआ वियोग देखते-देखते उनकी आंखों के सामने से भाग रहा है । आज मुद्दत से उन्होंने इस बात पर ध्यान भी नहीं दिया कि श्रृंगार क्या है, या गहना-जेवर किस चिड़िया को कहते हैं, सुख का नाम ही नाम सुनते हैं या असल में वह कुछ है भी । हां, आज उनको मालूम होगा कि उस चीज का मिलना कैसा आनन्द देता है जिसके लिये वर्षों रो-रो कर बिताया हो और जीते जी बदन को मिट्टी मान लिया हो ।

यह महारानी कुसुमकुमारी वही हैं जिनकी सूरत अपनी मूरत के साथ पहिले-पहल पहाड़ पर रनबीरसिंह ने देखी थी और निगाह पड़ते ही पागल हो गए थे या जिसे देखते ही जसवन्तसिंह की भी नीयत ऐसी खराब हो गई थी कि उसने बालेसिंह से मिल कर रनबीरसिंह को मरवा ही डालना पसन्द किया था और यह वह महारानी कुसुमकुमारी है जिसके मरने की खबर सुन कर ही बालेसिंह ने रनबीरसिंह और जसवन्तसिंह को कैद से छुट्टी दे दी थी। उसी महारानी कुसुमकुमारी को जीती-जागती और मिलने के लिये स्वयं सामने आती हुई रनबीरसिंह देख रहे हैं, क्या यह उनके लिये कम खुशी की बात है ?

रनबीरसिंह और कुसुमकुमारी की चार आंखें होते ही दोनों मिलने के लिये एक-दूसरे की तरफ झपटे, कुसुमकुमारी दौड़ कर रनबीरसिंह के पैरों पर गिर पड़ी और आंखों से गरम आंसू बहाने लगी। रनबीरसिंह जल्दी से उसी जगह घास पर बैठ गए और कुसुमकुमारी को दोनों बाजू पकड़ के उठाया।

हद्द दर्जे की बढ़ी हुई खुशी भी कुछ करने नहीं देती। सिवाय इसके कि कुसुमकुमारी की दोनों कलाई पकड़ कर उसके मुंह की तरफ देखते रहें, रनबीरसिंह से और कुछ न बन पड़ा। इसी हालत में बैठे-बैठे आधे घंटे से ज्यादे दिन चढ़ आया और सूर्य की किरणों ने इनका चेहरा पसीने-पसीने कर दिया।

चालाक और वफादार लौंडियां बहुत कुछ कह-सुन कर इन दोनों को होश में लाई और उस पत्ते वाली झोपड़ी के अन्दर ले गई। इसके भीतर सुन्दर फर्श बिछा हुआ था जिस पर वे दोनों बैठे और धीरे-धीरे बातचीत करने की नौबत पहुंची।

रनबीरसिंह : मेरे लिये तुमको बहुत कष्ट उठाना पड़ा !

कुसुमकुमारी : मुझे किसी बात की तकलीफ नहीं हुई, हां इस बात का रंज जरूर है कि इसी कम्बख्त की बदौलत बालेसिंह के कैदखाने में आपको दुःख भोगना पड़ा !

रनबीरसिंह : वहां मैं बड़े आराम से रहा, जो-जो तकलीफें तुमने उठाई हैं उनका सोलहवां हिस्सा भी मुझे नहीं उठानी पड़ी। हाय, आज तुमको अपनी आंखों से इस जंगल-मैदान में पत्तों की झोंपड़ी बना, तपस्विनी बन,

दिन-भर की गर्मी और गर्म-गर्म लू में शरीर सुखाते देखना पड़ा !

कुसुमकुमारी : बस बस, इस समय ये सब बातें अच्छी नहीं मालूम होती, जो हुआ सो हुआ, अब तो मेरे ऐसा भाग्यवान कोई है ही नहीं ! (हंस कर) आपके दोस्त जसवन्तसिंह बहादुर कहां हैं ?

रनबीरसिंह : हाय हाय, उस नालायक हरामजादे ने तो गजब ही किया था ! बालेसिंह के घर से निकलते ही अगर तुम्हारी चिट्ठी मुझे न मिलती तो न मालूम अभी और क्या भोग भोगना पड़ता ! तुम्हारे मरने की खबर सुन कर मैंने निश्चय कर लिया था कि किसी ऐसी जगह जाकर अपनी जान दे देनी चाहिये कि वर्षों सर पटकने पर भी किसी को मालूम न हो कि रनबीरसिंह कहां गया और क्या हुआ । ऐसे वक्त में तुम्हारी चिट्ठी ने दो काम किये, एक तो मुझे मरते-मरते बचा लिया, दूसरे विश्वासघाती जसवन्तसिंह से जन्म-भर के लिए छुट्टी दिलाई, नहीं तो वह फिर भी मेरा दोस्त ही बना रहता । सच तो यह है कि मुझे उसकी दोस्ती का पूरा विश्वास था, यहां तक कि बालेसिंह के कहने पर भी मेरा जी उसकी तरफ से नहीं हटा था ।

इसके बाद रनबीरसिंह ने अपने बालेसिंह के हाथ में फंसने[1] जसवन्तसिंह के वहां पहुंचकर बालेसिंह से मेल करने की धुन लगाने, बालेसिंह का जसवन्तसिंह की बदनीयती का हाल कहने, जसवन्तसिंह के कैद होने, कुसुमकुमारी के पास चिट्ठी भेजने और उनके मरने की खबर पाकर अपने छूटने का हाल पूरा-पूरा कहा जिसे महारानी बड़े गौर के साथ सुनती रहीं ।

कुसुमकुमारी : अपने मरने की झूठी खबर उड़ाने के सिवाय बालेसिंह की कैद से आपको छुड़ाने की कोई तर्कीब मुझे न सूझी और ईश्वर की कृपा से वह तर्कीब पूरी भी उतरी ।

रनबीरसिंह : ओह !!

कुसुमकुमारी : मैं कई दिन पहिले ही बीमार बन कर बाग में चली गई

---

1. पहाड़ पर जब रनबीरसिंह कुसुमकुमारी की और अपनी मूरत देखकर पागल हो गए थे उसी समय पता लगा कर बालेसिंह ने धोखे में उन्हें गिरफ्तार करवा लिया था । पहाड़ से उतर कर पहिली मर्तबा गांव में आते समय जो कई सवार जसवन्तसिंह को मिले थे वे बालेसिंह ही के नौकर थे, यह ऊपर जताया जा चुका है और पाठक भी समझ ही गए होंगे ।

थी। जो कुछ मेरा इरादा था वह सिवाय मेरे नेक दीवान के और कोई भी नहीं जानता था, हां, लौंडियों को जरूर मालूम था। ऐसे वक्त में दीवान ने भी दिलोजान से कोशिश की और कई जासूसों के जरिये बराबर बालेसिंह के यहां की खबर लेता रहा। यह भी मुझे मालूम हो गया था कि बालेसिंह का आदमी आपके हाथ की चिट्ठी लेकर आया है, अस्तु उसी वक्त मैंने यह काम पूरा करने का मौका बेहतर समझा। (मुस्कुरा कर) शहर भर को विश्वास हो गया कि कुसुमकुमारी मर गई, बेचारे दीवान को उस समय राजकाज सम्हालने में बड़ी ही मुश्किल हुई!

रनबीरसिंह : अब तुम्हें अपने घर लौट चलना चाहिये।

कुसुमकुमारी : नहीं नहीं, बिना दुष्ट बालेसिंह को फंसाये मैं घर न जाऊंगी, और इसके लिये जो कुछ बन्दोबस्त किया गया है आप जानते ही होंगे।

रनबीरसिंह : हां, मैं तो सब कुछ जानता हूं। वह कुछ ऐसा ही मौका था कि धोखे में उसने मुझे फंसा लिया, सो भी तुम्हारे मिलने की खुशखबरी अगर वह मुझे न देता तो जरूर अपनी जान से हाथ धोता, पर अब तैं उसे कुछ भी नहीं समझता, उसका घमण्ड तोड़ भी चुका हूं!

कुसुमकुमारी : (मुस्करा कर) जी हां, मैं सुन चुकी हूं– तो भी मैं चाहती हूं कि घर पहुंचने के पहिले बालेसिंह पर कब्जा कर लूं।

रनबीरसिंह : खैर अगर यही मर्जी है तो दो ही चार दिन में तुम्हारे इस हौसले को भी पूरा किये देता हूं।

कुसुमकुमारी : हाय, उस कम्बख्त ने मेरे साथ जो कुछ सलूक किया जब मैं याद करती हूं, कलेजा पानी हो जाता है! (आंसू की बूंदे गिरा कर) हाय हाय, अगर आज मेरे बाप या मां ही होती तो यह नौबत क्यों पहुंचती? (कुछ सोच कर) नहीं नहीं, मुझे इसकी भी शिकायत नहीं है, क्योंकि.

रनबीरसिंह : (कुसुम का नर्म पंजा अपने हाथों में लेकर) हैं, यह क्या? बस बस, देखो तुम्हारी आंसू की बूंदें मेरे दिल के साथ वह बर्ताव कर रही हैं जो बन्दूक से निकले हुए छर्रे गुलाब की डाल पर बैठी हुई बेचारी बुलबुल के साथ करते हैं!

कुसुमकुमारी : (आंसू पोंछ कर) नहीं नहीं, ऐसा न कहो, बल्कि यही कहो कि ईश्वर करे ये आंसू की बूंदें बालेसिंह के लिये प्रलय का समुद्र हों

जिसमें उसकी उम्र की टूटी हुई किश्ती का कहीं पता भी न लगे !

देर तक बातचीत होती रही । आज का दिन इन दोनों आशिक–माशूकों के लिए कैसी खुशी का था, इसे वही खूब समझ सकता है जिसे कभी ऐसा मौका पड़ा हो । जिसे जी प्यार करता हो, जिसके मिलने की उम्मीद में तनोबदन की सुध भुला दी हो, जिसके मुकाबले में दुनिया की कुल नियामतें तुच्छ मालूम होती हों, जिसके बिना जिन्दगी दुश्वार हो गई हो, वह अगर मिल जाय तो क्या खुशी का कुछ ठिकाना है ? मगर दुनिया भी अजब बेढब जगह है, यहां रह कर खुशी से दिन बिताना किसी बड़े ही जिन्दादिल का काम है, नहीं तो ऐसा कौन है जिसे किसी–न–किसी बात की फिक्र न हो, किसी–न–किसी तरह का गम न हो, किसी–न–किसी किस्म का दुःख न हो, सच पूछिये तो सुख के मुकाबले में दुःख का पल्ला हरदम भारी ही रहता है, अगर किसी को एक तरह की खुशी है तो जरूर दो तरह का रंज भी होगा । यहां तो जिनका दिल मजबूत है, या जो दुनिया को सराय समझ कर अपना दिन बिता रहे हैं, वे ही मजे में हैं । और सभी को जाने दीजिये, आशिक–माशूकों के लिए तो दुःख मानों बांटे पड़ा है, या यों कहिए उन्हीं के लिए बनाया ही गया है ।

देखिये, आधी रात का समय है, चारों तरफ सन्नाटा है, निद्रादेवी ने निशाचर छोड़ सभी जानदारों पर अपना दखल जमा रखा है और थोड़ी देर के लिए सभी के दिल से दुःख–सुख का दौर हटा उन्हें बेहोश करके डाल दिया है । इस समय वही जाग रहा है जो चोरी की धुन में छप्पर कूद जाने या सेंध लगाने की फिक्र में लगा है, या उसी की आंखों में नींद नहीं है जो किसी माशूक के आने की उम्मीद में चारपाई पर लेटा–लेटा दरवाजे की तरफ देख रहा है, जरा खटका हुआ और दिल उछलने लगा कि वह आये, जब किसी को न देखा, एक लम्बी सांस ली और समझ लिया कि यह सब हवा महारानी की शैतानी है । हां, खूब याद आया, इस समय उस बेदर्द की आंखों में भी नींद नहीं है जो अपना दुश्मन समझ कर किसी नेकदिल बेचारे का नाहक ही खून करने का मौका ढूंढ़ रहा है, जरूर ऐसा ही है क्योंकि यहां भी ऐसा ही कुछ उपद्रव हुआ चाहता है ।

इन सभी के सिवाय रनबीरसिंह और कुसुमकुमारी की मुहब्बत और लालच–भरी आंखों में अभी तक नींद का नामो–निशान नहीं है । एक को देख–देख दूसरा मस्त हो रहा है, इस चांदनी ने इन दोनों के चुटीले दिलों को

और भी चरका दिया है, हाथ में हाथ दिये झोपड़ी के बाहर मगर पत्तों की चारदीवारी के अन्दर टहल रहे हैं, दीन-दुनिया को भूले हुए हैं, इस बात का गुमान भी नहीं कि अभी थोड़ी ही देर में कोई बला ऐसी आने वाली है कि जिसके सबब से यह सब सपने की सम्पत्ति हो जायगा और रोते-रोते आंखों को सुजाना पड़ेगा ।

लीजिये, अब अंधेरा हुआ ही चाहता है । ये दोनों धीरे-धीरे टहलते हुए पूरब तरफ की टट्टी तक पहुंचे जहां कोने की तरफ सब्ज टट्टी की आड़ में सब्ज ही कपड़ा पहिरे मुंह पर नकाब डाले एक आदमी छिपा खड़ा है । न मालूम कब टट्टी फांद कर आ पहुंचा, किस धुन में लगा है और इन दोनों की तरफ टकटकी बांधे गजब-भरी निगाहों से क्यों देख रहा है ?

देखिये, ये दोनों हद्द तक पहुंच गए और उस दुष्ट का मतलब भी पूरा हुआ । जैसे ही दोनों ने लौटने का इरादा किया कि वह हरामजादा इन पर टूट पड़ा और अपनी बिलकुल ताकत खर्च करके पीछे से रनबीरसिंह के सर पर ऐसी तलवार लगाई कि वह चक्कर खा जमीन पर गिर पड़े । जब तक चौंकी हुई कुसुमकुमारी फिर कर देखे तब तक तो वह टट्टी के पार हो गया और बाहर से "चोर चोर ! धरो धरो !!" की आवाज आने लगी ।

❐

12

रनबीरसिंह और जसवन्तसिंह को छोड़ कर बालेसिंह निश्चिन्त हो बैठा, मगर महारानी कुसुमकुमारी के मरने का गम अभी तक उसके दिल पर बना ही हुआ है । काम-काज में उसका जी बिलकुल नहीं लगता । इस समय भी दीवानखाने में अकेला बैठा कुछ सोच रहा है, तनोबदन की सुध कुछ भी नहीं है, उसे यह भी होश नहीं कि सुबह से बैठे शाम हो गई । किसी की मजाल भी न थी कि ऐसी हालत में उसे टोकता या याद दिलाता कि अभी तक आपने स्नान भी नहीं किया । ऐसे मौके पर किसी आने वाले के पैरों की चाप ने उसे चौंका दिया, सर उठा कर दरवाजे की तरफ देखा तो जसवन्तसिंह !

बालेसिंह : (गुस्से में आकर) तुझे यहां आने की इजाजत कितने दी ? तू यहां क्यों आया ? क्या किसी पहरे वाले ने तुझे नहीं रोका ? क्या

तुझे अपनी जान प्यारी नहीं है ?

जसवन्तसिंह : मैं अपनी खुशी से यहां आया, मुझे चोबदार ने रोका और यह भी कहा कि इस समय तुम्हारे आने की खबर तक नहीं की जा सकती ।

बालेसिंह : फिर इतना बड़ा हौसला तैंने किस उम्मीद पर किया ?

जसवन्तसिंह : इस उम्मीद पर कि आप बेइन्साफी कभी न करेंगे और मेरी जबान से भारी खुशखबरी सुन कर खुश होंगे बल्कि इनाम देंगे ।

बालेसिंह : (चौंक कर) खुशखबरी !!

जसवन्तसिंह : जी हां ।

बालेसिंह : अब ऐसी कौन-सी बात रह गई जिसे सुना कर तू मुझे खुश किया चाहता है ?

जसवन्तसिंह : सिर्फ यही कि महारानी जीती-जागती हैं और उसने तथा रनबीरसिंह ने आपको पूरा धोखा दिया ।

बालेसिंह : कभी नहीं ! तू झूठा है ! मेरा पुराना खानदानी नौकर मुझसे झूठ कभी नहीं बोल सकता जो अपनी आंखों से वहां का सब हाल देख आया है !!

जसवन्तसिंह : पुराना और पुश्तैनी नौकर होने ही से उसके दिल में मालिक की मुहब्बत नहीं हो सकती, मैं आज ही साबित कर सकता हूं कि वह दगाबाज और रिश्वती है और उसने कुसुमकुमारी से मिल कर आपको धोखा दिया । मैं आपको यह भी विश्वास दिला सकता हूं कि मैं पहिले भी सच्चा था और अब भी सच्चा हूं, आपकी मुहब्बत और आपके साथ रहने की ख्वाहिश मेरे दिल में है । मैं उम्मीद करता हूं कि मेरी कारगुजारी देख कर आप खुश होंगे और मुझे सच्चा खैरखाह समझ कर अपने साथ रखेंगे । यकीन कीजिए कि मेरे बराबर काम करने वाला आपके यहां कोई भी मुलाजिम, अफसर या दोस्त नहीं होगा ।

बालेसिंह : (ताज्जुब में आकर) क्या यह सब बातें तेरी सच्ची हैं जो बड़ी फरफराहट से तू कह गया है ?

जसवन्तसिंह : बेशक, मैं सच कहता हूं, आप चाहें और मेरे साथ चलने की तकलीफ उठावें तो आज ही अपनी सच्चाई का सबूत दे दूं और दिखला दूं कि आपकी जान लेने के लिये क्या-क्या बन्दिशें की गई हैं जिनकी आपको खबर तक नहीं, और इस पर आप भरोसा करते हैं कि आपके नौकर खैरखाह

हैं ! अगर आज मैं आपकी मदद न करता तो अपने सर आई हुई बला को कल आप किसी तरह नहीं रोक सकते और देखते-देखते इस मजबूत इमारत का नामो-निशान मिट जाता ।

बालेसिंह : (कुछ घबड़ा कर) अगर तेरी बात सही है तो मैं बेशक तेरे साथ चलूंगा और अगर तू सच्चा निकला तो तुझे अपना दोस्त बल्कि भाई समझूंगा । मगर ताज्जुब इस बात का है कि जिस रनबीरसिंह के यहां तैंने परवरिश पाई उसी का दुश्मन क्यों बन बैठा !!

जसवन्तसिंह : आप सच समझिये कि अगर रनबीरसिंह मुझे अपना दोस्त समझता या मानता तो मैं उसके लिये अपनी जान तक देने से न चूकता लेकिन वह मेरे साथ बराबर बुराई करता रहा । मैं नमक का ख्याल करके तरह देता गया, मौका मिलने पर भी कभी उसकी जान का ग्राहक नहीं हुआ, पर आखिर जब वह मेरी जान ही लेने पर मुस्तैद हो बैठा तो मैं क्या करूं ? अपनी जान सभी को प्यारी होती है । वह बड़ा भारी बेईमान है । दूर न जाइये, आपके यहां इतने आराम से कैद रहने पर भी उसने आपको ऐसा धोखा दिया कि आप जन्म भर याद रखियेगा ।

जसवन्तसिंह की चलती-फिरती और मतलब भरी बातें बालेसिंह के दिल पर असर कर गई और वह बड़े गौर में पड़ गया । वह जसवन्तसिंह को पूरा बेईमान और नमकहराम समझे हुए था मगर इस वक्त उसके फन्दे में फंस गया और खूब सोच-विचार कर उसने निश्चय कर लिया कि अगर जसवन्तसिंह इन सब बातों का सबूत दे देगा जो वह कह रहा है तो जरूर उसे नेक समझ कर खातिरदारी से बराबर अपने साथ रखेगा । वह जसवन्तसिंह के बारे में और भी बहुत कुछ सोचता और भले-बुरे का विचार करता मगर उसकी इस आखिरी बात ने कि 'उसने (रनबीरसिंह ने) आपके यहां कैद रहने पर भी आपको ऐसा धोखा दिया कि जन्म भर याद रहेगा ।' उसे देर तक सोचने न दिया । उसने जल्दी से अपने फैले हुए ख्यालों को बटोरा और घबड़ा कर बोला-

"आज मैं जरूर तुम्हारे साथ चल कर तुम्हारी सच्चाई के बारे में निश्चय, करूंगा, आओ मेरे पास बैठो और कहो मेरे लिए उन लोगों ने क्या-क्या तैयारियां की हैं ?"

जसवन्तसिंह : (पास बैठ कर) रनबीरसिंह और कुसुमकुमारी ने आपकी

तबाही का पूरा इन्तजाम कर लिया है और लड़ाई के लिए आपके ख्याल से भी ज्यादे फौज ऐसी जगह इकट्ठी की है कि न आपको पता लगा है न लगेगा। जिस तरह आप निश्चिन्त बैठे हैं अगर यकायक वह फौज आप पर चढ़ आवे तो क्या करें ?

बालेसिंह : (कुछ देर तक सोचकर) जसवन्तसिंह, मैं सच कहता हूं कि अगर तुम इन सब बातों का सबूत दे दोगे तो तुमको अपने भाई से ज्यादा मानूंगा और बेशक कहूंगा कि तुमने मेरी जान बचाई, फिर देखना, कुसुमकुमारी और रनबीरसिंह की मैं क्या गत करता हूं। सरे बाजार दोनों को कुत्तों से नुचवा कर न मार डाला (मूंछों पर ताव देकर) तो बालेसिंह नाम नहीं !!

जसवन्तसिंह : थोड़ी देर में आप विश्वास करेंगे कि मैं बहुत सच्चा और आपका दिली खैरखाह हूं।

आज जसवन्तसिंह की बड़ी खातिर की गई। बालेसिंह के दिल से रंज और गम भी जाता रहा बल्कि उसे एक दूसरे ही तरह का जोश पैदा हुआ। बड़ी मुश्किल से दो घंटे रात बिताने के बाद उसने जसवन्तसिंह के साथ चलने की तैयारी कर ली। पहिले तो बालेसिंह को ख्याल हुआ कि कहीं ऐसा न हो कि जसवन्तसिंह धोखा दे और बेमौके ले जाकर कहीं अपना बदला न ले मगर कई बातों को सोच और अपनी ताकत और चालाकी पर भरोसा कर उसे यह ख्याल छोड़ देना पड़ा।

दोनों ने काले कपड़े पहिरे, मुंह पर काले कपड़े की नकाब डाली, कमर में खंजर और एक-एक छोटा-सा पिस्तौल रख चुपचाप पहर रात-जाते घर से बाहर निकल घोड़ों पर सवार हो जंगल की तरफ चल पड़े।

बालेसिंह को साथ लिए जसवन्तसिंह उस जंगल के पास पहुंचा जहां महारानी कुसुमकुमारी की वह फौज तैयार और इकट्ठी की गई थी जिसका अफसर बीरसेन था और जहां से चिट्ठी पाकर कुसुमकुमारी से मिलने के लिए रनबीरसिंह गये थे। दोनों घोड़े एक पेड़ के साथ बांध दिये गए और बालेसिंह ने यहां से पैदल और अपने को बहुत छिपाते हुए जाकर उन बहुत बड़े-बड़े फौजी खेमों को देखा, जिनमें चारों तरफ बड़ी मुस्तैदी के साथ पहरा पड़ रहा था।

बालेसिंह : (धीरे से) बस आगे जाने का मौका नहीं है, मैं खूब जान गया कि यह कुसुमकुमारी के फौजी खेमे हैं क्योंकि देखो (हाथ से बता कर)

मैं उस आदमी को बखूबी पहिचानता हूं जो उस बड़े खेमे के आगे चौकी पर बैठा निगहबानी कर रहा है, जिसके आगे दो मशाल जल रहे हैं, और नंगी तलवार लिए कई सिपाही भी इधर-उधर घूम रहे हैं ।

जसवन्तसिंह : अगर कुछ शक हो तो और अच्छी तरह देख लीजिए ।

बालेसिंह : नहीं, नहीं, मैं इस फौज से खूब वाकिफ हूं ! हकीकत में जसवन्तसिंह, (गले लगाकर) तुमने मेरे साथ बड़ी नेकी की ! बस अब जल्द यहां से चलो क्योंकि इसका बहुत कुछ बन्दोबस्त करना होगा । अब मैं यह भी समझता हूं कि महारानी जरूर जीती होंगी ।

जसवन्तसिंह : एक बात तो मेरी ठीक निकली, अब इसका भी सबूत दिए देता हूं कि महारानी जीती हैं और उन्हीं के हुक्म से यह सब कार्यवाही की गई है सिर्फ दीवान के हुक्म से नहीं ।

बालेसिंह : अब मुझे तुम्हारे ऊपर किसी तरह का शक नहीं है और बेशक तुम्हारी वह बात भी ठीक होगी । इस वक्त तो मुझे बस यही धुन है कि घर पहुंचते ही पहिले उस नमकहराम का सर अपने हाथ से काटू जिसने महारानी के मरने की झूठी खबर सुना कर मुझे तबाह करना चाहा था ।

जसवन्तसिंह : हां, जरूर उसे सजा मिलनी चाहिए जिसमें औरों को डर पैदा हो और आगे ऐसा काम करने का हौसला न पड़े !

जसवन्तसिंह जानता था कि बालेसिंह का आदमी बिलकुल बेकसूर है, महारानी की चालाकी ने शहर-भर को धोखे में डाला था, उसकी कौन कहे, उसने चाहा भी था कि उस बेचारे को बचा दे मगर इस समय उस हरामजादे ने यह सोच कर हां में हां मिला दी कि उसके मारे जाने से मेरा रोआब लोगों पर जम जायगा और मेरे नाम से बस कांपने लगेंगे ।

ये दोनों घोड़ों पर सवार हो घर की तरफ रवाना हुए मगर अपने-अपने ख्यालों में ऐसा डूबे थे कि तनोबदन की सुध न थी, वे बिलकुल नहीं जानते थे कि किधर जा रहे हैं और घर का रास्ता कौन है कि यकायक जंगली सूखे हुए पत्तों की खड़खड़ाहट सुन दोनों चौंके और सर उठा कर सामने की तरफ देखने लगे ।

दूर से बहुत-से मशालों की रोशनी दिखाई पड़ी जो इन्हीं की तरफ आ रही थी । ये दोनों एक झाड़ी की आड़ में होकर देखने लगे । पास आने से मालूम हुआ कि बहुत से फौजी सिपाही दो पालकियों को घेरे हुए जा रहे हैं

जिनके साथ-साथ कई लौंडियां भी कदम बढ़ाये चली जा रही हैं।

जब वे लोग दूर निकल गये, दोनों आदमी झाड़ी से बाहर हुए। बालेसिंह ने कहा, "जसवन्तसिंह, बेशक इसमें महारानी होंगी, मगर मालूम नहीं दूसरी पालकी में कौन है ?"

जसवन्तसिंह : मैं सोचता हूं, दूसरी पालकी में रनबीरसिंह होगा।

बालेसिंह : तुम्हारा ख्याल बहुत ठीक है, मगर देखो हम लोग अपने-अपने ख्यालों में ऐसा डूबे हुए थे कि रास्ता तक भूल गये, चलो बाई तरफ घूमो।

दोनों बाई तरफ घूमे और तेजी से चल पड़े !

❑

13

पाठक, इन दोनों को जाने दीजिये और आप जरा हमारे साथ चलिए, देखें इन पालकियों में कौन है और ये फौजी सिपाही कहां जा रहे हैं जिनके पैरों की आवाज ने बालेसिंह को चौंक कर बता दिया था कि तुम लोग रास्ता भूले हुए किसी दूसरी ही तरफ जा रहे हो।

बालेसिंह का ख्याल बहुत ठीक है, बेशक ये महारानी कुसुमकुमारी के फौजी आदमी हैं जो दोनों पालकियों को घेरे जा रहे हैं और वे खास महारानी की लौडियां हैं जो पालकी का पर्दा पकड़े कदम बढ़ाये जा रही हैं। एक पालकी के अन्दर से सिसक-सिसक कर रोने की आवाज आ रही हैं, बेशक इसमें कुसुमकुमारी है। हाय, बेचारी पर कैसी मुसीबत आ पड़ी ! रनबीरसिंह जख्मी होकर गिरे तो अभी तक होश नहीं आया, लाचार पालकी में रख कर अपने घर ले चली हैं। इस झुंड में कोई बेदर्द हत्यारा कैदी भी हथकड़ी-बेड़ी से जकड़ा नजर नहीं आता जिससे मालूम होता है कि खूनी पकड़ा नहीं गया।

महारानी अपने किले में पहुंची और रनबीरसिंह के इलाज के लिये कई वैद्य और हकीम मुकर्रर किये, मगर पांच दिन बीत जाने पर भी उन्होंने आंखें नहीं खोली, इस गम में कुसुमकुमारी ने भी एक दाना अन्न का अपने मुंह में नहीं डाला। बेचारी बिलकुल कमजोर हो गई है तिस पर भी उसने इरादा कर लिया है कि जब तक उसका प्यारा रनबीरसिंह होश में आकर कुछ न

खायगा तब तक वह भी उपवास ही करेगी । क्योंकि उन्हीं के सहारे अब इसकी जिन्दगी है । उसे तनोबदन की सुध नहीं, हरदम रनबीरसिंह के पास बैठी उनका मुंह देखा करती और हाथ उठा-उठा कर ईश्वर से उनकी जिन्दगी मनाती रहती है ।

कुसुमकुमारी रनबीरसिंह के पास बैठी तलहथी पर गाल रखे कुछ सोच रही है, आंखों से आंसू बराबर जारी है, थोड़ी-थोड़ी देर पर लम्बी-लम्बी सांसें ले रही हैं, चारों तरफ लौंडियां घेरे बैठी हैं, उसकी प्यारी सखियां भी पास बैठी उसका मुंह देख रही हैं, मगर किसी का हौसला नहीं पड़ता कि उसे कुछ कहें या समझायें । यकायक नक्कारे की आवाज ने उसे चौंका दिया ।

यह नक्कारे की आवाज कहां से आई ? क्या मेरी फौज किसी से लड़ने के लिये तैयार हुई है ? मगर मैंने तो अपनी फौज को ऐसा कोई हुक्म नहीं दिया ! क्या मेरा सेनापति बीरसेन फौज लेकर लौट आया ? लेकिन अगर लौट ही आया तो नक्कारे पर चोट देने की क्या जरूरत थी ? लो फिर आवाज आई ! मगर वह आवाज बहुत दूर की मालूम होती है !!

इन सब बातों को सोचती हुई महारानी ने सिर उठाया और इधर-उधर देखने लगी । इतने ही में एक लौंडी बदहवास दौड़ी हुई आई और घबराहट की आवाज में डरती हुई बोली, "दीवान साहब यह खबर सुनाने के लिए हाजिर हुए हैं कि बालेसिंह की फौज शहर के पास आ पहुंची जिसका मुखिया वही दुष्ट जसवन्तसिंह मुकर्रर किया गया है ।"

यह खबर कुछ ऐसी न थी जिसके सुनने से बेचैनी न हो, जिसमें बेचारी कुसुमकुमारी ऐसी औरत के लिए ! वह भी इस दशा में कि उसका प्यारा रनबीरसिंह जिसे जान से ज्यादे समझे हुए है उसकी आंखों के सामने दुश्मन के हाथ से जख्मी होकर बेहोश पड़ा है और उसकी फौज एक दूसरे ही ठिकाने, दूसरी फिक्र में डेरा डाले पड़ी है जो यहां से लगभग पन्द्रह कोस के होगा ।

दीवान को बुलाकर सब हाल सुना, मगर सिवाय इसके और कुछ न कह सकी कि जो मुनासिब समझो बन्दोबस्त करो, मैं तो इस समय आप ही बदहवास हो रही हूं, क्या राय दूं ?

बेचारे नेकदिल दीवान ने जो कुछ हो सका बन्दोबस्त किया, मगर यह किसे उम्मीद थी कि यकायक बालेसिंह फौज लेकर चढ़ आवेगा और खबर

तक न हो पावेगी। इस छोटे-से शहर के चारों तरफ बहुत मजबूत और ऊंची दीवार थी, जगह-जगह मौके-मौके पर लड़ने तथा गोली बल्कि तोप चलाने तक की जगह बनी हुई थी और बाहर चारों तरफ खाई भी बनी हुई थी जिसमें अच्छी तरह से जल भरा हुआ था मानो एक मजूबत किले के अन्दर यह शहर बसा हुआ हो। महारानी की कुछ ज्यादे फौज न थी मगर इस किले की मजबूती के सबब दुश्मनों की कलई जल्दी लगने नहीं पाती थी। कह सकते हैं कि अगर इस किले में गल्ले की कमी न हो तो इसका फतह करना जरा टेढ़ी खीर है।

दीवान साहब ने एक जासूस के हाथ बीरसेन के पास चिट्ठी भेजी जिसमें लिखा हुआ था–"रनबीरसिंह के जख्मी होने से हम लोगों की बनी-बनाई बात बिगड़ गई, इतने मेहनत और तरद्दुद से फौज का इकट्ठा करना बिलकुल बेकार हो गया। यकायक चढ़ाई करने के पहिले ही न मालूम किस दुष्ट ने बालेसिंह को होशियार कर दिया और वह अपनी फौज लेकर इस किले पर चढ़ आया जिसकी कोई उम्मीद न थी। अब हम किला बन्द करके जो कुछ थोड़े बहादुर यहां मौजूद हैं उन्हीं को फसीलों पर चढ़ा कर दुश्मन की फौज पर गोला बरसाते हैं, जहां तक जल्द हो सके तुम फौज लेकर उस गुप्त राह से हमारे पास पहुंचो। अफसोस, हमें यकीन नहीं है कि यह चिट्ठी तुम्हारे पास पहुंच सकेगी क्योंकि जहां तक हम समझ सकते हैं पहर-दोपहर के अन्दर ही बालेसिंह इस किले को घेर लोगों की आमदरफ्त बन्द कर देगा। ईश्वर मदद करे और यह खत तुम्हारे पास पहुंच जाय तो आज के तीसरे दिन सनीचर को उसी सुरंग की राह से जिसका दरवाजा आधी रात के समय खुला रहेगा तुम मेरे पास फौज लिए हुए पहुंच जाओ। रनबीरसिंह अभी तक बेहोश पड़े हैं।"

इस चिट्ठी को रवाना कर दीवान साहब ने किला बन्द करने का हुक्म दे दिया, शहरपनाह की दीवारों और बुर्जियों पर तोपें चढ़ने लगीं।

❐

14

आधी रात का समय होने पर भी किले में सन्नाटा नहीं है। दीवान साहब

मुस्तैदी के साथ सब इन्तजाम कर रहे हैं। कोई असलहखाने से हर्बे निकाल कर बांट रहा है, कोई मेगजीन की दुरुस्ती में जी जान से लगा हुआ है, कोई तोपों के लिए बारूद की थैलियां भरवा रहा है, कोई बन्दूकों के लिए बारूद और गिन-गिन कर गोलियां तक्सीम कर रहा है, किसी तरफ कड़ाबीन वालों को कड़ाबीन में भर कर चलाने के लिए गोरखपुरी पैसे तौल-तौल के दिए जा रहे हैं। एक तरफ गल्ले का बन्दोबस्त हो रहा है, हजारों बोरे अन्न से भरे हुए भण्डार में जा रहे हैं, और दीवान साहब घूम-घूम कर हर एक काम देख रहे हैं।

इधर तो यह धूम-धाम मची हुई है मगर उधर महल की तरफ सन्नाटा है, सिवाय पहरा देने वाले सिपाहियों के और कोई दिखाई नहीं देता। महारानी के महल के पास ही दीवान साहब का मकान है जिसके दरवाजे पर तो पहरा पड़ रहा है मगर पिछवाड़े की तरफ देखिए, एक आदमी कमन्द लगाकर ऊपर चढ़ जाने की फिक्र में है। लीजिये, यह छत पर पहुंच भी गया, अब मालूम करना चाहिए कि यह कौन है जो इतना हौसला करके राजदीवान के मकान पर चढ़ गया है, नकाब की जगह मामूली एक कपड़ा मुंह पर डाले हुए है जिसे देखते हुए इतना कह सकते हैं कि चोर नहीं है।

यह आदमी छत पर से होकर जब तक मकान के अन्दर जाय, हम पहिले ही चलकर देखें कि इस मकान में कौन-कौन जाग रहा है और कहां क्या हो रहा है ?

ऊपर वाले खण्ड में एक सजा हुआ कमरा है जिसमें जाने के लिए पांच दरवाजे हैं, उसके आगे पटा हुआ आठ दर का दालान है जिसके हर एक खंभों और महराबों पर मालती लता चढ़ी हुई है, कुछ फूल भी खिले हुए हैं जिनकी भीनी-भीनी खुशबू इस दालान और कमरे को मुअत्तर कर रही है। इस कमरे में यों तो बहुत-सी बिल्लौरी हांडियां और दीवारगीरें लगी हुई हैं मगर बीच के दरवाजे के दोनों बगल वाली सिर्फ दो तिशाखी दीवारगीरों और गद्दी के पास वाले दो छोटे-छोटे शमादानों में मोमी बत्तियां जल रही हैं। ये दोनों बैठकी सुनहरे शमादान बिल्लौरी मृदंगियों से ढके हुए थे जिनकी रोशनी उस खूबसूरत कमसिन नौजवान औरत के गुलाबी चेहरे पर बखूबी पड़ रही है जो गावतकिए के सहारे गद्दी पर बैठी हुई है और जिसके पास ही एक दूसरी हसीन गद्दी का कोना दबाये बैठी उसके मुंह की तरफ देख रही है।

यह औरत बला की खूबसूरत थी, इसके हर एक अंग मानों सांचे में ढले हुए थे। इसके गालों पर गुलाब के फूलों की रंगत थी। इसके ओंठ नाजुक और पतले थे मगर ऊंची सांस लेकर जब वह अपना निचला ओंठ दबाती तब इसके चेहरे की रंगत फौरन बदल जाती और गम के साथ ही गुस्से की निशानी पाई जाती। इसके नाजुक हाथों में स्याह चूड़ियां और हीरे के कड़े पड़े हुए थे, उंगलियों में दो-चार मानिक की अंगूठियां भी थीं जिनकी चमक कभी-कभी बिजली की तरह उसके चेहरे पर घूम जाती थी। हुस्न और खूबसूरती के साथ ही चेहरे पर गजब और गुस्से की निशानी भी पाई जाती थी। इसके तेवरों से मालूम होता था कि यह जितनी हसीन है उतनी ही बेदर्द और जालिम भी है। तेवर बदलने के साथ ही जब कभी यह अपने ओठों को नामामूली तौर पर हिलाती तो साफ मालूम हो जाता कि इसके दिल में खुटाई भी परले सिरे की भरी हुई है। मगर वो सब जो कुछ भी हो लेकिन देखने में इसकी छवि बहुत ही प्यारी मालूम होती थी।

थोड़ी देर तक सन्नाटा रहने के बाद उस औरत ने जिसका हुलिया ऊपर लिख आये हैं, ऊंची सांस ले शमादान की तरफ देखते हुए कहा—

"बहिन मालती, तुम सच कहती हो। मैं खूब जानती हूं कि बीरसेन का दर्जा किसी तरह कम नहीं है, महारानी के फौज का सेनापति है, उसकी वीरता किसी से छिपी नहीं है और मुझे भी बहुत चाहता है, मगर क्या करूं, मेरा दिल तो दूसरे ही के फन्दे में जा फंसा है और अपने काबू में नहीं है।"

मालती : ठीक है, मगर तुम्हारे पिता ने तो बीरसेन के साथ तुम्हारा सम्बंध कर दिया है और सभी को यह बात मालूम भी हो गई है कि कालिन्दी की शादी बहुत जल्द बीरसेन के साथ होगी।

कालिन्दी : जो हो, पर मुझे यह मंजूर नहीं है।

मालती : भला यह तो सोचो कि इस समय बेचारी महारानी पर कैसा संकट आ पड़ा है। तुम्हारे पिता दीवान साहब किस तरह महारानी के नमक का हक अदा कर रहे हैं और दुश्मन से जान बचाने की फिक्र में पड़े हैं। अफसोस कि तुम उनकी लड़की होकर दुश्मन ही से मुहब्बत किया चाहती हो !! खैर इसे जाने दो, तुम खूब जानती हो कि जसवन्तसिंह महारानी पर आशिक है और उन्हीं के लिए इतना बखेड़ा मचा रहा है वह जानता भी नहीं कि तुम कौन हो, तुम्हारी सूरत तक कभी उसने नहीं देखी, फिर किस

उम्मीद पर तुम ऐसा करने का हौसला रखती हो ? उसे क्या पड़ी है जो तुमसे शादी करे ।

कालिन्दी : वह झख मारेगा और मुझसे शादी करेगा ।

मालती : (ओंठ बिचका कर) वाह, क्या अनोखा इश्क है !

कालिन्दी : बेशक, जब वह मुझे देखेगा, खुशामद करेगा ।

मालती : शायद तुमने अपने को महारानी से भी ज्यादे खूबसूरत समझ रखा है !!

कालिन्दी : नहीं नहीं, इस कहने से मेरा मतलब यह नहीं है कि मैं महारानी से बढ़कर हसीन हूं ।

मालती : तब दूसरा कौन मतलब है ?

कालिन्दी : मैं उसे इस किले के फतह करने की तर्कीब बताऊंगी जिसमें सहज में उसका मतलब निकल जाय और लड़ाई-दंगे की नौबत न आवे । क्या तब भी वह मुझसे राजी न होगा ?

यह सुनते ही मालती का चेहरा जर्द हो गया और बदन के रोंगटे खड़े हो गए । उसकी आंखों में एक अजब तरह की चमक पैदा हुई । उसने सोचा कि यह कम्बख्त तो गजब किया चाहती है, अब महारानी की कुशल नहीं । मगर बड़ी मुश्किल से उसने अपने भाव को रोका और पूछा–

मालती : भला तुम उसकी क्या मदद करोगी और कैसे यह किला फतह होगा ?

कालिन्दी : मैं खुद उसके पास जाऊंगी और अपने मतलब का वादा कराके समझा दूंगी कि फलानी सुरंग की राह से तुम इस किले में मय फौज के पहुंच सकते हो क्योंकि मैं खूब जानती हूं कि सनीचर के दिन उस सुरंग का दरवाजा वीरसेन के आने की उम्मीद में खुला रहेगा ।

अब मालती अपने गम और गुस्से को सम्हाल न सकी और भौं सिकोड़ कर बोली–"तब तो तुम इस राज्य ही को गारत किया चाहती हो !"

कालिन्दी : मेरी बला से, राज्य रहे या जाय ।

मालती : क्या महारानी पर तुम्हें रहम नहीं आता ?

कालिन्दी : महारानी भी तो एक गैर के लिये जान दे रही हैं ! फिर मैं अपने दोस्त की मदद करूं तो क्या हर्ज है ?

मालती : महारानी ने ऐसा कोई काम नहीं किया जिससे किसी को

दु:ख हो, लेकिन तुम्हारी करतूत से तो हजारों घर चौपट होंगे, सो भी एक ऐसे आदमी के लिये जिससे किसी तरह की उम्मीद नहीं ।

कालिन्दी : तुम्हें चाहे उम्मीद न हो पर मुझे तो बहुत कुछ उम्मीद है । मैं सोचे हुए थी कि तुम मेरी मदद करोगी मगर हाय, तुम तो पूरी दुश्मन निकलीं ।

मालती : और तुम इस राज्य-भर के लिए काल हो गई !

कालिन्दी : क्या सचमुच तुम मेरा साथ न दोगी ?

मालती : कभी नहीं, जब तुम्हारी बुद्धि यहां तक भ्रष्ट हो गई है तो साथ देना कैसा, मैं इस भेद को खोलकर इस आफत से महारानी को बचाऊंगी ।

कालिन्दी : आह, लड़कपन से तुम हमारे साथ रहती आई, जो-जो मैंने कहा तुमने माना, आज मुझे इस दशा में छोड़ अलग हुआ चाहती हो ? क्या तुम कसम खाकर कहती हो कि मदद न करोगी ?

मालती : हां हां, मैं कसम खाकर कहती हूं कि तुम्हारी खातिर महारानी की जान पर आफत न लाऊंगी, तुम मुझसे किसी तरह की उम्मीद मत रखो । मैं फिर भी कहे देती हूं कि इस काम में तुम्हें कभी खुशी न होगी, पीछे हाथ मल-मल के पछताओगी और कुछ करते-धरते न बन पड़ेगा । अफसोस, तुम दीवान सुमेरसिंह की इज्जत मिट्टी में मिलाकर क्षत्री कुल का कलंक बना चाहती हो, तुम्हारा तो मुंह देखने का पाप है, सिवाय....

बेचारी मालती कुछ और कहा चाहती थी मगर मौका न मिला । बाघिन की तरह उछल कर कालिन्दी उसकी छाती पर चढ़ बैठी और कमर से खंजर निकाल, जो शायद इसी काम के लिए पहिले से रख छोड़ा था, यह कह कर उसके कलेजे के पार कर दिया कि–'देखें तुम भेद क्योंकर खोलती हो' !!

हाय, बेचारी नेक महारानी की खैरखाह और नमकहलाल मालती ने दो ही चार दफा हाथ-पांव पटक हमेशा के लिए इस बदकार नमकहराम कालिन्दी का साथ छोड़ दिया और किसी दूसरी ही दुनिया में जा बसी । मगर उसी समय बाहर दालान के एक कोने से यह आवाज आई, "ऐ कालिन्दी ! खूब याद रखिये कि तेरी यह शैतानी छिपी न रहेगी, जो कुछ तैंने सोचा है कभी वह काम पूरा न होगा और बहुत जल्द तुझे इस बदकारी की सजा मिलेगी !"

इस आवाज ने कालिन्दी की अजब हालत कर दी और वह एकदम घबरा कर चारों तरफ देखने लगी मगर थोड़ी ही देर में उसकी दशा बदली और वह खून से भरा खंजर मालती के कलेजे से निकाल हाथ में ले कमरे से बाहर निकली और भूखी राक्षसी की तरह इधर-उधर घूम-घूम कर देखने लगी जिसमें उस आदमी का भी काम तमाम करे जिसने उसकी कार्यवाही देख-सुन ली है, मगर उस ने मकान भर में किसी जानदार की सूरत न देखी। कई दफे ऊपर से नीचे और नीचे से ऊपर गई मगर कुछ पता न लगा, तब खड़ी होकर सोचने लगी। इस बीच में कई दफे उसकी सूरत ने पलटा खाया जिससे मालूम होता था कि वह डर और तरद्दुद में पड़ी हुई है, मगर यकायक वह ठमक पड़ी और तब चौंक कर आप ही आप बोली, "ओफ ! मुझे डर किस बात का है ? अगर किसी ने मेरी कार्रवाई देख ही ली तो क्या हुआ ? अब मुझे यहां रहना थोड़े ही है। हां, अब जल्दी करनी चाहिए, बहुत जल्दी करनी चाहिए !"

कालिन्दी तेजी के साथ एक दूसरी कोठरी में घुस गई जिसमें उसके पहिरने के कपड़े रहते थे और थोड़ी ही देर बाद मर्दानी पोशाक पहिरे हुए बाहर निकली, नकाब की जगह रेशमी रूमाल मुंह पर बांधे हुए थी जिसमें देखने के लिए आंख के सामने दो छेद किए हुए थे, कमर में खंजर खोंसे और हाथ में कमन्द लिए वह छत पर चढ़ गई और उसी के सहारे बेधड़क पिछवाड़े की तरफ उतरकर एक तरफ को रवाना हुई।

यह मकान बैठक के तौर पर सजसजाकर कालिन्दी को रहने के लिए दिया गया था। इसके साथ ही सटा हुआ एक दूसरा आलीशान मकान था जिसमें कालिन्दी की मां और लौंडियां वगैरह रहा करती थीं। कालिन्दी बहुत ही टेढ़ी और जल्दी रंज हो जाने वाली औरत थी इसलिये उसके डर से बिना बुलाये कोई उसके पास न जाता और घंटे-दो घंटे या जब तक जी चाहता वह अकेली ही इस बैठक में रहा करती थी।

कालिन्दी शहरपनाह के फाटक पर पहुंची जहां कई सिपाही संगीन लिए पहरा दे रहे थे। उसने पहुंचते ही जल्द फाटक की खिड़की खोलने के लिए कहा।

एक सिपाही : तुम कौन हो ?

कालिन्दी : मेरा नाम रामभरोसे है, दीवान साहब का खास खिदमतगाह

हूं, उनकी चिट्ठी लेकर बीरसेन सेनापति के पास जा रहा हूं, क्योंकि बहुत जल्द उन्हें बुला लाने का हुक्म हुआ है ।

सिपाही : तुमने अपनी सूरत क्यों छिपाई हुई है ?

कालिन्दी : इसलिए कि शायद कोई दुश्मन का आदमी मिल जाय तो पहिचान न सके । मगर मुझे देर हो रही है, जल्द फाटक खोलो दमभर भी कहीं रुकने का हुक्म नहीं और यह मौका भी ऐसा ही है ।

पहरेवाले सिपाही ने यह सोच कर कि 'अन्दर से बाहर किसी को जाने देने में कोई हर्ज नहीं है, हमारा काम यही है कि कोई गैर आदमी बाहर से किले के अन्दर आने न पावे', खिड़की खोल दी और कालिन्दी खुशी-खुशी बाहर हो गई ।

बालेसिंह का लश्कर यहां से लगभग डेढ़ कोस की दूरी पर था । घंटेभर में यह रास्ता कालिन्दी ने तै किया मगर फौज के पास पहुंचते ही रोकी गई । पहरे वालों के पूछने पर उसने जवाब दिया, "महारानी कुसुमकुमारी की चिट्ठी लेकर जसवन्तसिंह के पास आया हूं, मुनासिब है कि तुममें से एक आदमी मेरे साथ चलो और मुझे उनके पास पहुंचा दो ।"

बालेसिंह के यहां आज जसवन्तसिंह की बड़ी कदर और इज्जत है । फौज का सेनापति होने के सिवाय बालेसिंह उसे जी जान से मानता है क्योंकि अगर महारानी कुसुमकुमारी की फौज का पता बालेसिंह को वह न देता तो बेशक बालेसिंह की किस्मत फूट ही चुकी थी । एक तो रनबीरसिंह के जख्मी होने से, दूसरे जसवन्तसिंह के होशियार कर देने से बालेसिंह की जान बच गई । इससे भी बढ़ कर जसवन्तसिंह ने और एक काम किया था जिससे बालेसिंह बहुत ही खुश है और उसे अपनी जान के बराबर मानता है । इस जगह पर यह कहने की कोई जरूरत नहीं नजर आती कि जसवन्तसिंह ने वह कौन-सा लासानी काम करके बालेसिंह को मुठ्ठी में कर लिया है क्योंकि आगे मौके पर यह बात छिपी न रहेगी ।

जसवन्तसिंह का समय देख के बालेसिंह के कुल मुलाजिम, फौज और अफसर इसका हुक्म मानते हैं कि यह जिससे रंज होगा, उसके सिर पर आफत आएगी और वह उसी तरह तोप के आगे रख कर उड़ा दिया जाएगा जिस तरह वह जासूस उड़ा दिया गया था जिसने महारानी कुसुमकुमारी के मरने की खबर बालेसिंह को पहुंचाई थी । अस्तु जसवन्तसिंह का नाम सुनते

ही एक सिपाही कालिन्दी के साथ हुआ और उसे जसवन्तसिंह के पास पहुंचा कर अपने ठिकाने चला आया ।

आसमान पर सफेदी आ रही थी और बुझती हुई चिनगारियों की तरह दस-बीस लुसलुसाते हुए तारे दिखाई दे रहे थे, जब कालिन्दी जसवन्तसिंह के खेमे के पास पहुंची। पहरेवालों से जाना गया कि जसवन्तसिंह अभी सो रहा है। साफ सवेरा हो जाने से मालूम हो जायगा कि यह औरत है इसलिये कालिन्दी ने उसी वक्त खेमे के अन्दर जाने का इरादा किया, मगर हुक्म के खिलाफ समझ कर पहरे वालों ने ऐसा करने से रोक दिया ।

कालिन्दी : अच्छा तुम अभी जाकर खबर करो कि महारानी का भेजा हुआ एक आदमी आया है ।

एक सिपाही : सरकार अभी सो रहे हैं, किसकी मजाल है जो उन्हें जाकर उठावे ।

कालिन्दी : लड़ाई के वक्त या सफर में कोई फौजीबहादुर ऐसा हुक्म जारी नहीं कर सकता, ऐसे मौके पर आराम को चाहने वाला कभी फायदा नहीं उठावेगा, फौज इस वक्त दुश्मन के मुकाबले में पड़ी हुई है । मुझे विश्वास नहीं होता कि जसवन्तसिंह ने काम पड़ने पर भी नींद से जगाने की मनाही कर दी हो ।

पहरे वाला : तुम्हारा कहना ठीक है, ऐसा हुक्म तो नहीं दिया गया है मगर....

कालिन्दी : मगर-तगर की कोई जरूरत नहीं, तुम अभी जाकर जगाओ, नहीं तो मैं तुरन्त लौट जाऊंगा और इसका नतीजा तुम लोगों के हक में बहुत बुरा होगा ।

लाचार पहरेवालों ने खेमे के अन्दर पैर रखा, आहट पाते ही जसवन्तसिंह की आंख खुल गई और पहरे वाले सिपाही को अन्दर आते देख बोला-

जसवन्तसिंह : (ताज्जुब से) महारानी कुसुमकुमारी का सन्देश लाया है ! ठीक है, मालूम होता है, रनबीरसिंह चल बसा, तभी राह पर आई है, अच्छा उसे हाजिर करो ।

कालिन्दी खेमे के अन्दर पहुंचाई गई, उसे देखते ही जसवन्तसिंह उठ बैठा और उसने जल्दी में पहिली बात यही पूछी, "कहो रनबीरसिंह की क्या खबर है ? महारानी का अब क्या इरादा है ?"

कालिन्दी : रनबीरसिंह अभी तक बेहोश पड़े हैं, मगर हकीमों के कहने से मालूम होता है कि दो-एक दिन में होश में आ जायेंगे, मेरे हाथ महारानी ने कोई सन्देशा नहीं भेजा है, मैं उनसे लड़कर यहां आयी हूं, आप मेरी खातिर करेंगे तो दो ही दिन में यह किला फतह करा दूंगी, इस तरह आप साल-भर में भी इसे फतह नहीं कर सकते। महारानी के यहां मेरा उतना ही अख्तियार है जितना बालेसिंह के यहां आपका।

इतना कह अपने मुंह से नकाब हटा चारपाई के पास जा खड़ी हुई, उसकी बातों का जवाब जसवन्तसिंह क्या देगा, इसका कुछ भी इन्तजार न किया।

कालिन्दी की बातों ने जसवन्तसिंह को उलझन में डाल दिया, मगर जब मुंह खोल कर पास जा खड़ी हुई तो उसकी हालत बिलकुल बदल गई और उसके दिमाग में किसी दूसरे ही ख्याल ने डेरा जमाया।

कम्बख्त कालिन्दी गजब की खूबसूरत थी, उसको देखते ही अच्छे-अच्छे ईमानदारों के ईमान में फर्क पड़ जाता था, बेईमान जसवन्तसिंह की क्या हकीकत थी जो उसके लासानी हुस्न को देखे और चुप रह जाय। फौरन उठ खड़ा हुआ, हाथ पकड़ के अपने पास चारपाई पर बिठा लिया और शमादान की रोशनी में जो इस वक्त भी खेमे के अन्दर जल रहा था उसकी सूरत देखने लगा। कालिन्दी के भी मन की भई, ईश्वर ने बेईमानों की अच्छी जोड़ी मिलाई, दोनों को एक-दूसरे के देखने से सन्तोष नहीं होता था, मगर इसी समय किसी ने खेमे के दरवाजे पर ताली बजाई क्योंकि जब दो आदमी खेमे के अन्दर बैठे बातें कर रहे हों तो ऐसे वक्त में किसी सिपाही या गैर का बिना इत्तिला अन्दर जाने की मजाल न थी।

कालिन्दी उसके पास पलंग पर बैठी हुई थी, ऐसे मौके पर वह कब किसी दूसरे को अन्दर आने देता ! खुद उठ कर बाहर गया और देखा कि कई सिपाही एक आदमी की मुश्कें बांधे खड़े हैं।

जसवन्तसिंह : यह कौन है ?

एक सिपाही : यह महारानी का जासूस है, कहीं जा रहा था कि हम लोगों ने गिरफ्तार कर लिया।

जसवन्तसिंह : किस वक्त और कहां पकड़ा गया ?

एक सिपाही : यहां से पांच कोस की दूरी पर कुछ दिन रहते ही यह

गिरफ्तार हुआ था, यहां आते-आते बहुत रात हो गई । हुजूर आराम करने चले गए थे इसलिये इत्तिला न कर सके, अब सवेरा होने पर हाजिर किया है ।

जसवन्तसिंह : इसकी तलाशी ली गई या नहीं ?

एक सिपाही : जी हां, तलाशी ली गई थी, एक चिट्ठी इसके पास निकली और कुछ नहीं ।

जसवन्तसिंह : यह चिट्ठी कहां है, लाओ !

सिपाही ने वह चिट्ठी जसवन्तसिंह के हाथ में दी जिसे पढ़ कर वह बहुत ही खुश हुआ । पाठक समझ ही गए होंगे कि यह चिट्ठी वही थी जो दीवान साहब ने बीरसेन के पास भेजी थी और जिसमें लिखा था कि-"सनीचर के दिन मय फौज के सुरंग की राह तुम किले के अन्दर चले आना, दरवाजा खुला रहेगा ।"

"वह सुरंग कहां पर है, इसका हाल वह औरत (कालिन्दी) जो अभी आई है जानती होगी और वह जरूर मुझसे कह देगी, अब इस किले का फतह करना कोई बड़ी बात नहीं है ।" यह सोचता हुआ जसवन्तसिंह फिर खेमे के अन्दर चला गया ।

❑

15

महारानी कुसुमकुमारी के लिये आज का दिन बड़ी खुशी का है क्योंकि रनबीरसिंह की तबीयत आज कुछ अच्छी है । वह महारानी के कोमल हाथों की मदद से उठकर तकिए के सहारे बैठे हैं और धीरे-धीरे बातें कर रहे हैं । हकीमों ने उम्मीद दिलाई है कि दो-चार दिन में इनका जख्म भर जायगा और ये चलने-फिरने लायक हो जायेंगे ।

घंटे भर से ज्यादे दिन न चढ़ा होगा । रनबीरसिंह और कुसुमकुमारी बैठे बातें कर रहे थे कि एक लौंडी बदहवास दौड़ी हुई आई और बोली-

लौंडी : कालिन्दी के खास कमरे में मालती की लाश पड़ी हुई है और कालिन्दी का कहीं पता नहीं है ।

कुसुमकुमारी : हैं ! मामती की लाश पड़ी हुई है !! उसे किसने मारा ?

लौंडी : न मालूम किसने मारा ! कलेजे में जख्म लगा हुआ है,

खून से तर-बतर हो रही है !!

कुसुमकुमारी : और कालिन्दी का पता नहीं !!

लौंडी : तमाम घर ढूंढ़ डाला, लेकिन....

रनबीरसिंह : शायद कोई ऐसा दुश्मन आ पहुंचा जो मालती को मार डालने के बाद कालिन्दी को ले भागा ।

कुसुमकुमारी : इधर कई दिनों से कालिन्दी उदास और किसी सोच में मालूम पड़ती थी, इससे मुझे उसी पर कुछ शक पड़ता है ।

रनबीरसिंह : अगर ऐसा है तो मैं भी कालिन्दी ही पर शुबहा करता हूं ।

कुसुमकुमारी : हाय, बेचारी मालती !!

कुसुमकुमारी जी जान से मालती को प्यार करती थी, उसके मरने का उसे बड़ा ही गम हुआ, साथ ही इस तरद्दुद ने भी उसका दिमाग परेशान कर दिया कि कालिन्दी कहां गायब हो गई और उसकी सोच में उसके मां-बाप की क्या दशा होगी !

कुसुमकुमारी ने रनबीरसिंह की तरफ देखकर कहा, "सबसे ज्यादे फिक्र तो मुझे बीरसेन की है । उसको कालिन्दी से बहुत ही मुहब्बत थी, बल्कि थोड़े ही दिनों में उन दोनों की शादी होने वाली थी । अब वह यह हाल सुन कर कितना दुःखी होगा ! एक तो मैं उसे अपने छोटे भाई की तरह मानती हूं, दूसरे इस समय ज्यादे भरोसा बीरसेन ही का है । तुम्हारी यह दशा है, ईश्वर ने जान बचाई, यही बहुत है, मैं औरत ठहरी, दीवान साहब बेचारे लड़ने-भिड़ने का काम क्या जानें, सो उन्हें भी आज लड़की का ध्यान बेचैन किए होगा, सिवाय बीरसेन के बालेसिंह का मुकाबला करने वाला आज कोई नहीं है ! हाय, सत्यानाशी मुहब्बत आज उसे भी बेकाम करके डाल देगी, देखें कालिन्दी के गम में उसकी क्या दशा होती है ?"

रनबीरसिंह : क्या बालेसिंह के चढ़ आने की कोई खबर मिली है ?

कुसुमकुमारी : खबर क्या, उसकी फौज इस किले के मुकाबले में आ पड़ी है जिसका सेनापति आपका दोस्त (मुस्कुरा कर) जसवन्तसिंह बताया गया है ।

रनबीरसिंह : क्या यहां तक नौबत पहुंच गई !!

कुसुमकुमारी : जी हां, लाचार होकर दीवान साहब ने किला बन्द करने

का हुक्म दे दिया है और फसीलों पर से लड़ाई करने की तैयारी कर रहे हैं, शायद बीरसेन को भी बुलवा भेजा है ।

रनबीरसिंह : (कुछ सोचकर) खैर, क्या हर्ज है, दरियाफ्त करो, कोई बीरसेन के पास गया है या नहीं, वह आ जाय तो मैं खुद मैदान में निकल कर देखता हूं कि बालेसिंह किस हौसले का आदमी है और जसवन्तसिंह मेरा मुकाबला किस तरह करता है ।

कुसुमकुमारी : क्या ऐसी हालत में तुम लड़ाई पर जाओगे ?

रनबीरसिंह : क्या चिन्ता है ?

कुसुमकुमारी : तुम में तो उठ कर बैठने की भी ताकत नहीं है !

रनबीरसिंह : ताकत तभी तक नहीं है जब तक गद्दी और तकिये के सहारे बैठा हूं, जिस वक्त जर: और खौद पहिन कर हर्बे बदन पर लगाऊंगा और नेजा हाथ में लेकर मैदान में निकलूंगा उस वक्त देखूंगा कि ताकत क्योंकर नहीं आती । क्षत्रियों के लिए लड़ाई का नाम ही ताकत और हौसला बढ़ाने वाला मन्त्र है ।

कुसुमकुमारी : (हाथ जोड़कर और ऊपर की तरफ देख कर दिल में) हे ईश्वर, तू धन्य है ! मुझ पर क्या कम कृपा की कि ऐसे बहादुर के हाथ में मेरी किस्मत सौंपी !

रनबीरसिंह : (एक लौंडी से) जाकर पूछ तो, बीरसेन के पास कोई गया है या नहीं ?

हुक्म पाते ही लौंडी बाहर गई मगर तुरन्त ही लौट आकर बोली, "बीरसेन आ पहुंचे, बाहर खड़े हैं ।"

रनबीरसिंह : मालूम होता है यहां से सन्देशा जाने के पहिले ही बीरसेन इस तरफ रवाना हो चुके थे ।

कुसुमकुमारी : यही बात है, नहीं तो आज ही कैसे पहुंच जाते ! आज तक तो मैं उसे अपने सामने बुलाकर बातचीत करती थी क्योंकि मैं उसे भाई के समान मानती हूं मगर अब जैसी मर्जी !

रनबीरसिंह : (हंस कर) तो क्या आज कोई नई बात पैदा हुई ? या भाई का नाता धोखे में टूट गया !

कुसुमकुमारी : (शर्मा कर) जी मेरा भाई आप-सा धर्मात्मा नहीं है ।

रनबीरसिंह : ठीक है, तुम्हारे संग पापी हो गया !

कुसुमकुमारी : बस माफ कीजिए, इस समय दिल्लगी अच्छी नहीं मालूम होती, मैं आप ही दुःखी हो रही हूं, ऐसा ही है तो लो जाती हूं !

रनबीरसिंह : (आंचल थाम कर) वाह क्या जाना है, खैर अब न बोलेंगे, (लौंडी की तरफ देखकर)बीरसेन को यहां बुला लो ।

बीरसेन आ मौजूद हुए और रनबीरसिंह और कुसुमकुमारी को सलाम करके बैठ गए । इस समय बीरसेन का चेहरा प्रफुल्लित मालूम होता था जिससे महारानी कुसुमकुमारी को बहुत ताज्जुब हुआ, क्योंकि वह सोचे हुए थी कि जब बीरसेन यहां आयेगा कालिन्दी की खबर सुनकर जरूर उदास होगा मगर इसके खिलाफ दूसरा ही मामला नजर आता था । आखिर महारानी से न रहा गया, बीरसेन से पूछा–

कुसुमकुमारी : आज तुम बहुत खुश मालूम होते हो !!

बीरसेन : जी हां, आज मैं बहुत ही प्रसन्न हूं, अगर बेचारी मालती के मरने की खबर न सुनता तो मेरी खुशी का कुछ ठिकाना न होता ।

रनबीरसिंह : मालती का मरना और कालिन्दी का गायब होना दोनों ही बातें बेढब हुई ।

बीरसेन : कालिन्दी का गायब होना तो हम लोगों के हक में बहुत ही अच्छा हुआ ।

कुसुमकुमारी : सो क्या ? मैं तो कुछ और ही समझती थी ! मुझे तो विश्वास था कि तुम.... ।

बीरसेन : जी नहीं, जो था सो था, अब तो कुछ नहीं है, इस समय तो हंसी रोके नहीं रुकती । हां, दीवान साहब को चाहे जितना रंज हो, उन्हें मैं कुछ नहीं कह सकता ।

कुसुमकुमारी : अब इन पहेलियों से तो उलझन होती है, साफ–साफ कहो, क्या मामला है ?

बीरसेन इधर–उधर देखने लगे, जिसका सबब रनबीरसिंह समझ गए और सब लौंडियों को वहां से हट जाने का हुक्म दिया । हुक्म के साथ ही सन्नाटा हो गया, सिवाय रनबीरसिंह, कुसुमकुमारी और बीरसेन के वहां कोई न रहा, तब बीरसेन ने कहना शुरू किया, "अगर कल मुझे कालिन्दी का हाल मालूम होता तो आज मैं आपसे न मिलता क्योंकि मैं छिपकर सिर्फ यह जानने के लिये यहां आया था कि (रनबीरसिंह की तरफ देख कर) आपकी तबीयत

अब कैसी है ? यहां पहुंचने पर मालूम हुआ कि अब आप अच्छे हैं । मैं यहां पहुंच चुका था जब दीवान साहब ने मेरे पास तलबी की चिट्ठी भेजी थी । कालिन्दी की लौंडी से जो मेरे पास जाया करती थी और जिसको मैं बहुत कुछ देता-लेता रहता था, कालिन्दी का हाल पूछा तो मालूम हुआ कि आजकल न-मालूम किस धुन में रहती है, कुछ पता नहीं लगता कि क्या मामला है । यह सुनकर मुझे कुछ शक मालूम हुआ । रात को जब दीवान साहब इन्तजाम में फंसे हुए थे और चारों तरफ सन्नाटा था, मैं कमन्द लगाकर कालिन्दी की बैठक में जा पहुंचा । उस समय कालिन्दी और मालती आपस में कुछ बातें कर रही थी, मैं छिपकर सुनने लगा ।"

"देर तक दोनों में बातें होती रहीं जिससे मालूम हुआ कि कालिन्दी दुष्ट जसवन्तसिंह पर आशिक हो गई है और उसके पास जाना चाहती है, मालती ने उसे बहुत समझाया और कहा कि जसवन्तसिंह को क्या पड़ी है जो अपनी धुन छोड़ तेरी खातिर करेगा, मगर कालिन्दी ने कहा कि 'मैं उसकी मदद करूंगी और यह किला फतह करा दूंगी, तब तो मेरी खातिरदारी करेगा । मैं उस सुरंग का हाल उसे बता दूंगी, जो इस किले में आने या यहां से जाने के लिये बनी हुई है, क्योंकि मैं जानती हूं कि सनीचर के दिन बीरसेन अपनी फौज लेकर उसी सुरंग की राह इस किले में आवेंगे और उनके आने की उम्मीद को समझाने-बुझाने लगी, पर जब अपने समझाने का कोई अच्छा नतीजा न देखा तब मालती ने चिढ़कर कहा कि 'मैं तेरा भेद खोल दूंगी', बस फिर क्या था ! मालती को अपने अनुकूल न देख कालिन्दी झपटकर उसकी छाती पर चढ़ बैठी और यह कहती हुई कि 'देखूं तू मेरा भेद कैसे खोलती है', कमर से खंजर निकाल उसके कलेजे के पार कर दिया । मैं उसी समय यह आवाज देता हुआ वहां से चल पड़ा कि 'ऐ कालिन्दी, तेरा भेद छिपा न रहेगा और तुझे इसकी सजा जरूर मिलेगी !"

"मेरी बात सुन कालिन्दी बहुत घबराई और इधर-उधर मेरी तलाश करने लगी पर मैं वहां कहां था ! आखिर उसने मर्दानी पोशाक पहिरी, मुंह पर नकाब डाला, और कमन्द लगा अपने मकान से पिछवाड़े की तरफ उतर पड़ी तथा बालेसिंह की तरफ चली गई । मैंने भी कुछ टोकटाक न की और उसे वहां से 'बेखटके चले जाने दिया' ।"

बीरसेन की जुबानी यह हाल सुन रनबीरसिंह तो कुछ सोचने लगे मगर

महारानी कुसुमकुमारी की गुस्से से विचित्र ही हालत हो गई। रनबीरसिंह ने बहुत कुछ समझा-बुझाकर उसे ठंडा किया।

कुसुमकुमारी : (बीरसेन से) तुमने उसे जाने क्यों दिया ! रोक रखना था, फिर मैं उससे समझ लेती !

रनबीरसिंह : नहीं-नहीं, उन्होंने उसे जाने दिया सो बहुत अच्छा किया, नहीं तो इन्हीं को झूठा बनाती और अपने ऊपर पूरा शक न आने देती, अब क्या वह बचकर निकल जायगी ! तुम चुपचाप बैठी रहो, देखो, हम लोग क्या करते हैं।

कुसुमकुमारी : अख्तियार आपको है, जो चाहिए कीजिए, मैं किसी काम में दखल न दूंगी।

रनबीरसिंह : (बीरसेन से) अब मैं तुम्हारे साथ बाहर चलना चाहता हूं, वहां दीवान साहब को भी बुलाकर कुछ कहूंगा।

बीरसेन : बहुत अच्छी बात है, चलिए, मगर अपनी ताकत देख लीजिए।

रनबीरसिंह : कोई हर्ज नहीं, जब तक बेहोश था तभी तक बेदम था, अब मैं अपना इलाज आप ही कर लूंगा, क्या आज महल के अन्दर घुस कर बैठे रहने का दिन है ?

बीरसेन : कभी नहीं।

बीरसेन के साथ रनबीरसिंह बाहर आये और दीवानखाने में बैठ दीवान साहब को बुलाने का हुक्म दिया।

बीरसेन बड़े ही जीवट का आदमी था। इसकी उम्र बीस वर्ष से ज्यादे की न होगी। यह बिना मां-बाप का लड़का था, मां तो उसकी जापे (सौरी) ही में मर गई थी और बाप जो यहां की फौज का सेनापति था इसे तीन वर्ष का छोड़ कर मरा था। कुसुमकुमारी के पिता ने अपने लड़के के समान इसकी परवरिश की और लिखाया-पढ़ाया। लड़कपन ही से बीरसेन का सिपाहियाना मिजाज देख इस फन की बहुत अच्छी तालीम दी गई। मरती समय कुसुमकुमारी के पिता उससे कह गए थे-"कुसुम, तुम इसे अपने सगे भाई के समान मानना, इसके बाप से मुझसे बहुत ही मुहब्बत थी।"

ईश्वर-इच्छा से रनबीरसिंह को देखते ही बीरसेन के दिल में उनकी सच्ची मुहब्बत पैदा हो गई, इनके बहादुराना शान-शौकत और हौसले पर वह

जी–जान से आशिक हो गया था ।

उदास–मुख दीवान साहब भी आ मौजूद हुए । रनबीरसिंह ने मौके–मौके से दुरुस्त करके मुख्तसर में वह सब हाल उन्हें कह सुनाया जो कालिन्दी के बारे में बीरसेन से सुना था । वह सब हाल सुनते ही दीवान साहब की हालत बिलकुल बदल कई, गम की जगह गुस्सा आ गया, कुछ सोचने के बाद क्रोध से कांपती हुई आवाज में बीरसेन से बोले–"बीरसेन, मैं तुम्हारा बड़ा अहसान मानूंगा अगर उस कम्बख्त का सर लाकर मेरे हवाले करोगे !"

तीनों में देर तक बातचीत होती रही जिसके लिखने की यहां कुछ जरूरत नहीं मालूम पड़ती ।

❏

16

कालिन्दी को पाकर जसवन्तसिंह बहुत खुश हुआ । सबसे ज्यादे खुशी तो उसे इस बात की हुई कि उसने सोचा कि कालिन्दी की सलाह और तर्कीब से इस किले को फतह करके कुसुमकुमारी और रनबीर दोनों से समझूंगा ।

कालिन्दी को अपने खेमे में छोड़, पहरेवालों को समझा–बुझा और महारानी के जासूस को जो गिरफ्तार किया गया था साथ ले, जसवन्तसिंह घंटा–भर दिन चढ़ते–चढ़ते बालेसिंह के खेमे में पहुंचा । उस समय खेमे के अन्दर फर्श पर अकेला बैठा हुआ बालेसिंह सोच रहा था, जसवन्तसिंह सलाम करके बैठ गया ।

बालेसिंह : आइये आइये, मैं यही सोच रहा था कि आपको बुलाऊं तो कुछ हाल–चाल पूछूं ।

जसवन्तसिंह : मैं खुद हाल–चाल साथ लिए आ पहुंचा ।

बालेसिंह : आपके साथ यह कैदी कौन है ?

जसवन्तसिंह : कुसुमकुमारी का जासूस है, बीरसेन के पास जाता हुआ पकड़ा गया है, एक चिट्ठी तलाशी लेने से मिली है, लीजिए पढ़िए ।

बालेसिंह : (सिपाहियों की तरफ देखकर) इस कैदी को ले जा कर हिफाजत में रखो । (चिट्ठी पढ़कर) भाई जसवन्तसिंह, इस चिट्ठी में जिस सुरंग की राह बीरसेन को बुलाया है, कहीं उस सुरंग का पता लगता तो बड़ा

ही आनन्द होता !

जसवन्तसिंह : उसका पता मिलना कोई बड़ी बात नहीं, उस तरफ का एक आदमी आज मुझसे आ मिला है ।

बालेसिंह : हां, मुझे खबर लगी है कि महारानी का कोई आदमी तुम्हारे पास आया है, मगर उस पर औरत होने का शक है ।

जसवन्तसिंह : यह कैसे मालूम हुआ ?

बालेसिंह : क्या मैं बेफिकरा हूं, खाकर सो रहना ही जानता हूं ? अपने काम-काज में तुमसे ज्यादा होशियार हूं, एक दफे महारानी की चालाकी ने मुझे धोखे में डाल दिया, इससे यह न समझना कि बालेसिंह निपट बेवकूफ है, कहिये तो उस औरत का नाम तक बता दूं जो आई है !

जसवन्तसिंह : आश्चर्य है ! मगर भला कहिये तो कि आपको कैसे मालूम हुआ ?

बालेसिंह : भैया मेरे, यह न पूछो, मैं अपनी कार्यवाही किसी से नहीं कहने वाला, अपने बाप से तो कहूं नहीं, दूसरे की क्या हकीकत है ! तुमने जिस काम को हाथ में लिया है उसे करो ।

जसवन्तसिंह : खैर, न बताइये, अच्छा, तो मैं अपनी फौज साथ लेकर सुरंग की राह किले में जाऊंगा ।

बालेसिंह : खुशी से जाओ और किला फतह करो ।

जसवन्तसिंह : मुश्किल तो यह है कि आपने कुल पांच हजार फौज मेरे हवाले की है और पन्द्रह हजार अपने कब्जे में रख छोड़ी है ।

बालेसिंह : और नहीं तो क्या कुल फौज तुम्हें सौंप दूं और आप लंडूरा बन बैठूं, आखिर मैं भी तो अपने को बहादुर और चालाक लगाता हूं, किले के अन्दर ले जाने के लिए क्या पांच हजार फौज थोड़ी है ? फिर मैं भी तो तुम्हारे साथ ही हूं !

जसवन्तसिंह : क्या आप भी सुरंग की राह किले में चलेंगे ?

बालेसिंह : नहीं, तुम जाओ, मैं बाहर का इन्तजाम करूंगा । अच्छा, अब तुम अपनी फिक्र करो और मैं भी नहाने-धोने जाता हूं ।

जसवन्तसिंह वहां से उठ कर अपने खेमे में आया और कालिन्दी के पास बैठ कर बातचीत करने लगा-

कालिन्दी : कहिये, बालेसिंह से मिल आये ?

जसवन्तसिंह : हां, मिल आया ।

कालिन्दी : मेरे आने का हाल भी उससे कहा होगा !

जसवन्तसिंह : उसे पहिले ही खबर लग चुकी है, बड़ा ही धूर्त है !

कालिन्दी : बालेसिंह के पास कुल कितनी फौज है और तुम्हारे मातहत में कितनी फौज है ?

जसवन्तसिंह : बालेसिंह के पास बीस हजार फौज है, मगर मैं पांच ही हजार का अफसर बनाया गया हूं ।

कालिन्दी : बाकी फौज का अफसर कौन है ?

जसवन्तसिंह : कहने के लिये तो दो-तीन आदमी हैं मगर असल में वह आप ही उसकी अफसरी करता है ।

कालिन्दी : पांच हजार फौज भी अगर तुम्हें और दे देता तो बड़ा काम निकलता ।

जसवन्तसिंह : अगर ऐसा होता तो क्या बात थी, दोनों राज का मालिक मैं बन बैठता ! एक बात और है, उसकी फौज में लुटेरे डाकू बहुत हैं जिनको वह तनखाह नहीं देता, हां, लूट के माल का हिस्सा देता है इसी से तो उसने इतनी बड़ी फौज इकट्ठी कर ली है, नहीं तो यह कोई राजा-महाराजा तो है नहीं ! खैर, जो भी हो मगर मेरी यह पांच हजार फौज मुझसे बहुत खुश है ।

कालिन्दी : खैर इस किले को फतह करके तेजगढ़[1] के राजा तो कहलाओ फिर बूझा जायेगा ।

जसवन्तसिंह : बस इसी तेजगढ़ के फतह करने की देर है, फिर क्या बालेसिंह की अमलदारी सीतलगढ़[2] मेरे हाथ से बच रहेगी !

कालिन्दी : खैर देखा जायगा, मगर बालेसिंह बड़ा ही चालाक है ।

जसवन्तसिंह : कुछ न पूछो, उसके मन का हाल तो कभी मालूम ही नहीं होता ! अच्छा आज रात मेरे साथ चल कर उस सुरंग का दरवाजा तो दिखा दो ।

कालिन्दी : बहुत अच्छा, चलियेगा ।

इतने ही में बाहर किसी ने ताली बजाई । जसवन्तसिंह बाहर गया और अपने

---

1. अब बिहटा के नाम से मशहूर है, पटने से ग्यारह कोस पश्चिम में है ।

खास अरदली के एक सिपाही को देख कर पूछा, "क्या है ?"

सिपाही : सरकार ने अपने अरदली के जवानों को यहां पहरे के लिये भेज दिया है, अब हम लोगों को क्या हुक्म होता है ?

जसवन्तसिंह : यहां हमारे खेमे के पहरे पर अपने जवान भेजे हैं ?

सिपाही : जी हां ।

जसवन्तसिंह : (कुछ सोच कर) अच्छा, तुम लोग पहरा छोड़ दो मगर इस खेमे के पास ही रहो ।

सिपाही : बहुत खूब ।

जसवन्तसिंह फिर खेमे के अन्दर गया, कालिन्दी ने पूछा, "क्या बात है ?"

जसवन्तसिंह : एक नया गुल खिला है ।

कालिन्दी : वह क्या ?

जसवन्तसिंह : बालेसिंह ने अपने अरदली के सिपाही यहां हमारे पहरे पर मुकर्रर किये हैं ।

कालिन्दी : इसमें जरूर कोई भेद है, तुम कुछ उज्ज्र मत करो ।

जसवन्तसिंह : नहीं नहीं, उज्ज्र क्यों करने लगा, क्या मैं इतना बेवकूफ हूं ! उससे जरा भी इस बारे में कुछ कहूंगा तो चौकन्ना हो जायगा और उल्टा बेईमान बनायेगा, मुझे तो इस समय अपना काम निकालना है ।

आधी रात के समय कालिन्दी ने मर्दानी पोशाक पहिनी और जसवन्तसिंह के साथ खेमे के बाहर निकली । दोनों आदमी निहायत उम्दे अरबी घोड़ों पर सवार हुए और दखिन का कोना लिए हुए पश्चिम की ओर चल पड़े । कालिन्दी ने जसवन्तसिंह से कहा, "आपको सुरंग का मुहाना दिखाने ले तो चलती हूं मगर वहां का रास्ता बहुत ही बीहड़ और पेंचदार हैं, जरा गौर से चारों तरफ देखते चलियेगा ।"

जसवन्तसिंह : कोई हर्ज नहीं, चली चलो, मैं इस काम में बहुत होशियार हूं !

कालिन्दी : इस भरोसे न रहियेगा, मैं फिर कहती हूं कि अपने चारों तरफ की निशानियों पर खूब गौर से निगाह करते हुए चलिये ।

जसवन्तसिंह : बहुत ठीक ।

दोनों आदमी लगभग तीन कोस के चले गए । आगे एक छोटा-सा नाला

मिला जिसमें पानी तो बहुत कम था मगर जल तेजी के साथ बह रहा था। दोनों आदमी पार हो किनारे-किनारे जाने लगे और थोड़ी दूर तक घूमघुमौवे रास्ते पर चलकर एक पुराने भयानक श्मशान पर पहुंचे।

पहर रात बाकी थी। चांदनी अच्छी तरह फैली रहने के कारण इधर-उधर की चीजें साफ मालूम पड़ रही थीं। चारों तरफ फैली पुरानी हड्डियों पर निगाह दौड़ाने से विश्वास होता था कि यह श्मशान बहुत पुराना है मगर आजकल काम में नहीं लाया जाता। पास ही में एक लम्बा-चौड़ा कब्रिस्तान भी नजर पड़ा जो एक मजबूत संगीन चारदीवारी से घिरा हुआ था, एक तरफ फाटक था मगर बिना किवाड़े का।

जसवन्तसिंह को साथ लिये हुए कालिन्दी उस कब्रिस्तान में घुसी और घोड़े पर से उतरकर बोली, "बस हम लोग ठिकाने पहुंच गए, आप भी उतरिये!" जसवन्तसिंह भी घोड़े पर से उतर पड़ा और दोनों आदमी कब्रिस्तान में घूमने लगे।

कालिन्दी : आपने इस कब्रिस्तान को अच्छी तरह देखा ?

जसवन्तसिंह : हां बखूबी देख लिया।

कालिन्दी : आप क्या समझते हैं कि इन कब्रों में मुर्दे गड़े हैं ?

जसवन्तसिंह : जरूर गड़े होंगे, मगर शाबाश, तुम्हारा दिल भी बहुत ही कड़ा है, इस तरह बेधड़क ऐसे भयानक स्थान में चले आना किसी ऐसी-वैसी औरत का काम नहीं।

कालिन्दी : (हंस कर) जो काम औरत से न हो सके, उसे मर्द क्या करेगा ?

जसवन्तसिंह : बेशक ! आज तो मुझे यही कहना पड़ेगा !

कालिन्दी : हां, तो आप समझते हैं कि इन कब्रों में मुर्दे गड़े हैं ?

जसवन्तसिंह : क्या इसमें भी कोई शक है ?

कालिन्दी : इन कब्रों में से कोई भी कब्र ऐसी नहीं है जिसमें लाश गड़ी हो, सिर्फ दिखाने के लिए ये कब्रें बनाई गई हैं, इन सभी के नीचे कोठरियां बनी हुई हैं जिनमें समय पर हजारों आदमी छिपाए जा सकते हैं।

जसवन्तसिंह : (ताज्जुब से) तो क्या इस सुरंग का फाटक भी इन्हीं कब्रों में से कोई है ?

कालिन्दी : हां, ऐसा ही है, मैं उसे भी दिखाती हूं।

जसवन्तसिंह : क्या तुम कह सकती हो कि यह कब्रिस्तान कब का बना है ?

कालिन्दी : नहीं, मुझे ठीक मालूम नहीं मगर इतना जानती हूं कि सैकड़ों वर्ष का पुराना है, कभी-कभी इसकी मरम्मत भी की जाती है, अच्छा, अब आप आइये, सुरंग का दरवाजा दिखा दूं ।

जसवन्तसिंह को साथ लिये कालिन्दी संगमर्मर की एक कब्र पर पहुंची और उसकी तरफ इशारा करके बोली, "देखिए, यही सुरंग का फाटक है, जरूरत पड़ने पर इसका मुंह खोला जायेगा ।"

जसवन्तसिंह : यह कैसे निश्चय हो कि यही सुरंग का फाटक है ?

कालिन्दी : क्या मेरी बात पर तुम्हें विश्वास नहीं है ?

जसवन्तसिंह : तुम्हारी बात पर मुझे पूरा विश्वास है, मगर मैं यह पूछता हूं कि तुम्हें क्योंकर निश्चय हुआ कि यही उस सुरंग का फाटक है जिसका दूसरा सिरा किले के अन्दर जाकर निकला है ?

कालिन्दी : मैंने अपने बाप की जुबानी सुना है और दो-तीन दफे उन्हीं के साथ यहां आई भी हूं ।

जसवन्तसिंह : क्या तुमने इस दरवाजे को कभी खुला हुआ भी देखा है ?

कालिन्दी : नहीं ।

जसवन्तसिंह : तो हो सकता है कि तुम्हारे बाप ने तुमसे झूठ कहा हो और बच्चों की तरह फुसला दिया हो !

इसी समय एक तरफ से आवाज आई, "नहीं, बच्चों की तरह नहीं फुसलाया है बल्कि ठीक कहा है !"

अभी तक तो जसवन्तसिंह और कालिन्दी बड़ी दिलावरी से बातचीत कर रहे थे मगर अब इस आवाज ने जिसके कहने वाले का पता नहीं था, इन्हें बदहवास कर दिया । घबड़ाकर चारों तरफ देखने लगे मगर कोई नजर न पड़ा । इतने में दूसरी तरफ से आवाज आई, "अगर अब भी निश्चय न हुआ हो तो मेरे पास आओ !"

साफ मालूम पड़ता था कि यह आवाज किसी कब्र में से आई है । जसवन्तसिंह के रोंगटे खड़े हो गये, कालिन्दी थर-थर कांपने लगी, जवांमर्दी और दिलावरी हवा खाने चली गई । फिर आवाज आई, "किसी कब्र को खोद

के देख तो सही, मुर्दे गड़ें हैं या नहीं ?" साथ ही इसके दूसरी तरफ से खिलखिला कर हंसने की आवाज आई ।

अब तो इन दोनों की विचित्र दशा हो गई, बदन का यह हाल कि मानों जड़ैया बुखार चढ़ गया हो, भागने की कोशिश करने लगे मगर पैरों की यह हालत थी कि जैसे किसी ने नसों में खून की जगह पारा भर दिया हो, हिलाने से जरा भी नहीं हिलते । इन दोनों के घोड़े यहां से थोड़ी ही दूर पर थे मगर इन दोनों की यह हालत थी कि किसी तरह वहां तक पहुंचने की उम्मीद न रही ।

थोड़ी देर तक सन्नाटा रहा, कहीं से कोई आवाज न आई, इन दोनों ने मुश्किल से अपने हवासदुरुस्त किये और धीरे-धीरे वहां से खिसकने लगे । जैसे ही एक कदम चले थे कि बाई तरफ से आवाज आई, "देखो भागने न पावें !" इसके जवाब में किसी ने दाहिनी तरफ से कहा, "भागना क्या खेल है ! बहुत दिनों पर खुराक मिली है !!" सामने की एक और कब्र में से आवाज आई, "मैं भी कब्र से निकलता हूं, जल्दी न करना !!"

जसवन्तसिंह होशियार हो चुका था, वह बड़े जोर से भागा, मगर कालिन्दी की बुरी दशा हो गई । ऊपर से उसे अकेला छोड़ जसवन्तसिंह के भाग जाने से वह बिलकुल ही आपे में न रही, जोर से चिल्लाकर जमीन पर गिरी और बेहोश हो गई ।

जब उसे होश आया अपने को उसी जगह पड़े पाया । सवेरा हो चुका था बल्कि सूर्य की किरणों से कालिन्दी का बदन पसीज रहा था और गर्मी मालूम होती थी । वह घबराकर उठ बैठी और चारों तरफ देखने लगी । कब्रिस्तान में हर तरफ सन्नाटा, था, सवेरा होने की खुशी में फुदकती चिड़ियों और मधुर बोलियों से दिल लुभाने वाले खुशरंग पक्षियों के सिवाय किसी आदमजाद की सूरत दिखाई नहीं देती थी, हां, थोड़ी ही दूर पर एक पेड़ से बंधा हुआ उसका कसा-कसाया घोड़ा टापों से जमीन खोदता हुआ जरूर दिखाई पड़ रहा था ।

दिन निकल आने के कारण कालिन्दी का डरा हुआ दिल धीरे-धीरे शान्त हो रहा था और कलेजे की धड़कन बिलकुल मिट चुकी थी । भागने के बदले इस समय वह पहरों उसी कब्रिस्तान में बैठी रह सकती थी मगर किसी की बेमुरौवती और खुदगर्जी ने उसके कलेजे को निचोड़ डाला था

जिसके सदमे से वह बदहवास हो रही थी ।

यह बेमुरौवती और खुदगर्जी जसवन्तसिंह की थी । पाठक भूले न होंगे कि उस दुष्ट के प्रेम में कितनी मतवाली और अन्धी होकर कैसे नाजुक समय में महारानी के साथ कितना नीच व्यवहार करके कालिन्दी घर से निकल जसवन्तसिंह के पास गई थी और उससे मिलकर कितनी प्रसन्न हुई थी मगर आज उसकी उम्मीदें बिलकुल जाती रहीं और उसके बुरे कर्मों का फल बड़ा भयानक होकर मिलता हुआ उसे दिखाई पड़ा । बदकार औरतों का दिल एक तरह पर कभी स्थिर नहीं रहता जिसका नमूना इस दुष्ट ने अच्छी तरह दिखलाया । यह सदमा उससे किसी तरह बर्दाश्त न हुआ और वह इस सन्नाटे के आलम में ऊंचे स्वर से बोल उठी–"अफसोस ! मैंने बहुत ही बुरा किया ! हाय, दुष्ट जसवन्तसिंह मुझे कैसी बुरी अवस्था में छोड़कर अपनी जान लेकर भाग निकला ! मुझे यह उम्मीद न थी । वह बड़ा ही कमीना और मतलबी है, मौका पड़े तो वह मेरी जान लेकर भी अपना मतलब साधने से बाज आने वाला नहीं ! मालती ने सच कहा था ! हाय, मैंने बहुत बुरा किया ! अब तो न इधर की रही न उधर की ! मगर भल रे दुष्ट, देख, मैं तुझसे कैसा बदला लेती हूं !!

❑

17

जसवन्तसिंह घोड़े पर सवार हो उस कब्रिस्तान से बेतहाशा भागा । जब तक वह अपने खेमे में न पहुंचा उसके हवास दुरुस्त न हुए । उसके पाजीपने ने उसके दिल को कितना डरपोक और बेकाम कर दिया था, इसको वही जानता होगा । सुबह होते–होते वह अपने खेमे में पहुंचा और बेदम होकर अपने पलंग पर लेट रहा । उसके दिल में तरह–तरह के ख्यालात पैदा होने लगे क्योंकि उसे विश्वास हो गया था कि जरूर कालिन्दी ने धोखा दिया और वह कब्रिस्तान किसी सुरंग का रास्ता नहीं है ।

कायदे की बात है कि डरपोक और भूत–प्रेत के मानने वालों के दिल में जो–जो बातें रात के वक्त पैदा होती हैं वे दिन को कभी पैदा नहीं होती । वे जितना रात को डरते हैं उतना दिन को नहीं । वही हालत जसवन्तसिंह की

थी। इस समय उसके दिल में यह बात नहीं जम रही थी कि उस कब्रिस्तान में मुर्दे बोल रहे थे या भूत-प्रेत उसकी जान लिया चाहते थे, हां, यह गुमान जरूर होता था कि कालिन्दी मेरी मुहब्बत में अपने घर से नहीं आई बल्कि मुझे धोखा देकर मेरी जान की ग्राहक बनकर आई थी और अपनी मालिक कुसुमकुमारी का काम खूबसूरती से करके खैरखाह बनना चाहती थी, अच्छा ही हुआ जो मैं वहां से भाग आया नहीं तो जान जाने में क्या कसर थी, खैर, अब वह हरामजादी मिलेगी तब मैं समझूंगा।

ऐसी-ऐसी बहुत-सी बातें पड़ा-पड़ा जसवन्तसिंह सोच रहा था और सूर्य निकल आने पर भी अपने ख्यालों में डूबा हुआ था कि एक चोबदार ने जो जानता था कि इस समय इस खेमे में अकेला जसवन्तसिंह है वहां पहुंच कर उसे होशियार कर दिया और सुना दिया कि बालेसिंह खुद आपसे मिलने के लिए यहां चले आ रहे हैं।

जसवन्तसिंह घबड़ाकर उठ बैठा और बालेसिंह के इस्तकबाल (अगवानी) के लिए झट खेमे के बाहर निकल आया, तब तक बालेसिंह भी पहुंच चुका था। साहब-सलामत के बाद दोनों खेमे के अन्दर गए और बातचीत करने लगे।

बालेसिंह : कहिए क्या हाल है ? मैंने सुना है, रात आप दोनों उस सुरंग का पता लगाने गए थे, फिर अकेले क्यों लौटे और कालिन्दी कहां गई ?

जसवन्तसिंह : कुछ न पूछिए, उसने तो मुझे पूरा धोखा दिया ! अभी आपकी खिदमत मेरी किस्मत में बदी हुई थी इसीलिए जान बच गई, नहीं तो मरने में कोई कसर बाकी न थी।

बालेसिंह : सो क्या ? कालिन्दी तो तुम्हारे प्रेम में उलझ कर आई थी, फिर उसने धोखा क्यों दिया ?

जसवन्तसिंह : वह मेरे प्रेम में उलझकर नहीं आई थी बल्कि मेरी मौत बनकर आई थी और मुझे मारकर अपने मालिक की खैरखाही उत्तम रीति से किया चाहती थी !

बालेसिंह : इसी से मैंने इस काम में तुम्हारा साथ नहीं दिया। दुश्मन के घर से आए हुए किसी के साथ यकायक इस तरह घुल-मिल जाना बेवकूफी नहीं तो क्या है, तिस पर तुम अपने को बड़ा चालाक लगाते हो !

जसवन्तसिंह : बेशक मुझसे भूल हुई, अब कभी ऐसा न करूंगा। अगर कोई मर्द रहता तो मैं कभी धोखे में न आता मगर उस औरत की सूरत ने मुझे

दीवाना बना दिया ।

बालेसिंह : खैर जो हुआ, यह बताओ कि वह तुम्हें वहां ले गई थी और किस तरह की दगाबाजी उसने तुम्हारे साथ की ?

जसवन्तसिंह ने कालिन्दी के साथ अपने जाने का हाल पूरा-पूरा बालेसिंह को कह सुनाया जिसे सुन बालेसिंह देर तक सोचता रहा, फिर भी वह किसी तरह यह निश्चय न कर सका कि कालिन्दी धोखा ही देने के लिए आई थी या सच्चे प्रेम ने उसकी मान-मर्यादा का मुंह काला किया था । आखिर उसने जसवन्तसिंह से कहा-

"इस बारे में मेरा दिल अभी किसी तरफ गवाही नहीं देता । न तो मुझे कालिन्दी के झूठे होने का यकीन है और न यही कह सकता हूं कि वह सच्ची थी । खैर जो हो, आज तुम मुझे उस कब्रिस्तान में ले चलो, देखो मैं क्या तमाशा करता हूं । डरो मत, मैं बहुत-से आदमी अपने साथ लेकर चलूंगा !"

थोड़ी देर तक और बातचीत करने के बाद बालेसिंह वहां से उठा और जसवन्तसिंह को साथ ले अपने खेमे में चला गया ।

❑

18

शाम का वक्त है, ठंडी-ठंडी हवा चल रही है, महारानी कुसुमकुमारी के महल के पीछे वाला नजरबाग खूब रौनक पर है, खिले हुए फूलों की खुशबू हवा से मिल-जुलकर चारों तरफ फैल रही है, बाग के बीचोबीच में एक छोटा-सा संगमर्मर का खूबसूरत चबूतरा है जिस पर महारानी कुसुमकुमारी, रनबीरसिंह और बीरसेन बैठे धीरे-धीरे कुछ बातें कर रहे हैं, इनकी बातों को सुनने वाला कोई चौथा आदमी यहां मौजूद नहीं है, महारानी की लौंडियां कुछ दूर पर फैली हुई जरूर नजर आ रही हैं ।

रनबीरसिंह : उस समय मारे हंसी के मेरा पेट फटा जाता था, वह बीरसेन भी बड़ा ही मसखरा है !

बीरसेन : (हंस कर) जसवन्तसिंह डर के मारे कैसा दुम दबाकर भागा कि बस कुछ न पूछिये, बड़ी मुश्किल से मैंने हंसी रोकी !

कुसुमकुमारी : एक तो वह कब्रिस्तान बड़ा ही भयानक है, दूसरे रात

के सन्नाटे में एक तरह भूत-प्रेत बनकर आप लोगों ने उन्हें डराया, ऐसी हालत में अपने को सम्हालना जरूर मुश्किल काम है !

बीरसेन : दीवान साहब मुझ पर बड़ा बिगड़े, कहने लगे, तुम लोगों ने जसवन्तसिंह को छोड़ा मगर कालिन्दी को क्यों न उठा लाए, मैं अपने हाथ से उसका सिर काट अपनी प्रतिज्ञा पूरी करता ।

रनबीरसिंह : कालिन्दी पर विशेष क्रोध के कारण उन्होंने ऐसा कहा ! ऐसा नहीं है कि दीवान साहब हम लोगों की इस कार्रवाई से नाखुश हों और इस बात को न समझ गए हों कि हम लोगों ने उस कब्रिस्तान में जसवन्तसिंह और कालिन्दी को सिर्फ डरा कर ही छोड़ देने में क्या फायदा विचारा था ।

कुसुमकुमारी : बेशक समझ गए होंगे, वे बड़े ही चतुर आदमी हैं ।

बीरसेन : इसमें तो कोई शक नहीं ।

कुसुमकुमारी : जसवन्तसिंह और कालिन्दी में अब कभी नहीं बन सकती और कालिन्दी अपने किये पर पछताती होगी ।

रनबीरसिंह : (कुसुम की तरफ देख कर) खैर इन बातों को जाने दो, मैं एक दूसरी बात तुमसे पूछता हूं, सच-सच कहना, देखो झूठ मत बोलना ।

कुसुमकुमारी : मैं आपसे झूठ कदापि न बोलूंगी, इसे आप निश्चय जानिये ।

रनबीरसिंह : मेरे साथ तुम्हारा इस तरह का बर्ताव करना क्या तुम्हारे सरदारों और कारिन्दों को बुरा न लगता होगा ? वे यह न कहते होंगे कि कुसुम बड़ी निर्लज्ज है ?

कुसुमकुमारी : किसी को बुरा न मालूम होता होगा, हां उन लोगों के बारे में मैं कुछ नहीं कह सकती जो नये मुलाजिम हैं ।

रनबीरसिंह : मैं कैसे विश्वास करूं ?

बीरसेन : (रनबीर से) इसमें आप शक न कीजिए, इतना तो मैं भी कह सकता हूं कि हमारे यहां जितने पुराने मुलाजिम हैं और एक छिपे हुए भेद को जानते हैं, वे आप दोनों को कभी बुरा नहीं कह सकते, बल्कि बड़े ही खुश होंगे ।

रनबीरसिंह : भेद कैसा ?

कुसुमकुमारी : भैया, देखो अभी मौका नहीं है ।

कुसुमकुमारी की बात सुन बीरसेन चुप हो रहा मगर रनबीरसिंह अपनी बात का जवाब न पाने और कुसुम के मना करने से चौंक पड़े और सोचने लगे कि वह कौन-सा भेद है जिसके बारे में बीरसेन ने इशारा किया मगर कुसुम के टोकने से चुप हो रहा, उसे खोल न सका !

रनबीरसिंह : (कुसुम से) खैर तुम ही कहो, वह क्या भेद है ?

कुसुमकुमारी : कुछ भी नहीं, इसने यों ही कह दिया ।

रनबीरसिंह : बेशक कोई भेद है जो तुम छिपाती हो, खैर जब मैं तुम्हारे यहां के भेदों को नहीं जान सकता तो इतनी खातिरदारी भी व्यर्थ है और मुझे किसी तरह की उम्मीद तुमसे रखना मुनासिब नहीं !

इतना कह कर रनबीरसिंह चुप हो रहे और उनके चेहरे पर उदासी छा गई, जिसे देख कुसुमकुमारी का जी बेचैन हो गया और वह बीरसेन का मुंह ताकने लगी । बीरसेन ने कहा, "बहिन, अगर हम लोग आज ही इस भेद को खोल दें तो किसी तरह का नुकसान नहीं, आखिर कभी न कभी तो यह भेद खुलेगा ही, फिर इनका दिल दुःखाने की क्या जरूरत है !"

कुसुमकुमारी : खैर जो मुनासिब समझो, मुझे यह मंजूर नहीं कि यह किसी तरह उदास हों ।

बीरसेन : (रनबीर से) आप यह न समझिये कि हम लोग कोई भेद आपसे छिपाते हैं या छिपावेंगे, बल्कि जिस भेद के बारे में आप पूछ रहे हैं वह ऐसा नहीं है कि आप बिना जाने रहें, हम लोग क्या, यहां की एक-एक दीवार उस भेद को आपसे कहेगी और बिना किसी के समझाये आप समझ जायेंगे ।

रनबीरसिंह : तुम भी क्या मसखरापन करते हो, बिना समझाये मैं समझ जाऊंगा !!

बीरसेन : जी हां, ऐसा ही है ।

कुसुमकुमारी : खैर, तब बहुत कहने-सुनने की कोई जरूरत नहीं, इस बखेड़े को भी तय ही कर डालना चाहिए ।

बीरसेन : अच्छा तो....

कुसुमकुमारी : (अपने आंचल से एक ताली खोल और बीरसेन को देकर) लो तुम जाओ, वहां रोशनी का इन्तजाम कर आओ तो हम लोग चलें ।

"अच्छा मैं जाता हूं, बहुत जल्द लौटूंगा" कह बीरसेन वहां से उठे और महल की तरफ चले गए। भेद जानने के लिए रनबीरसिंह की तबीयत घबड़ा रही थी, इन लोगों की अनोखी बातचीत ने उनकी उत्कंठा और भी बढ़ा दी थी, यहां तक कि थोड़ी देर के लिए भी सब्र न कर सके और बीरसेन के जाने के बाद अधीर हो कुसुमकुमारी का हाथ पकड़ पूछने लगे–

"भला कुछ तो बताओ कि क्या मामला है, सुनने के लिए जी बेचैन हो रहा है ?"

कुसुमकुमारी : अब क्या घबड़ा रहे हैं, दम-भर में सब मालूम ही हुआ जाता है, बीरसेन आ लें तो चल के जो कुछ है दिखा देते हैं।

रनबीरसिंह : जब तक बीरसेन आवे तब तक कुछ बातचीत तो होनी चाहिए।

कुसुमकुमारी : तो क्या एक यही बातचीत रह गई है ?

लाचार बीरसेन के आने तक रनबीरसिंह को सब्र करना ही पड़ा। जब बीरसेन लौट आए तो दोनों से बोले–"चलिए सब तैयारी हो चुकी।" झट रनबीरसिंह उठ खड़े हुए और हाथ थाम कुसुमकुमारी को उठाया। तीनों आदमी महल की तरफ रवाना हुए और बहुत जल्द उस कमरे में पहुंचे जो खास कुसुमकुमारी के बैठने का था। लौंडियां हटा दी गई और किवाड़ बन्द कर दिए गए।

जिस जगह कुसुमकुमारी के बैठने की गद्दी बिछी हुई थी उसी जगह तकिये के पीछे दीवार में एक दरवाजा बना हुआ था। बीरसेन ने उसका ताला खोला। तीनों एक लम्बे-चौड़े सजे हुए कमरे में पहुंचे जिसमें दीवारगीरों में मोमबत्तियां जल रही थीं और दिन की तरह उजाला हो रहा था। चारों तरफ दीवारों पर नजर डालते ही रनबीरसिंह चौंके और एकदम बोल उठे, "वाह वाह ! यह क्या तिलिस्म है !"

❐

19

इस कमरे में बीस जोड़ी दुशाखी दीवारगीरें लगी हुई थीं जिनमें इस समय मोमबत्तियां जल रही थीं, इसके सिवाय और कोई शीशा, आईना या रोशनी

का सामान कमरे में न था और न फर्श वगैरह ही बिछा हुआ था। सैकड़ों किस्म के खुशरंग पत्थर के टुकड़े जमीन पर इस खूबसूरती से जमाए हुए थे कि बेशकीमती गलीचे का गुमान होता था और वहां दिखाई देने वाली फूल-पत्तियों पर असली होने का धोखा होता था। चारों तरफ दीवारों पर मुसौवरों की अनोखी कारीगरी दिखाई देती थी अर्थात् इस खूबी की तस्वीरें बनी हुई थीं कि यकायक इस कमरे के अन्दर जाते ही रनबीरसिंह को मालूम हुआ कि सैकड़ों आदमी इस कमरे में मौजूद हैं। एक तरफ दीवार से कुछ हट कर संगमर्मर की चौकियों पर पत्थर की दो मूरतें बैठाई हुई थीं जिनकी पोशाक और सजावट देखने से मालूम होता था कि ये दोनों राजे हैं जो अभी बोलना ही चाहते हैं। इन्हीं दोनों मूरतों पर रनबीरसिंह की निगाह अटकी रही और सकते के आलम में ये भी पत्थर की मूरत की तरह देर तक बिना हाथ-पैर हिलाए खड़े रहे क्योंकि इन दोनों मूरतों में एक मूरत इनके पिता की थी।

थोड़ी देर बाद जब रनबीरसिंह की बदहवासी कुछ कम हुई तो उन्होंने कुसुमकुमारी की तरफ घूम कर देखा और उन दोनों मूरतों में से एक की तरफ इशारा करके कहा-"यह मेरे प्यारे पिता की मूरत है। मुझ पर बड़ा ही प्रेम रखते थे, न मालूम इस समय कहां और किस अवस्था में होंगे, दुश्मनों के हाथ से छुट्टी मिली या बैकुण्ठ चले गए! अच्छा हुआ जो मेरी मां ने उस जंगल ही में अपना सिर काट लिया नहीं तो आज उसे बड़ा ही कष्ट उठाना पड़ता!"

इतना कहते हुए रनबीरसिंह उस मूरत के पास जाकर रोने लगे मगर उनकी बातें बेचारी कुसुमकुमारी की समझ में कुछ भी न आई और न वह इनको कुछ धीरज ही दे सकी, उनकी हालत देख इस बेचारी की आंखों में भी आंसू भर आए और वह चुपचाप खड़ी रनबीरसिंह का मुंह देखने लगी।

कुछ देर बाद रनबीरसिंह ने सामने की दीवार पर निगाह दौड़ाई और बोले, "क्या आश्चर्य है! जिधर देखो, उधर ही मेरे मतलब की तस्वीरें दिखाई पड़ती हैं। प्यारी कुसुम, क्या तुम इन तस्वीरों का हाल और जो-जो मैं पूछूं, बता सकोगी?"

कुसुमकुमरी : जी नहीं।

रनबीरसिंह : सो क्यों?

कुसुमकुमारी : इसीलिए कि इनके बारे में मैं कुछ नहीं जानती ।

रनबीरसिंह : तब कौन जानता है ?

कुसुमकुमारी : इस समय ज्यादे जानकार दीवान साहब हैं जिन्होंने मुझे अपनी गोद में खिलाया है, मेरे पिता ने इस कमरे की ताली भी उन्हीं के सुपुर्द की थी और अब तक उन्हीं के पास थी, कल मैंने मंगा ली है ।

रनबीरसिंह : जब दीवान साहब ने तुम्हें गोद में खिलाया तो उनसे पर्दा क्यों करती हो ?

कुसुमकुमारी : केवल राज्य-नियम निबाहने के लिए, नहीं तो मुझे कोई पर्दा नहीं है ।

रनबीरसिंह : तो मैं उन्हें यहां बुलवाऊं !

कुसुमकुमारी : बुलवायें ।

रनबीरसिंह ने बीरसेन की तरफ देख, वह मतलब समझ कर तुरन्त दीवान साहब को बुलाने के लिए चले गए । जब तक दीवान साहब न आये तब तक रनबीरसिंह चारों तरफ की तस्वीरों को बड़े गौर से देखते रहे जिससे उनके लड़कपन की बहुत-सी बातें उन्हें इस तरह याद आ गई जैसे ये सब घटनाएं आज ही गुजरी हों ।

थोड़ी ही देर में दीवान साहब भी आ मौजूद हुए । उन्हें देखते ही रनबीरसिंह ने कहा, "दीवान साहब, इस कमरे में आने से आश्चर्य ने मुझे चारों तरफ से ऐसा घेर लिया है कि मेरी बुद्धि ठिकाने न रही । लड़कपन से होश सम्हालने तक की बातें मुझे इस तरह याद आ रही हैं जैसे मेरे सामने एक ही दिन में किसी दूसरे पर बीती हों, अब मेरी हैरानी और परेशानी सिवाय आपके कोई नहीं मिटा सकता ।"

दीवान : ठीक है, इन तस्वीरों का हाल यहां मुझ से ज्यादे कोई दूसरा नहीं जानता, क्योंकि ये सब मेरे सामने बल्कि मेरी मुस्तैदी में बनवाई गई हैं और इसकी ताली भी बहुत दिनों तक बतौर मिल्कियत के मेरे ही अमानत रही है ।

रनबीरसिंह : तो आप मेहरबानी करके इन तस्वीरों का हाल ठीक-ठीक मुझसे कहें ।

दीवान : बहुत खूब ! (कुसुमकुमारी की तरफ देख कर) आप भी मेरी बातों को गौर से सुनें क्योंकि इनका जानना जितना जरूरी रनबीरसिंह

के लिए है उतना ही आपके लिए भी ।

कुसुमकुमारी : बेशक ऐसा ही है और उनसे ज्यादे सुनने की चाह मुझे है क्योंकि इसके पहिले मैं एक दफे और भी इस कमरे में आ चुकी हूं और तभी से हैरानी मेरा आंचल पकड़े हुए है ।

दीवान : (रनबीरसिंह की तरफ देखकर) अच्छा तो इन तस्वीरों का हाल अलग-अलग मुझसे पूछेंगे या मैं खुद कहता चलूं ?

रनबीरसिंह : उत्तम तो यही होगा कि आप कहते जायं और मैं सुनता जाऊं ।

दीवान : बहुत अच्छा, ऐसा ही होगा । (बीरसेन की तरफ देखकर तुम भी ध्यान देकर सुनो ।

बीरसेन : जरूर सुनूंगा ।

दीवान साहब ने हाथ के इशारे से बता-बता कर यों कहना शुरू किया, "पहिले इन दो बड़ी मूरतों पर ध्यान दीजिए जिनमें से एक को आप बखूबी जानते हैं क्योंकि वह आपके पिता इन्द्रनाथ की मूरत है और दूसरी मूरत जिसकी है उसे भी आप कई दफे देख चुके हैं, वह कुसुमकुमारी के पिता कुबेरसिंह की मूरत है । ये दोनों आपस में लड़कपन ही से सच्चे और दिली दोस्त थे मगर मैं इन दोनों का किस्सा पीछे कहूंगा पहिले चारों तरफ दीवारों पर खिंची हुई तस्वीरों का हाल कहता हूं बल्कि इसके भी पहिले यह कह देना मुनासिब समझता हूं (दोनों मूरतें दिखा कर) कि इन दोनों दोस्तों ने अपनी जिन्दगी ही में आपकी शादी कुसुमकुमारी के साथ कर दी थी । इस बात को कुसुमकुमारी बखूबी जानती है बल्कि यहां के सैकड़ों आदमी जानते हैं । आप भी अपनी शादी का हाल भूले न होंगे, मगर आप ख्याल करते होंगे कि आपकी शादी किसी दूसरी लड़की से हुई थी क्योंकि कुसुमकुमारी की सूरत किसी कारण से आपको दिखाई नहीं गई थी ।"

रनबीरसिंह : हां ठीक है, मैं इस दूसरी मूरत को भी पहिचानता हूं, मेरे पिता से मिलने के लिए ये अक्सर आया करते थे और मुझ पर बहुत ही प्रेम रखते थे । उस समय मेरी अवस्था सात वर्ष की थी तो भी मुझे शादी का दिन बखूबी याद है, बाकी भूली हुई बातों की (हाथ के इशारे से बता कर) देखिये वह दीवार पर खिंची तस्वीरें याद दिलाती हैं ! (दीवार के पास जाकर और एक तस्वीर पर उंगली रख कर) दुश्मनों के हाथ से सताये हुए मेरे पिता

इसी मकान में मुझे लेकर रहते थे, इस मकान के आगे यह छोटा-सा बाग है जिस में मैं दुष्ट जसवन्तसिंह के साथ खेला करता था, उस नालायक की तस्वीर भी यह देखिये मौजूद है ।

दीवान : जी हां, और आगे यह देखिए, आपके ब्याह के समय की तस्वीरें हैं, दोनों दोस्त यह पेड़ के नीचे बैठे हैं, पण्डितजी आपकी शादी करा रहे हैं, घूंघट में मुंह छिपाये यह आपके बगल में कुसुम बैठी हुई हैं और यह देखिये आपके पिता के पीछे सिपाहियाना ठाठ से एक आदमी खड़ा है, आप पहिचानते हैं ?

रनबीरसिंह : (गौर से देख कर) इसे तो मैं नहीं पहिचानता ।

दीवान : याद न होगा क्योंकि बचपन में इसे आपने दो ही एक दफे देखा है तमाम फसाद इसी दुष्ट का मचाया हुआ है, इसी की बदौलत आपके पिता.....

रनबीरसिंह : हां हां, कहिये–मेरे पिता क्या ? आप रुक क्यों गये ?

दीवान : यह हाल पीछे कहेंगे, पहिले इधर देखिए ।

रनबीरसिंह : नहीं, पहिले मेरे पिता का हाल कह लीजिए ।

दीवान : (कुछ हुकूमत के ढंग पर) इसके लिए आपको जिद न करना चाहिए, पहिले जो मैं कहता हूं, उसे सुनिये ।

रनबीरसिंह : खैर जैसा मुनासिब समझिये ।

दीवान : इधर आइये, पहिले इस तरफ की तस्वीरों से शुरू कीजिए ।

बीरसेन : (यकायक रोक कर) सुनिये तो ! यह शोर-गुल की आवाज कैसी आ रही है ?

बीरसेन के टोकने से कुसुमकुमारी, दीवान साहब और रनबीरसिंह भी चौंक पड़े और कान लगाकर सुनने लगे ।

पहर रात से ज्यादे जा चुकी थी । तीनों आदमी दीवान साहब की बातें सुनने और तस्वीरों के देखने में ऐसा मगन हो रहे थे कि तनोबदन की भी सुध भुला बैठे थे मगर इस शोर-गुल की आवाज ने उन लोगों को दीवान साहब की बातों और तस्वीरों का आनन्द नहीं लेने दिया, लाचार चारों आदमी कमरे के बाहर निकल आये और उस ओर फिर देखने लगे जिधर से 'मार-मार' की आवाज आ रही थी ।

पांच-सात लौंडियां बदहवास रोती और चिल्लाती हुई वहां पहुंची जहां ये चारों इस बात पता लगाने के लिये खड़े थे कि शोर-गुल की आवाज कहां से और क्यों आ रही है ? ये लौंडियां खून से तरबतर हो रही थी, इनके पैर खौफ से कांप रहे थे और इनकी आवाज घबराहट से लड़खड़ा रही थी ।

दीवान : वह कैसा हंगामा मचा हुआ है ? तुम लोगों की ऐसी दशा क्यों हो रही है ?

एक लौंडी : हमारे बहुत-से दुश्मन हाथ में नंगी तलवारें लिये महल में आ पहुंचे हैं, न मालूम कहां से और किस राह से आये हैं । यह कह-कह कर लौंडी गुलामों को मार रहे हैं कि यही कुसुम है, यही रनबीरसिंह है, कई लौंडी और गुलामों की लाशें इधर-उधर पड़ी तड़प रही हैं और हम लोगों की यह दशा हो गई है !

यह सुन दीवान साहब सोच में पड़ गए, रनबीरसिंह को बहादुरी का जोश चढ़ आया, बीरसेन का बदन गुस्से के मारे कांपने लगा, और बेचारी कुसुमकुमारी रनबीरसिंह को खाली हाथ देख अफसोस करने लगी ।

इस समय केवल बीरसेन की कमर से एक तलवार लटक रही थी जिसे रनबीरसिंह ने फुर्ती से निकाल लिया और उस तरफ बढ़े जिधर से घबराई हुई लौंडियां आई थीं । रनबीरसिंह को इस तरह जाते देख बीरसेन और दीवान साहब खाली हाथ उनके पीछे दौड़े, मगर दूर जाने की नौबत न आई क्योंकि दुश्मनों का झुंड धूम और फसाद मचाता हुआ उसी जगह आ पहुंचा जहां ये लोग थे । उन लोगों ने चारों तरफ से इनको घेर लिया । बेचारे खाली हाथ दीवान साहब एक ही हाथ तलवार का खाकर जमीन पर गिर पड़े । बीरसेन ने अपने पर वार करते हुए एक दुश्मन के हाथ से तलवार छीन ली और तीन-चार दुष्टों को बात की बात में यमलोक पहुंचा दिया । रनबीरसिंह की तलवार तो इस समय कालरूप हो रही थी, जिसकी गर्दन के साथ छू जाती उसका सर काट कर दूर फेंक देती थी, जिसके मोढ़े पर बैठ जाती उसकी साफ जनेवा काट कर दो टुकड़े कर देती थी, जिसकी खोपड़ी पर पहुंच जाती उसकी कमर तक ककड़ी की तरह काटती हुई उतर जाती थी ।

रनबीरसिंह और बीरसेन के बदन पर भी छोटे-छोटे कई जख्म लगे मगर इनकी बेतरह काटने वाली तलवारों ने थोड़ी ही देर में दुश्मनों को परेशान कर दिया और विश्वास दिला दिया कि जो थोड़ी देर भी वहां

ठहरेगा बेशक अपनी जान से हाथ धो बैठेगा। भागने की फिक्र में कोई तो छत के नीचे गिरकर हाथ-पैर तोड़ा बैठा, कोई सीढ़ियों ही पर से लुढ़कता हुआ नीचे पहुंच कर बदहवास हो गया, और कोई अपनी जान सलामत लेकर भाग निकला।

लड़ते ही लड़ते रनबीरसिंह ने यह भी देख लिया था कि कई दुश्मन उस तरफ जा पहुंचे हैं जिधर बेचारी कुसुमकुमारी खड़ी रनबीरसिंह की बहादुरी देख रही थी। दुश्मनों पर फतह पाये हुए रनबीरसिंह इसलिए वहां गये जिसमें बेचारी कुसुम को किसी तरह की तकलीफ न पहुंचने पावे, मगर रनबीरसिंह को कुसुमकुमारी न मिली और ये घबड़ा कर चारों तरफ ढूंढ़ने लगे। तस्वीर वाले कमरे के दरवाजे पर कुसुमकुमारी की ओढ़नी मिली जिसे इन्होंने उठा लिया, हाथ में लेते ही मालूम हो गया कि वह खून से तर है।

रनबीरसिंह समझ गए कि दुश्मनों के हाथ से बेचारी कुसुम भी जख्मी हुई। थोड़ी देर में लोगों के यह कहने से कि-'तमाम महल में ढूंढ़ डाला मगर महारानी का पता न लगा!' रनबीरसिंह को विश्वास हो गया कि वह दुश्मनों के कब्जे में आ गई। इस गम में उनका दिमाग चक्कर खाने लगा और वे बदहवास होकर जमीन पर गिर पड़े।

बीरसेन ने बेहोश रनबीरसिंह को उसी तरह छोड़ दिया, चारों तरफ कुसुम की खोज में दौड़ती बदहवास और रोती हुई लौंडियों की तरफ कुछ भी ध्यान न दिया, और तुरन्त महल के बाहर निकल एक तरफ को रवाना हो गए।

❑

20

यह छोटा-सा शहर जो महारानी कुसुमकुमारी के कब्जे में था, एक मजबूत चारदीवारी के अन्दर बसा हुआ था। इसके बाहर खाई के बाद तीन तरफ गांव था जिसकी आबादी घनी तो थी मगर सभी मकान कच्चे तथा फूस और खपड़े की छावनी के थे जिनमें छोटे जमींदार और खेती के ऊपर निर्भर रह कर समय बिताने वाले गरीब लोग रहा करते थे। चौथी तरफ जिधर शहर का दरवाजा था बिलकुल मैदान था। किले से बाहर निकलते ही चौड़ी सड़क

मिलती थी जिसके दोनों तरफ आम के पेड़ लगे हुए थे और इधर ही से एक छोटी सड़क घूमती हुई बराबर उस गांव तक चली गई थी जिसका हाल अभी ऊपर लिख चुके हैं ।

इसी छोटी-सी सड़क पर जो गांव में चली गई है, एक आदमी कम्बल ओढ़े बड़ी तेजी के साथ कदम बढ़ाये चला जा रहा है । रात आधी से ज्यादे जा चुकी है, गांव में चारों तरफ सन्नाटा है, आकाश में चन्द्रमा के दर्शन तो नहीं होते मगर मालूम होता है कि चन्द्रमा ने अपनी रोशनी, चमक या कला जो कुछ भी कहिये इन छोटे-छोटे गरीब मुहताज तारों को बांट दी है जिससे खुश हो ये बड़ी तेजी के साथ चमक रहे हैं और इस बात को बिलकुल भूले हुए हैं कि यह चमक-दमक बहुत जल्द ही जाती रहेगी और कलयुगी राजों की तरह चन्द्रमा भी धीरे-धीरे पहुंचकर अपनी दी हुई चमक के साथ ही उनकी पहिली आब भी जो प्रकृति ने उन्हें दे रखी है लेकर सूर्य का मुकाबला करने को तैयार हो जाएगा अर्थात् कहेगा कि आज मैं भी इस रात को दिन की तरह बना कर छोड़ूंगा ।

यह स्याह कम्बल ओढ़े हुए जाने वाला आदमी गांव में झोपड़ियों की गिरती हुई परछाई के तले अपने को हर तरह से छिपाता हुआ जा रहा है जिससे मालूम होता है कि इसे भी ज्यादे अंधेरी रात की जरूरत है । कभी-कभी यह अटक कर कान लगा कुछ सुनने की कोशिश करता और पीछे फिर कर देखता है कि कोई आ तो नहीं रहा है ।

धीरे-धीरे वह ऐसी झोपड़ी के पास पहुंचा जिसके पीछे की तरफ छप्पर से जमीन को एक कर देने वाली लता बहुत ही घनी फैली हुई थी । वह उसी जगह जा कर खड़ा हो गया और पत्तों की आड़ में छिपकर चारों तरफ देखने लगा, जब कोई नजर न आया तो उसने धीरे-धीरे दो-चार दफे चुटकी बजाई । थोड़ी देर बाद उस झोपड़ी में से एक औरत निकल कर उस तरफ आई जिधर वह खड़ा था । उस औरत को देखते ही वह पत्तों की आड़ से बाहर निकला और दोनों ने मैदान का रास्ता लिया ।

ये दोनों जब तक गांव की हद्द से दूर न निकल गए बिलकुल चुप थे, बहुत दूर निकल जाने के बाद यों बातचीत होने लगी–

औरत : मैं बहुत देर से तुम्हारी राह देख रही थी, जैसे-जैसे देर होती थी कलेजा धक-धक करता था ।

मर्द : तुम्हारे लिये मैंने अपनी जान आफत में डाल दी, अब देखें तुम मेरे साथ किस तरह निबाह करती हो ।

औरत : मेरी बात में कभी फर्क न पड़ेगा, पहले भी कई दफे कह चुकी हूं और अब फिर कहती हूं कि मैं तुम्हारी हो चुकी, जिस तरह रखोगे, रहूंगी, मेरी मुराद तुमने पूरी की, अब मैं किसी तरह तुम्हारे हुक्म से बाहर नहीं हो सकती ।

मर्द : अभी मैं कैसे कहूं कि तुम्हारी मुराद पूरी हो गई ।

औरत : (चौंक कर) क्या कुसुमकुमारी हाथ नहीं लगी ?

मर्द : कुसुम तो हाथ लग गई मगर मेरे कई साथी मारे गए और अभी न मालूम क्या होगा ?

औरत : अगर कुसम किले के बाहर हो गई तो अब हम लोगों को भी कुछ डर नहीं है ।

मर्द : कुसुम को तो हमारा एक दोस्त लेकर दूर निकल गया, मगर फिर भी हम अपने को तब तक बचा हुआ नहीं समझ सकते जब तक यह न सुन लें कि चंचलसिंह पर कोई आफत न आई । (हाथ का इशारा करके) देखो उसी पेड़ के नीचे वे दोनों घोड़े मौजूद हैं जिन पर सवार होकर हम और तुम भागेंगे और जहां तक जल्द हो सकेगा पटने पहुंच कर अपनी जान बचावेंगे, मगर देखो कालिन्दी, अब पटने पहुंच कर कुसुम को अपने हाथ से मार कर अपनी प्रतिज्ञा जल्द पूरी कर लो, जब तक वह जीती रहेगी हम लोग निश्चिंत नहीं हो सकते ।

कालिन्दी : घर पहुंचते ही मैं अपनी प्रतिज्ञा पूरी करूंगी ।

अब तो पाठक समझ ही गए होंगे कि यह औरत कालिन्दी है और यह बिलकुल बखेड़ा इसी का मचाया हुआ है, मगर यह मर्द कौन है ? इसका हाल आगे मालूम होगा । जब तक ये दोनों उस पीपल के नीचे पहुंच कर घोड़ों पर सवार हों तब तक आइये हम लोग बीरसेन की खबर लें और मालूम करें कि बेहोश रनबीरसिंह और जख्मी दीवान साहब को उसी तरह छोड़ वे कहां गए या किस काम में उलझे ?

शहर के पिछली तरफ से बाहर निकल जाने के लिये एक छोटा-सा दरवाजा था जो चोर दरवाजे के नाम से मशहूर था । इस दरवाजे के बाहर निकलते ही जल से भरी हुई खाई मिलती थी और समय पर काम देने के

लिये एक छोटी-सी किश्ती भी बराबर इस जगह रहा करती थी। इस छोटे मगर मजबूत दरवाजे की चौकसी बीस सिपाहियों के साथ चंचलसिंह नामी एक राजपूत करता था।

बीरसेन ने यह सोच कर कि महारानी को ले जाने वाले दुश्मनों को किले से बाहर हो जाने का सुभीता सिवाय इस चोर दरवाजे के और कोई नहीं हो सकता, सीधे इसी तरफ का रास्ता लिया। रास्ते ही में बीरसेन का मकान भी था। यह फौज के सेनापति थे इसलिये इनका मकान आलीशान था और उसके चारों तरफ सैंकड़ों फौजी सिपाही रहा करते थे मगर इस समय इन्होंने अपने मकान की तरफ कुछ ध्यान न दिया और सीधे चोर दरवाजे की तरफ बढ़ते चले गए।

अपने मकान से कुछ ही आगे बढ़े थे कि सामने एक आदमी आता हुआ दिखाई पड़ा जो इनको अपनी तरफ लपकता आता देख सहमकर अपने को छिपाने की नीयत से एक मकान की आड़ में खड़ा हो गया। बीरसेन ने तो उसे देख ही लिया था, उसे दीवार की आड़ में खड़ा हो जाते देख इनको शक पैदा हुआ और इन्होंने उसके पास पहुंचकर ललकारा।

बीरसेन को पहिचानते ही डर के मारे उसकी अजब हालत हो गई, थर-थर कांपने लगा और कुछ बोल न सका। उसके पास एक गठरी थी जिसे उसी जगह फेंककर भागा मगर बीरसेन के हाथ से बचकर न जा सका। इन्होंने लपककर उसे पकड़ लिया और गठरी समेत अपने मकान की तरफ लौटे तथा फाटक पर पहुंचकर खड़े हो गए जहां कई सिपाही नंगी तलवार लिये पहरा दे रहे थे और कई भीतर की तरफ पहरा बदलने के लिये तैयार हो रहे थे।

बीरसेन ने उस चोर को एक सिपाही के हवाले किया और दूसरे को गठरी खोल देखने का हुक्म दिया। सिपाही ने चौंककर कहा, "हुजूर, इनमें तो जड़ाऊ गहने हैं!"

बीरसेन : हैं! जड़ाऊ गहने!!

सिपाही : जी हां।

बीरसेन : इधर तो लाओ, देखें!

फाटक पर रोशनी बखूबी हो रही थी, बीरसेन ने उन गहनों को देखते ही पहिचान लिया कि ये कालिन्दी के हैं। इसके बाद उस चोर पर गौर किया तो मालूम हुआ कि यह उन सिपाहियों में से है जो चोर फाटक के पहरेदार

चंचलसिंह के मातहत हैं। बहुत थोड़ी देर तक खड़े रहकर बीरसेन कुछ सोचते रहे, इसके बाद गठरी और चोर को हिफाजत से रखने के लिए ताकीद कर, दस सिपाहियों को अपने साथ ले, चोर फाटक की तरफ रवाना हुए और अपने पहरे वालों को कहते गए कि बहुत जल्द और बीस सिपाहियों को चोर फाटक पर भेजो।

बीरसेन ने चोर फाटक पर पहुंचकर दस-बारह सिपाहियों को बैठे और चंचलसिंह को टहलते पाया, ललकार कर पूछा, "क्यों जी चंचलसिंह ! क्या हो रहा है ?"

चंचलसिंह : जी कुछ नहीं, देखिए पहरे पर मुस्तैद हूं !

बीरसेन : तुम्हारे मातहत के सिपाही कहां हैं ?

चंचलसिंह : जी इसी जगह तो हैं, दो-चार कहीं इधर-उधर गए होंगे।

बीरसेन : अच्छा इधर आओ, तुमसे कुछ बात करना है।

इस तरह यकायक बीरसेन को पहुंचते देख चंचलसिंह घबड़ा गया और ठीक तरह से बातचीत न कर सका। बीरसेन ने थोड़ी देर तक उसे बातों में लगाया, तब तक वे बीस सिपाही भी वहां पहुंच गये जिन्हें जल्द भेजने के लिए वे कह आये थे। उन सिपाहियों के पहुंचते ही बीरसेन ने हुक्म दिया कि चंचलसिंह और उसके मातहत के सब सिपाहियों की मुश्कें बांध लो और हमारे घर ले जाकर खूब हिफाजत से रखो।

इसके बाद अपने दस सिपाहियों को कई बातें समझाकर चोर फाटक के पहरे पर तैनात किया और दरवाजा खोलकर बाहर निकले। उस छोटी किश्ती पर पहुंचे जो जरूरत पर काम देने के लिए खाई के किनारे बंधी हुई थी। डांड़ उठाकर देखा तो गीला पाया, कुछ ऊंची आवाज में बोले-

"बेशक, वही हुआ जो मैं सोचता हूं !"

एक सिपाही को अपने पास बुला लिया और डोंगी खेवा कर पार उतरने के बाद उस डोंगी को फिर अपने ठिकाने ले जाकर बांध देने का हुक्म दिया।

बीरसेन सीधे मैदान की तरफ कदम बढ़ाए चले गये और घंटे-भर बाद उस पीपल के पेड़ के पास पहुंचे जिसके नीचे कसे-कसाये दो घेड़े बंधे थे और एक साईस खड़ा था।

पाठक समझ ही गए होंगे कि इसी पीपल के पेड़ के नीचे एक मर्द को

साथ लिये कालिन्दी पहुंचने वाली थी, बल्कि यों कहना चाहिये कि इन्हीं घोड़ों पर सवार हो वे दोनों भागने वाले थे। देखिये, अपने साथी मर्द का हाथ थामे वह कालिन्दी भी आ रही है, बीरसेन पहिले ही पहुंच चुके हैं, देखें क्या करते हैं !

❐

21

जिस समय बीरसेन पीपल के पेड़ के नीचे पहुंचे और उस साईस ने इन्हें देखा जो दोनों घोड़ों की हिफाजत कर रहा था तो उठ खड़ा हुआ और बीरसेन को बड़े गौर से अपनी तरफ देखते पा कुछ घबड़ाया-सा हो गया, क्योंकि बीरसेन का सिपाहियाना ठाठ और उनकी बेशकीमती और चमकती हुई पोशाक साधारण मनुष्यों के योग्य न थी, परन्तु उस समय उसे कुछ ढाढस भी हुई जब उसने और दो आदमियों को सामने से अपनी तरफ आते देखा क्योंकि वह तुरन्त समझ गया कि ये दोनों वही हैं जिनके लिये मैं इस जगह दो घोड़ों को लिए मुस्तैद हूं।

इस समय आसमान पर चमकते हुए तारों की रोशनी कुछ कम हो गई थी क्योंकि पूरब तरफ की सफेदी चन्द्रमा की अवाई का इशारा कर रही थी। बीरसेन ने साईस से डपट कर पूछा, "ये घोड़े किसके हैं ?" इसके जवाब में वह साईस कुछ बोल तो न सका मगर उसने उन दोनों आदमियों की तरफ हाथ का इशारा किया जो अब इस पेड़ के पास पहुंचना ही चाहते थे। आखिर बीरसेन को कुछ ठहर कर राह देखनी ही पड़ी। जब वे दोनों भी वहां पहुंच गये तो बीरसेन ने म्यान से तलवार निकाल ली और डपटकर कहा, "मैं पहिले अपना नाम बीरसेन सेनापति बताकर तुम दोनों का नाम पूछता हूं।"

बीरसेन सेनापति का नाम सुनकर साईस तो पहिले से भी ज्यादा घबड़ा गया और कालिन्दी भी डर के मारे कांपने लगी, मगर उस आदमी ने अपना दिल कड़ा करके अदब से सलाम किया और कहा, "मेरा नाम तारासिंह है और मैं गयाजी का रहने वाला हूं।"

बीरसेन : यह औरत जो तुम्हारे साथ है, कौन और कहां की रहने वाली है ?

तारासिंह : मैं इसे नहीं पहिचानता, इसने मेरे ये दोनों घोड़े किराये पर लिये हैं और इसी के लिये.... ।

बीरसेन : बस-बस, मैं समझ गया, ज्यादा बातचीत करना मैं नहीं चाहता, तुमको इसी समय मेरे साथ किले में चलना होगा ।

तारासिंह : बहुत खूब, मैं चलने को तैयार हूं, मगर यह औरत..?

बीरसेन : इसे भी मेरे साथ चलना होगा ! (औरत की तरफ देखकर) चल आगे बढ़ ।

कालिन्दी : मैं तुम्हारे साथ किले में क्यों जाऊं ?

बीरेसेन : इसका जवाब मैं कुछ भी न दूंगा ।

कालिन्दी : (अपने साथी की तरफ देखकर) क्या तुम इसीलिये मेरे साथ आये हो ?

आदमी : तो क्या मैं अपनी जान देने के लिये तुम्हारे साथ आया हूं ? ये यहां के मालिक हैं, इनके इलाके में रहता हूं, इसलिए जो ये हुक्म देंगे वही मैं करूंगा ।

बीरसेन : (कालिन्दी से) तू अपने को किसी तरह छिपा नहीं सकती, मैं खूब पहिचानता हूं कि तू कालिन्दी है । वही कालिन्दी जिसने अपने कुल में दाग लगाया और वही कालिन्दी जिसने अपने मालिक के साथ नमकहरामी की । खैर, जिस पर भी मैं तुझे छोड़ देता हूं और हुक्म देता हूं कि जहां तेरा जी चाहे चली जा, मैं देखना चाहता हूं, ईश्वर तेरे पापों की तुझे क्या सजा देता है । (उसके साथी की तरफ देख के) देर मत कर और मेरे आगे-आगे चल !

इस समय साईस को तो सिवाय भागने के और कुछ भी न सूझा- वह अपनी जान लेकर एकदम वहां से भागा । बीरसेन ने भी इसकी कुछ परवाह न की और उस आदमी को फिर अपने आगे-आगे चलने के लिए कहा ।

आदमी : अच्छा, एक घोड़े पर आप सवार हो लीजिए और एक पर मैं सवार होकर आपके साथ चलता हूं ।

बीरसेन : नहीं, तुझे पैदल ही चलना होगा ।

आदमी : एक तो मैं बीमार हूं, दूसरे बहुत दूर से पैदल आने के कारण थक गया हूं ।

बीरसेन : (क्रोध से) चलता है या बातें बनाता है ?

आदमी : (घोड़े की तरफ बढ़कर) पैदल तो मैं नहीं चल सकता।

बीरसेन ने क्रोध में आकर उसे एक लात मारी, साथ ही उसने भी म्यान से तलवार निकाल ली और बीरसेन पर वार किया। बीरसेन ने फुर्ती से बगल में हटकर अपने को बचा लिया और एक हाथ तलवार का ऐसा लगाया कि उसकी दाहिनी कलाई जिसमें तलवार थी कटकर जमीन पर गिर पड़ी और वह आदमी हक्का-बक्का होकर सामने खड़ा रह गया। बीरसेन ने कहा, "अब भी चलेगा या इसी तरह अपनी जान देगा।"

मगर यह आदमी भी बड़ा ही साहसी था। कलाई कट जाने से भी वह सुस्त न हुआ बल्कि उसने अपने कमर से रूमाल निकालकर कटी हुई कलाई के ऊपर लपेटा और बीरसेन के आगे-आगे किले की तरफ रवाना हुआ। थोड़ी दूर चलकर बीरसेन ने उसे कहा, "इसमें कोई सन्देह नहीं कि महारानी के गायब होने का हाल तू जानता है, बल्कि उस बुरे काम में तू भी साथी रहा है। यदि इसी जगह उसका पूरा-पूरा हाल बता दे तो मैं तुझे छोड़ दूंगा, नहीं तो समझ रख कि थोड़ी ही देर में तेरा सर धड़ से अलग कर दिया जाएगा!"

आदमी : आप यदि प्रतिज्ञा करें कि महारानी का पता बता देने और हर तरह की मदद देने पर आप मेरी जान छोड़ देंगे तो मैं इसमें जो कुछ भेद है आपसे कहूं और महारानी का ठीक-ठीक पता भी आपको बता दूं क्योंकि मुझसे भूल तो हो ही चुकी है और यह भी निश्चय हो गया कि अब किसी तरह जान नहीं बचेगी। हां, इसके साथ ही आपको यह प्रतिज्ञा भी करनी होगी कि आप लोग मेरा नाम और पता न पूछेंगे।

बीरसेन : यद्यपि तू इस योग्य नही हैं तथापि मैं प्रतिज्ञा करता हूं कि महारानी यदि जीती-जागती मिल जाएंगी तो तेरी जान छोड़ दूंगा मगर इस बात को भी याद रखियों कि अगर तू धोखा देने का उद्योग करेगा तो तेरी जान बहुत बुरी तरह से ली जायगी ! और मैं यह प्रतिज्ञा करता हूं कि तेरा नाम और पता जानने के लिए जबरदस्ती न की जायगी।

आदमी : आप क्षत्री हैं, आपकी प्रतिज्ञा कभी झूठी नहीं हो सकती, न-मालूम कौन से क्रूर ग्रह आ पड़े थे कि हमलोग कालिन्दी के धोखे में आ गए और इतना बड़ा अनर्थ कर बैठे ! हाय, निःसन्देह वह काली नागिन

है। खैर, जो होना था हो गया, अब विलम्ब करना उचित नहीं है। अभी तक महारानी बहुत दूर न गई होंगी क्योंकि जो लोग उन्हें ले गए हैं थोड़ी ही दूर पर एक नियत स्थान पर ठहर कर मेरे और कालिन्दी के आने की राह देखते होंगे। अब खुटका केवल दो बातों का है, एक तो यह कि कालिन्दी जो सब बखेड़े की जड़ है और जिसे आपने छोड़ दिया है वहां पहुंचकर इन लोगों को बहका न दे या इस बात की खबर कहीं बालेसिंह को न पहुंच जाय जिसकी फौज किले के सामने वाले मैदान में पड़ी हुई है। साथ ही इसके इतना और भी कहे देता हूं कि केवल आप ही अकेले चलकर महारानी को उन दुष्टों के हाथ से नहीं छुड़ा सकते क्योंकि वे लोग लड़ने और जान देने के लिए तैयार हो जायेंगे।

इतना ही कहते-कहते वह आदमी सुस्त होकर जमीन पर बैठ गया क्योंकि उसकी कटी हुई कलाई में जख्म ठंडा हो जाने के कारण दर्द ज्यादे हो गया था। इस समय बीरसेन तरद्दुद के मारे किले की तरफ इस तरह देखने लगा मानों किसी के आने की उम्मीद हो।

अब आसमान पर चांद अच्छी तरह निकल आया था जिसकी रोशनी में किले की तरफ से बहुत-से आदमियों को अपनी तरफ आते हुए बीरसेन ने देखा और बोले-"लो रनबीरसिंह भी आ पहुंचे !"

आदमी : (खड़ा होकर और किले की तरफ देखकर) अब आप अपना काम बखूबी कर सकेंगे।

बीरसेन : तू इस समय कलाई कट जाने के कारण तकलीफ में है इसलिए मैं अपने साथ तुझे वहां ले जाना उचित नहीं समझता जहां महारानी के मिलने की आशा है, अस्तु, वहां का पता मुझे अच्छी तरह बता दे और तू मेरे आदमियों के साथ किले में जा, वहां तेरे जख्म पर दवा लगाई जाएगी।

आदमी : बहुत अच्छा, मैं आपको पता बताए देता हूं। (हाथ का इशारा करके) आप सीधे इसी तरफ चले जाइये, यहां से कोस-भर चले जाने बाद एक गांव मिलेगा।

बीरसेन : हां-हां, वह गांव हमारा है, उसका नाम पालमपुर है।

आदमी : ठीक है, उस गांव के किनारे ही पर आम की एक बारी है। उसी में आप उन लोगों को पावेंगे जिनके पंजे में इस समय महारानी हैं।

बीरसेन : मैं उस आम की बारी को भी अच्छी तरह जानता हूं।

इस बीच रनबीरसिंह भी अपने साथ सौ सिपाहियों को लिए हुए वहां आ पहुंचे और बीरसेन की तरफ देख के बोले, शुक्र है कि तुमसे बहुत जल्द मुलाकात हो गई ! तुम्हारे खास आदमी ने मुझे इत्तिला दी थी और उसी के मुताबिक मैं सौ आदमियों को साथ लेकर आ रहा हूं ।

बीरसेन : जी हां, मैं अपने आदमी से ताकीद कर आया था कि वह सब हाल आपसे कहकर आपको इधर आने के लिए कहे । उस समय आप होश में न थे जब मुझे अपनी कार्रवाई के लिए मजबूरन वहां से निकलना पड़ा ।

बीरसेन ने पिछला हाल बहुत थोड़े में कहा जिसे रनबीरसिंह गौर से सुनकर बोले, "कम्बख्त कालिन्दी को तुमने अब भी छोड़ दिया ! खैर, अब वहां चलने में देर न करनी चाहिये ।"

पांच आदमियों के साथ उस अपरिचित व्यक्ति को जिसकी कलाई कट गई थी किले की तरफ रवाना करके बीरसेन और रनबीरसिंह अपने बहादुर सिपाहियों को साथ लिए हुए तेजी के साथ पालमपुर की तरफ रवाना हुए और थोड़ी ही देर में उस आम की बारी में जा पहुंचे । इन लोगों के वहां पहुंचते-पहुंचते तक साफ-सवेरा हो गया था इसलिए काम में बहुत हर्ज न हुआ ।

महारानी कैदियों की तरह जकड़ी हुई एक डोली के अन्दर जिसे बीस आदमी के लगभग घेरे हुए थे पाई गई थी । इन लोगों के पहुंचने में अगर आधी घड़ी की भी देर होती तो फिर कुसुमकुमारी का पता न लगता क्योंकि सवेरा हो जाने के कारण बदमाश लोग डोली उठवा कर दो ही कदम आगे बढ़े थे कि बीरसेन और रनबीरसिंह वगैरह ने वहां पहुंच कर उन लोगों को घेर लिया । मगर अफसोस, उसी समय नमकहराम जसवन्तसिंह और पांच सौ सिपाहियों को साथ लिये हुए दुष्ट बालेसिंह भी उस जगह आ पहुंचा और रनबीरसिंह वगैरह को चारों तरफ से घेर कर उस डोली पर झुक पड़ा जिसमें बेचारी कुसुमकुमारी थी ।

❐

22

कालिन्दी को विश्वास हो गया था कि बीरसेन अब मुझे जीता न छोड़ेगा मगर बहादुर बीरसेन ने लापरवाही के साथ उसे छोड़ दिया और अपने सामने से चले जाने के लिये कहा । कालिन्दी ने इसे ही गनीमत समझा और अपनी जान ले कर वहां से भागी । यद्यपि अपने स्वभाव और करनी के अनुसार कालिन्दी राक्षसी की पदवी पाने योग्य थी परन्तु विधाता ने उसमें खूबसूरती और नजाकत कूट-कूट कर भर दी थी । उसमें इतनी हिम्मत न थी कि दो-तीन कोस पैदल चल सकती परन्तु जान के खौफ से उसे भागना ही पड़ा । राह में वह तरह-तरह की बातें सोचती जाती थी । "जसवन्तसिंह से मिलूं ? अगर मैं उसके पास जाऊंगी तो वह अवश्य मेरी खातिर करेगा, मगर नहीं, वह बड़ा ही खुदगर्ज है, देखो मुझे अकेली छोड़ के कब्रिस्तान से कैसा भाग निकला ! नहीं नहीं, इसमें उसका कोई कसूर नहीं, वह जरा डरपोक है, इसी से भाग गया था, अब अगर वह मुझे देखेगा तो अवश्य क्षमा मांगेगा । अस्तु एक दफे पुनः उसके पास चलना चाहिए, यदि वह अब भी मुझसे प्रेम न करेगा तो अवश्य उसे यमलोक में पहुंचाऊंगी ।" इत्यादि बातों को सोचती-विचारती वह बालेसिंह के लश्कर की तरफ बढ़ी चली जा रही थी मगर थकावट के कारण भरपूर चल नहीं पाती थी ।

बालेसिंह का लश्कर जब से तेजगढ़ के सामने आकर पड़ा था तब से वह रात को स्वयं थोड़े-से आदमियों को साथ लेकर इधर-उधर घूमा करता था यद्यपि उसने कई जासूसों को गुप्त भेदों का पता लगाने, चारों तरफ छिप कर घूमने के लिए मुकर्रर किया था परन्तु जब तक वह स्वयं रात को इधर-उधर न घूमता उसका जी न मानता । आज भी वह थोड़े-से सवारों को साथ लेकर घूमने के लिए अपने लश्कर से बाहर निकला ही था कि एक जासूस सामने आकर खड़ा हो गया और बोला, "किले के पिछले दरवाजे से महारानी कुसुमकुमारी को निकाल ले जाने की नीयत से कई आदमी किले के अन्दर रिश्वत देकर घुसे हैं, मुझे ठीक पता मिला है कि यह कार्रवाई कालिन्दी की तरफ से की गई है । मैं अपने दो सिपाहियों को उस जगह छोड़ कर आपको खबर देने के लिए आया हूं ।"

यह खबर सुनकर बालेसिंह बहुत खुश हुआ और उसी जासूस को हुक्म

दिया कि जहां तक जल्द हो सके जसवन्तसिंह को बुला लावे । जासूस जसवन्तसिंह के खेमे की तरफ रवाना हुआ और बालेसिंह खड़ा होकर सोचने लगा कि अब क्या करना चाहिए । थोड़ी देर में जसवन्तसिंह भी लड़ाई के सामान से दुरूस्त होकर बालेसिंह के पास आ पहुंचा । बालेसिंह ने जासूस की जुबानी जो कुछ सुना था उससे कहा और इसके बाद जसवन्तसिंह को और उन जासूसों को साथ लेकर किले के पिछली तरफ रवाना हुआ । जो कुछ सवार तैयार थे उन्हें साथ लेता गया और हुक्म दे गया, पांच सौ सवार बहुत जल्द आकर मुझसे मिलें ।

बालेसिंह थोड़ी ही दूर गया था कि पहिले जासूस का एक और साथी भी आ पहुंचा और उसने खबर दी कि चोर दरवाजे से किले के अन्दर जो लोग घुसे थे उन में से कई आदमी किसी को जबर्दस्ती गिरफ्तार करके ले आये और पालमपुर की तरफ रवाना हो गए । यह खबर पाकर बालेसिंह ने घोड़े की बाग मोड़ी और उस जासूस को यह आज्ञा देकर पालमपुर की तरफ रवाना हुआ कि तू इसी जगह खड़ा रहे, जब मेरे सवार यहां आवें तो उन्हें पालमपुर की तरफ भेज दे ।

पालमपुर की तरफ लगभग आधा कोस ही गया होगा कि सामने से एक औरत आती दिखाई पड़ी, जब पास पहुंचा तो उसे रोक कर पूछा कि "तू कौन है ?" चांद अच्छी तरह निकल आया था इसलिए उस औरत ने बालेसिंह और जसवन्तसिंह को बखूबी पहिचान लिया और कहा, "मैं कालिन्दी हूं, इस समय तुम्हारा एक काम किए हुए चली आ रही हूं ।" इसके जवाब में बालेसिंह ने कहा–"जो कुछ तू कर चुकी है, मुझे बखूबी मालूम है ।"

इसी समय बालेसिंह के और सवार भी आ पहुंचे, उनमें से दस सवारों को उसने आज्ञा दी कि इस औरत (कालिन्दी) को ले जाओ और हिफाजत से रखो । इसके बाद बालेसिंह बाकी सवारों को साथ लिए हुए तेजी के साथ पालमपुर की तरफ रवाना हुआ और बात की बात में वहां पहुंच कर उसने रनबीरसिंह इत्यादि को चारों तरफ से घेर लिया जैसा कि ऊपर के बयान में हम लिख आये हैं ।

उस समय पूरब तरफ सूर्य किरणें दिखाई दे रही थीं । रनबीरसिंह यह देख कर कि बालेसिंह की नीयत कुसुमकुमारी पर कब्जा करने की है जोश में आ गये और नंगी तलवार लिए हुए बालेसिंह पर टूट पड़े । इसी समय

रनबीरसिंह की बहादुरी देखने ही योग्य थी ! बालेसिंह ने बहुत जोर मारा परन्तु महारानी की डोली पर हाथ न रख सका । बेचारी कुसुम यह हाल देखकर घबड़ा गई और अंगुली उठा कर बोली, "हे ईश्वर, इस समय मेरी लाज को रखने वाला तेरे सिवाय इस जगत में और कोई भी नहीं है !"

थोडी ही देर में लड़ाई की यह नौबत पहुंची कि बालेसिंह के सवार जिन्होंने चारों तरफ से घेर लिया था रनबीरसिंह, बीरसेन और उनके सिपाहियों की बहादुरी देख दंग हो गए और उन्हें लाचार होकर एक तरफ ही मुकाबला करना पड़ा । इसी बीच में रनबीरसिंह ने अपनी पीठ किले की तरफ कर दी और बीरसेन से कहा कि 'कुसुम की डोली लेकर लड़ते हुए पीछे की तरफ हटना शुरू कर दो' और बीरसेन ने ऐसा ही किया । लड़ाई अन्धा-धुन्ध होने लगी और मौत का बाजार ऐसा गर्म हुआ कि बहादुरों की दीन-दुनिया की होश न रही और न किसी को यही आशा रह गई कि आज इस लड़ाई से जीते-जी बच कर घर जायेंगे । रनबीरसिंह की बेहतर काटने वाली तलवार पर दुश्मनों की निगाह नहीं ठहरती थी । वे देखते थे कि उस बहादुर की तलवार बिजली की तरह चारों तरफ घूम रही है, अभी एक के सिर पर पड़ी और तुरन्त दूसरे की गर्दन से निकलते ही तीसरे को सफा किया और फिर चौथे की तरफ पलट पड़ी । इसी बीच में रनबीरसिंह की निगाह नमकहराम जसवन्तसिंह पर जा पड़ी जिसकी निगाह कुसुम की डोली पर घड़ी-घड़ी पड़ रही थी । उसे देखते ही रनबीरसिंह यह कहते हुए उसकी तरफ झुक पड़े, "ओ कमबख्त ! अब मेरे हाथ से बच कर तू कहां जा सकता है ?" जसवन्तसिंह ने चाहा कि अपने को रनबीरसिंह की निगाह से छिपा ले मगर न हो सका । बाज की तरह झपट कर रनबीरसिंह उसके पास जा पहुंचे और तलवार का एक वार किया । जसवन्तसिंह ने चालाकी से अपने घोड़े को पीछे की तरफ हटा लिया इसलिये रनबीरसिंह की तलवार अबकी दफे केवल जसवन्तसिंह के घोड़े का खून चाट सकी अर्थात् घोड़े की गर्दन पर जा पड़ी और सिर कट जाने के कारण घोड़ा जमीन पर गिर पड़ा और साथ ही इसके जसवन्तसिंह ने भी जमीन चूम ली । उस समय बहादुर रनबीरसिंह क्षण मात्र तक इसलिए रुक गये कि वह नमकहराम सीधा होकर उनकी तलवार को फिर एक दफे देख ले । जसवन्तसिंह ने उठ कर रनबीरसिंह पर वार करना ही चाहा था कि उस बहादुर की तलवार ने कम्बख्त जसवन्तसिंह का काम

तमाम कर दिया । उसका सिर बालेसिंह के सामने, जो केवल दस हाथ की दूरी पर खड़ा अद्‌भुत लड़ाई को देख रहा था, जा गिरा और इस तरह लोगों के देखते ही देखते विश्वासघाती जसवन्तसिंह अपने किए की सजा पाकर नरक भोगने के लिए यमराज की राजधानी की तरफ रवाना हो गया ।

लड़ाई को घंटा भर से ज्यादे हो गया, इस बीच बालेसिंह के पचास सवार जान से मारे गए और दो सौ लड़ाके बेकाम होकर जमीन पर लेट गए, उनके घोड़े भी जख्मी होकर और अपनी पीठ खाली पाकर मैदान की तरफ भाग गए । बालेसिंह के बदन पर भी कई जख्म लगे । बहादुर रनबीरसिंह के तीस आदमी मारे गए और वह स्वयं भी जख्मी हुए मगर लड़ने की हिम्मत अभी बाकी थी । दिलेर बीरसेन भी यद्यपि जख्मी हुआ मगर बड़ी दिलावरी के साथ अभी तक कुसुम को दुश्मनों के हाथ से बचाये रहा ।

यह लड़ाई ऐसी नहीं थी कि छिपी रहे, और दिन विशेष चढ़ जाने के कारण इस लड़ाई की धूम और भी हो गई । किले में से पांच सौ बहादुर सिपाही और आ पहुंचे जो कुसुमकुमारी के लिए जान देने को तैयार थे और इसी तरह बालेसिंह के हजार फौजी सिपाही भी उस जगह आ पहुंचे । अब लड़ाई का ढंग बिलकुल ही बदल गया । हटते-हटते रनबीरसिंह अपनी फौज के सहित किले की तरफ हो गए और बालेसिंह मुकाबले में अपने लश्कर की तरफ हो गया और लड़ाई कायदे के साथ होने लगी ।

पांच सौ फौजी आदमियों के पहुंच जाने से बीरसेन को मौका मिल गया । वह रनबीरसिंह की आज्ञानुसार महारानी कुसुमकुमारी की डोली को दुश्मनों के हाथ से बचा कर चोर दरवाजे की राह से किले के अन्दर जा पहुंचा और किले के अन्दर से तोप की आवाज आने से रनबीरसिंह समझ गए कि उनकी पतिव्रता स्त्री कुसुम कुशलपूर्वक किले के अन्दर पहुंच गई, क्योंकि यह काम भी इन्हीं की आज्ञानुसार हुआ था ।

कुसुम कुशलपूर्वक किले के अन्दर पहुंच गई मगर उसकी जान लड़ाई के मैदान में ही रह गई जिसका फैसला रनबीरसिंह की जिन्दगी पर मुनहसिर था । यदि रनबीरसिंह की जान बच गई तो कुसुम भी जीती बचेगी नहीं तो वह विधवा होकर इस दुनिया में जिन्दगी बिताने वाली औरत नहीं है । इसी तरह की कितनी ही बातें सोच कुसुम ने बीरसेन से पूछा-"वह दस हजार फौज जो तुम्हारे मातहत तै थी इस समय कहां है और कब हम लोगों के काम

आवेगी ?"

बीरसेन : उसका इन्तजाम मैं कर चुका हूं। आज किसी समय वह फौज लड़ाई के मैदान में अवश्य दिखाई देगी और जो कुछ आने से रह जायगी वह दो दिन के अन्दर पहुंच जायगी।

कुसुमकुमारी : अच्छा तो इस समय किले के अन्दर जो फौज है उसे लेकर तुम इसी समय उनकी मदद के लिये चले जाओ, बस इज्जत बचाने का यही समय है, क्योंकि बालेसिंह की बेशुमार फौज इस समय मुकाबले में है। यदि हो सके तो अपने मालिक को बचाकर किले के अन्दर चले आओ फिर हमारी फौज आ जायगी तो देखा जायगा।

बीरसेन : जी हां, मैं अब एक सायत यहां न ठहरूंगा, जो कुछ फौज मौजूद है, उसे लेकर अभी जाता हूं।

दिन पहर-भर से ज्यादे चढ़ आने पर भी अभी तक किले के सामने वाले मैदान में लड़ाई हो रही है। बालेसिंह की बहादुरी ने भी बहुतों को चौपट किया मगर रनबीरसिंह की चुस्ती, चालाकी और दिलावरी ने उसे चौंधिया दिया था। इस समय वह सोच रहा था कि जसवन्तसिंह के हाथ से जख्मी होकर रनबीरसिंह बहुत दिनों तक बेकाम पड़े रहे और बहुत सुस्त हो गये हैं तिस पर उनकी हिम्मत ने आज पंजे में आई हुई कुसुम को छुड़ा ही लिया, यदि वे भले-चंगे होते तो न मालूम क्या करते !

घंटे-भर तक फौजी बहादुरों में लड़ाई होती रही और इस बीच में बालेसिंह की बहुत-सी फौज वहां आकर इकट्ठी हो गई। जिस समय किले में की बची हुई फौज को साथ लेकर बीरसेन मैदान में आ पहुंचा उस समय मार-काट का सौदा बहुत ही बढ़ गया और बीरसेन ने भी जी खोल कर अपनी बहादुरी का तमाशा बालेसिंह को दिखा दिया। रनबीरसिंह और बीरसेन अपने बहादुरों को लेकर बालेसिंह की फौज में घुस गए। उस समय मालूम होता था कि इस लड़ाई का फैसला आज ही हो जायगा। इसी समय बीरसेन की मातहतवाली फौज भी आती हुई दिखाई पड़ी जिससे रनबीरसिंह के पक्ष वालों का दिल और भी बढ़ गया वे लोग जी खोल कर जान देने और लेने के लिए तैयार हो गये।

लड़ाई का जौहर दिखाता हुआ हमारा बहादुर रनबीरसिंह ऐसी जगह जा पहुंचा जहां से बालेसिंह थोड़ा ही दूर पर दिखाई दे रहा था। उस समय

रनबीरसिंह के जोश की कोई हद्द न रही और वे बालेसिंह के पास पहुंचने का उद्योग करने लगे। बालेसिंह ने भी उन्हें देखा मगर पास पहुंच कर उनका मुकाबला करने की हिम्मत न हुई। इस समय रनबीरसिंह और बालेसिंह दोनों ही घोड़ों पर सवार थे।

रनबीरसिंह को अपनी तरफ बढ़ते देख बालेसिंह छिप गया और धोखा देकर घूमता हुआ रनबीरसिंह के पीछे जा पहुंचा और पीछे ही से तलवार का एक भर-पूर हाथ रनबीरसिंह पर चलाया। तलवार रनबीरसिंह के बायें मोढ़े पर बैठी जिससे उनको सख्त सदमा पहुंचा है, तथापि चोट खाने के साथ ही रनबीरसिंह ने घूम कर एक हाथ दुश्मन पर ऐसा जमाया कि वह बेकार हो गया। तलवार उसके जंघा पर बैठी और उसका दाहिना पैर कट कर जमीन पर गिर पड़ा और साथ ही इसके वह घोड़े की पीठ से लुढ़क कर जमीन पर जा रहा। बालेसिंह के फौजी आदमी यह हाल देखकर हताश हो गये और अपने मालिक को उठाकर खेमे की तरफ लेकर भागे।

बीरसेन रनबीरसिंह से दूर न था और वह इस लड़ाई का तमाशा बखूबी देख रहा था। रनबीरसिंह ने भी बहुत-सी चोटें खाई थीं मगर इस समय बालेसिंह के हाथ से पहुंची हुई चोट ने उन्हें एकदम मजबूर कर दिया। बालेसिंह से अपना बदला तो ले लिया मगर उनकी आंखों के आगे भी अंधेरा छा गया और वे त्योरा कर जमीन पर गिर पड़े। इस समय बीरसेन ने बड़ी दिलावरी की। अपने आदमियों को साथ लिये हुए बिजली की तरह उनके पास जा पहुंचा और सब लोगों के देखते-देखते उन्हें उठा कर अपनी फौज में ले गया। इस समय बीरसेन का कपड़ा भी लहू से तरबतर हो रहा था और उसके बदन पर भी कितने ही जख्म लग चुके थे।

बात-की-बात में रनबीरसिंह किले के अन्दर पहुंचाये गए और बेहोश बालेसिंह अपने खेमे में पहुंचा दिया गया। दोनों मालिकों के बेकाम हो जाने से लड़ाई बन्द हो गई और फौजें अपने-अपने ठिकाने लौट गई।

❐

23

बालेसिंह के जख्म पर जर्राहों ने दवा लगा कर पट्टी बांधी मगर वह आठ

पहर तक बेहोश पड़ा रहा, इसके बाद जब होश में आया तरह-तरह की बातें सोचने लगा। वह अपने दिल में बहुत शर्मिन्दा था कि केवल थोड़े-से सिपाहियों को साथ लेकर रनबीरसिंह ने नीचा दिखाया और देखते-देखते महारानी कुसुमकुमारी को बचा ले गया। यद्यपि उसके दिल ने कह दिया था कि अब रनबीरसिंह के मुकाबले में तेरी जीत न होगी और तुझे हर तरह से नीचा देखकर यहां से लौट जाना पड़ेगा मगर वह अपने क्रोध को किसी तरह दबा न सकता था और बहुत ही खिजलाया हुआ था। इस समय जब कि उसमें उठने की सामर्थ्य बिलकुल न थी वह कर ही क्या सकता था ? हां, चारों तरफ ध्यान दौड़ाने पर उसे कालिन्दी का ख्याल आया जिसे हिफाजत से रखने के लिए अपने आदमियों के सुपुर्द कर चुका था। उसने कालिन्दी को अपने सामने तलब किया और बिना कुछ कहे या पूछे एक आदमी को हुक्म दिया कि इस औरत की नाक काट लो और छोड़ दो, जहां जी आवे, चली जाय।

इसके बाद बालेसिंह क्या करेगा और अपना क्रोध किस पर निकालेगा सो जिक्र छोड़ कर हम इस जगह कालिन्दी का कुछ हाल लिखते हैं।

कालिन्दी जिसे अपने रूप पर इतना घमण्ड था आज नकटी होकर कुरूपा स्त्रियों की पंक्ति में बैठने योग्य हो गई। उसे बहुत ताज्जुब था कि बालेसिंह ने मेरे साथ ऐसा बर्ताव क्यों किया, मगर वह इसका सबब कुछ पूछ न सकी और उस समय जान बचा कर वहां से निकल जाना ही उसने उचित जाना। इस समय जबकि उसे नकटी करके बालेसिंह ने निकाल दिया था, रात लगभग दो घंटे के जा चुकी थी। रोती और अपनी किस्मत पर अफसोस करती हुई वह नमकहराम औरत नाक पर कपड़ा रखे बालेसिंह के लश्कर से बाहर निकली और सीधी पूरब की तरफ चल निकली। इस समय कोई उसका यार और मददगार न था, बल्कि यों कहना चाहिये कि उसे खाने तक का ठिकाना न था, क्योंकि वह अपने जेवर भी चोर दरवाजे के पहरे वालों को रिश्वत में दे चुकी थी और अब केवल एक मानिक की अंगूठी उसकी उंगली में रह गई थी। वह केवल एक मामूली साड़ी पहिरे हुई थी जो मर्दानी पोशाक बदलने के लये कम्बख्त जसवन्तसिंह ने उसे दी थी और असल में वह जसवन्तसिंह की ही धोती थी।

उदास और अपने किये पर पछताती हुई कालिन्दी को यकायक ख्याल

आया कि और कोई तो महारानी के डर से मुझे अपने घर में घुसने न देगा मगर यहां से दो कोस की दूरी पर हरिहरपुर मौजे के जमींदार की लड़की जमुना मेरी सखी है और मुझे बहुत चाहती है, शायद वह मेरी कुछ मदद कर सके तो ताज्जुब नहीं, अस्तु इस समय उसी के पास चलना उचित है । कालिन्दी यह सोचती चली जा रही थी मगर हरिहरपुर का रास्ता उसे मालूम न था, वह बिलकुल ही नहीं जानती थी कि मेरी सखी का घर किधर है और किस राह से जाना होगा, हां, इतना जानती थी कि एक नदी रास्ते में पड़ेगी । कालिन्दी की नाक से अभी तक खून जारी था और दर्द से उसका जी बेचैन हो रहा था ।

थोड़ी ही देर में वह एक नदी के किनारे पहुंची और उस समय उसे मालूम हुआ कि उसके पीछे-पीछे कोई आ रहा है । कालिन्दी ने घूम कर देखा तो दो आदमियों पर निगाह पड़ी । रात अंधेरी थी और कालिन्दी भी घबड़ाई हुई थी इसलिये उन आदमियों की सूरत-शक्ल के विषय में वह ध्यान न दे सकी बल्कि डर के मारे कांपने लगी और खड़ी हो गई । उस समय वे दोनों आदमी भी रुके और एक ने आगे बढ़ के कालिन्दी से कहा, "डरो मत, मैं खूब जानता हूं कि तुम्हारा नाम कालिन्दी है और तुम इस समय नदी के पार जाना चाहती हो, मगर बिना डोंगी के तुम नदी के पार नहीं जा सकती हो । हम दोनों आदमी मल्लाह हैं, यहां थोड़ी ही दूर पर हमारी डोंगी है, उस पर सवार करा के तुमको नदी के पार उतार देंगे ।" इतना कह कर उसने अपने साथी की तरफ देखा और कहा, "जाओ, डोगी इसी जगह ले आओ ।"

कालिन्दी : (डरी हुई आवाज से) तुमने कैसे जाना कि मैं पार जाऊंगी और बिना मुझसे पूछे अपने साथी को डोंगी लाने के लिए क्यों भेज दिया ?

मल्लाह : मुझे खूब मालूम है कि आप पार उतरेंगी और इस पार रहना आपके लिए अच्छा भी नहीं ।

कालिन्दी ने इस बात का कुछ भी जवाब न दिया और चुपचाप खड़ी नदी की तरफ देखती रही । थोड़ी ही देर में वह दूसरा मल्लाह डोंगी को लिये हुए उसी जगह आ पहुंचा । सोचती-विचारती कालिन्दी उस डोंगी पर सवार हुई और आंचल से थोड़ा-सा कपड़ा फाड़ कर पानी से तर करके अपनी नाक पर पट्टी बांधी । एक मल्लाह खेने लगा और दूसरा चुपचाप बैठ गया ।

यद्यपि कालिन्दी दोनों मल्लाहों से डरी हुई थी परन्तु उसे आशा थी कि दोनों मल्लाह उसे नदी के पार पहुंचा देंगे, लेकिन ऐसा न हुआ, क्योंकि जब डोंगी नदी के बीचोबीच में पहुंची तो मल्लाहों ने खेवा मांगा ।

कालिन्दी : मेरे पास तो कुछ भी नहीं है, खेवा कहां से दूं !

मल्लाह : (डोंगी को बहाव की तरफ ले जाकर) खेवे ही की लालच से तो तुम्हें पार उतारते हैं, जब तक खेवा न ले लेंगे, पार न जायेंगे ।

कालिन्दी : तो डोंगी बहाव की तरफ क्यों लिये जाते हो ?

मल्लाह : खेवा वसूल करने की नीयत से !

कालिन्दी : जब मेरे पास कुछ है ही नहीं तो खेवा कहां से देंगे ?

मल्लाह : कोई जेवर हो तो दे दो ।

कालिन्दी : जेवर भी नहीं है ।

मल्लाह : जेवर भी नहीं है तो चुपचाप बैठी रहो, जहां हमारा जी चाहेगा तुम्हें ले जायेंगे और जिस तरह हो सकेगा खेवा वसूल करेंगे !

मल्लाह की आखिरी बात सुनते ही कालिन्दी सुस्त हो गई और डर के मारे कांपने लगी । उसे निश्चय हो गया कि ये लोग बदमाश हैं और मुझे तंग करेंगे । जैसे-जैसे डोंगी बहाव की तरफ तेजी के साथ जा रही थी, कालिन्दी के कलेजे की धड़कन ज्यादे होती जाती थी । आखिर बहुत मुश्किल से अपने को सम्हाला और वह मालिक की अंगूठी जो उसकी बची-बचाई पूंजी थी और इस समय उसकी उंगली में थी उतार कर एक मल्लाह की तरफ बढ़ाती हुई बोली, "अच्छा, यह एक अंगूठी मेरे पास है, इसे ले लो और मुझे बहुत जल्द पार उतार दो ।" इसके जवाब में मल्लाह (जो चुपचाप बैठा हुआ था) "बहुत अच्छा" कहके उठा और अंगूठी अपने हाथ में लेकर कालिन्दी के सामने खड़ा हो गया ।

कालिन्दी : अब खड़े क्यों हो ? किश्ती पार ले चलो !

मल्लाह : अब केवल इसलिये खड़े हैं कि तुझ कम्बख्त को अपना परिचय दे दें ।

कालिन्दी : (घबड़ा कर) परिचय कैसा ?

मल्लाह ने एक चोर लालटेन जिसे अपने बगल में छिपाये हुए था निकाली और उसके मुंह पर से ढकना हटा के उसकी रोशनी अपने चेहरे पर डाली । उसका चेहरा देखते ही कालिन्दी चिल्ला कर उठ खड़ी हुई और

घबरा कर पीछे हटती-हटती बेहोश होकर गिर पड़ी।

❑

24

आज फिर रनबीरसिंह को जख्मी होकर चारपाई का सहारा लेना पड़ा और आज बेचारी कुसुमकुमारी के लिए पुनः वही मुसीबत की घड़ी आ पहुंची जो थोड़े ही दिन पहले रनबीरसिंह के जख्मी होने की बदौलत आ चुकी थी। पहिले तो कम्बख्त और नमकहराम जसवन्तसिंह ने फरेब देकर इन्हें जख्मी किया था, आज बालेसिंह के हाथ से जख्मी होकर तकलीफ उठा रहे हैं, मगर इस जख्म की इन्हें परवाह नहीं बल्कि एक प्रकार की खुशी है क्योंकि चोट खाने के साथ ही अपने दुश्मन से बदला ले चुके थे और उसे सदैव के लिये बेकार कर चुके थे।

जिस कमरे में पहिले मुसीबत के दिन काटे थे आज ये उस कमरे में नहीं हैं, बल्कि आज उस कमरे में चारपाई के ऊपर पड़े हैं जिसमें अपने जीवन-वृत्तान्त की तस्वीरें देख कर ताज्जुब में आये थे। एक सुन्दर और नर्म बिछावन वाली चारपाई पर रनबीरसिंह पड़े हुए हैं, सिरहाने की तरफ बेचारी कुसुम बैठी है, सामने की तरफ चारपाई पर बहादुर बीरसेन पड़ा हुआ है, बीच में दीवान सुमेरसिंह जो इन तीनों को अपने ही बच्चों के बराबर समझते थे, बैठे बातें कर रहे हैं और थोड़ी ही दूर पर पांच-सात कमसिन और खूबसूरत लौंडियां हाथ बांधे खड़ी हैं। इस समय दीवान साहब भी सुस्त थे क्योंकि इसके पहिले के बखेड़े में जो किले के अन्दर हुआ था जख्मी हो चुके थे, तथापि इस योग्य थे कि बैठ कर इन लोगों से बातचीत कर सकते।

रात लगभग पहरभर के जा चुकी है। उस चित्रवाले विचित्र कमरे में रोशनी बखूबी हो रही है जिसकी दीवार पर की तस्वीरें चारपाई पर लेटे रहने की अवस्था में भी रनबीरसिंह बखूबी देख सकते हैं। इस समय जिस तस्वीर पर अपनी निगाहें दौड़ा रहे थे उसके देखने से रनबीरसिंह के चेहरे पर कुछ खुशी-सी झलक रही थी। थोड़ी देर तक सन्नाटा रहा, इसके बाद कुसुम ने दीवान साहब की तरफ देख कर कहा—

कुसुमकुमारी : यदि इस समय इन चित्रों के विषय में कुछ सुना जाय

तो अच्छा है ।

रनबीरसिंह : हां, मेरा भी जी बहले और उन भेदों का भी पता लगे जिनके जाने बिना जी बेचैन हो रहा है ।

दीवान : हां ठीक है, परन्तु ऐसा करने की आज्ञा नहीं है ।

रनबीरसिंह : (ताज्जुब से) किसकी आज्ञा और कैसी आज्ञा ?

दीवान : जिस समय राजा कुबेरसिंह और राजा इन्द्रनाथ ने इस कमरे की ताली मेरे सुपुर्द की थी उस समय अपना और इन तस्वीरों का भेद अच्छी तरह समझाने के बाद मुझे ताकीद कर दी थी कि इन तस्वीरों के भेद बीमारी की अथवा रंज की अवस्था में आप लोगों से कदापि न कहूं, इसलिये मैं आपको और कुसुमकुमारी को अच्छी तरह प्रसन्न देखूंगा तभी जो कुछ कहना होगा कहूंगा ।

रनबीरसिंह : (कुछ सोचकर) ठीक है, यह आज्ञा भी मतलब से खाली नहीं है, खैर !

कुसुमकुमारी : मैं भी बड़ों की आज्ञा मानना उचित समझती हूं, अच्छा, यदि बालेसिंह के विषय में कुछ खबर मिली हो तो कहिये ।

दीवान : अभी दो घंटे हुए होंगे, एक जासूस ने खबर दी थी कि बालेसिंह दर्द से बहुत ही बेचैन है, रंज और गुस्से में और तो कुछ कर न सका केवल कम्बख्त कालिन्दी की नाक काट कर उसे निकाल दिया और आप भी जहां से कूच करने की तैयारी कर रहा है ।

बीरसेन : अब भी यदि यहां से न भागे तो उसकी शामत ही कहना चाहिए क्योंकि वह अपनी सजा को पहुंच चुका और अब बहादुरी दिखाने योग्य नहीं रहा ।

दीवान : हां जसवन्तसिंह के मरने से वह और भी निराश हो गया ।

बीरसेन : (रनबीरसिंह की तरफ इशारा करके) अहा, लड़ाई के समय इनकी बहादुरी देखने योग्य थी ! मुझे तो जन्मभर ऐसा याद रहेगा जैसे आज ही की बात हो ।

रनबीरसिंह : (बीरसेन से) हां, वह तो तुमने ठीक तरह से कहा ही नहीं कि जब कुसुम की खोज में यहां से निकले तो क्या-क्या हुआ और कुसुम का पता लगाने में क्या-क्या कठिनाइयां हुई ।

इसके जवाब में बीरसेन ने अपना कुल हाल अर्थात् चल निकलना, चोर दरवाजे के फाटक पर जाना, पहरे वालों की बेईमानी का हाल, कालिन्दी के जेवरों का मिलना, (जो उसने रिश्वत में दिये थे) और चोर दरवाजे की राह से बाहर जाना इत्यादि बयान किया। इसके बाद दीवान साहब का इशारा पाकर सब कोई वहां से चले गये और केवल बीरसेन और रनबीरसिंह उस कमरे में रह गये क्योंकि रात बहुत जा चुकी थी और उन दोनों के लिये आराम करना बहुत मुनासिब था। इस समय उस कमरे में केवल एक शमादान जलता रह गये और बाकी दीवारगीर इत्यादि की बत्तियां बुझा दी गई।

केवल दो घड़ी रात बाकी थी जब बीरसेन की आंख खुली और उस समय उन्हें बहुत ही आश्चर्य हुआ जब रनबीरसिंह की चारपाई खाली देखी। ताज्जुब में आकर वे सोचने लगे कि हैं ! यह क्या हुआ ? रनबीरसिंह में तो उठने की भी ताकत नहीं थी, फिर चले कहां गये ! यदि उठने की ताकत हो भी तो उन्हें चारपाई पर से उठना उचित न था क्योंकि जख्म पर पट्टी भी थी और हिलने-डोलने की उन्हें मनाही कर दी गई थी ! आखिर बीरसेन से रहा न गया और वे पुकार उठे, "कोई है ?"

कमरे का दरवाजा उड़काया हुआ था मगर उसके बाहर लौंडियां बारी-बारी से पहरा दे रही थीं। बीरसेन की आवाज सुनते ही एक लौंडी दरवाजा खोल कर कमरे के अन्दर आई मगर वह भी रनबीरसिंह की चारपाई खाली देखकर घबड़ा गई और ताज्जुब में आकर बीरसेन की तरफ देखने लगी।

बीरसेन : (चारपाई पर बैठकर) क्या रनबीरसिंह जी बाहर गए हैं ?

लौंडी : जी नहीं, या शायद उस समय बाहर गए हों जब कोई दूसरी लौंडी पहरे पर हो।

बीरसेन : पूछो और पता लगाओ।

वे सब लौंडियां बीरसेन के सामने आई जो पहिले पहरा दे चुकी थीं मगर किसी की जुबानी रनबीरसिंह के बाहर जाने का हाल मालूम न हुआ। धीरे-धीरे यह खबर महारानी कुसुमकुमारी के कान तक पहुंची और वह घबड़ाई हुई उस कमरे में आई। बीरसेन की जुबानी सब हाल सुन कर उसका दिल धड़कने लगा मगर क्या कर सकती थी ! जो कुछ थोड़ी रात बाकी थी वह

बात की बात में बीत गई बल्कि दूसरा दिन भी बीत गया मगर रनबीरसिंह का कुछ भी पता न लगा ।

□

25

सुबह की सुहावनी समां सभी के लिये एक-सी नहीं होती । यद्यपि आज की सुबह उन लोगों के लिए जो हर तरह से खुश है सुखदाई हैं परन्तु उस होनहार जवांमर्द की सुबह दुःखदाई जान पड़ती है जिसका नाम रनबीरसिंह है और जिसका हाल अब इस बयान में हम लिखेंगे ।

पारिजात के घने जंगल में एक पेड़ के नीचे रनबीरसिंह अपने को कोमल पत्तों के बिछावन पर पड़े हुए पाते हैं । सुबह की ठंडी-ठंडी हवा ने उनको जगा दिया है और वे ताज्जुब-भरी निगाहों से चारों तरफ देख रहे हैं और जब अपने यकायक यहां आने का सबब नहीं मालूम होता तो वह सोच कर फिर आंखें बन्द कर लेते हैं कि अवश्य यह निद्रा की अवस्था है और मैं स्वप्न देख रहा हूं । जागने की बनिस्बत स्वप्न का भ्रम जो उन्हें विशेष हो रहा है इसका एक सबब यह भी है कि उनके जख्मों पर यद्यपि अभी तक पट्टी बंधी हुई है मगर दर्द की तकलीफ बिलकुल नहीं है । कल तक उनके जख्मी हाथ में ताकत बिलकुल न थी परन्तु इस समय उसे बखूबी हिला-डुला सकते हैं, कमजोर बदन में इस समय ताकत मालूम होती है, और वे अपने को बखूबी चलने-फिरने के लायक समझते हैं ।

जख्मी आदमी की अवस्था थोड़ी ही देर में यकायक इस तरह नहीं बदल सकती, इस बात को सोच कर उन्होंने दिल में निश्चय कर लिया कि यह स्वप्न ही है और फिर आंखें बन्द कर लीं । मगर थोड़ी देर तक चुपचाप पड़े रहने के बाद फिर आंखें खोलकर उठ बैठे और अचम्भे में आकर चारों तरफ देखते हुए धीरे-धीरे बोलने लगे, "औफ, इस स्वप्न से किसी तरह छुट्टी नहीं मिलती ! क्या जाने वास्तव में यह स्वप्न है भी या नहीं ! (अपने हाथ में चिकोटी काट कर) नहीं नहीं, यह स्वप्न नहीं है, और देखो पहिले जब आंख खुली थी तो पूरब तरफ सूर्य की केवल लालिमा दिखाई देती थी परन्तु इस समय धूप अच्छी तरह निकल आई है । यद्यपि गुंजान पेड़ों के सबब

से पूरी धूप यहां तक नहीं पहुंचती केवल बुन्दकियों का मजा दिखा रही है तथापि कुछ गर्मी मालूम होती है । (खड़े होकर और दो-चार कदम टहल कर) नहीं नहीं-नहीं, यह स्वप्न कदापि नहीं है, मगर आश्चर्य की बात है कि यकायक मैं यहां क्योंकर आ पहुंचा और मेरे कमजोर तथा जख्मी बदन में चलने-फिरने की सामर्थ्य कहां से आ गई ! (जख्म पर बंधी हुई पट्टियों की तरफ देख कर) ये पट्टियां वह नहीं हैं जो कुसुम के जर्राह ने लगाई थीं, बेशक किसी ने बदली हैं ! (एक पट्टी खोल कर) वह मरहम भी नहीं है, यह तो किसी किस्म की घास पीस कर लगाई हुई है ! आश्चर्य ! आश्चर्य ! ईश्वर ने जड़ी- बूटियों में भी क्या सामर्थ्य दी है !! जख्म बिल्कुल ही मुंद गए हैं मगर मालूम नहीं एक ही दिन में यह बात हुई है या कई दिनों में ? आज ही यहां आया हूं या कई दिन से इस जमीन पर पड़ा हूं ? मुझे यहां कौन लाया ? यद्यपि मेरी बीमारी तो दूर हो गई परन्तु यह नेकी करने वाले ने मुझे एक उससे भी बड़ी बीमारी में डाल दिया । वह बीमारी कुसुम की जुदाई की है । जख्मों में दवा लगने के बदले यदि नमक पीसकर डाल दिया जाता तो इतनी तकलीफ न होती जितनी कुसुम की जुदाई से हो रही है, इसलिये कुछ समझ में नहीं आता कि मैं इसे नेकी कहूं या बदी ? यह लो, दाहिनी आंख भी फड़क रही है । लोग इसे अच्छा कहते हैं मगर मैं क्योंकर अच्छा कहूं और कैसे समझूं कि किसी तरह की खुशी मुझे होगी ? मैं अपनी तमाम खुशी कुसुम के साथ समझता हूं । इस समय उसकी जुदाई में मैं तो अधमुआ हो ही रहा हूं मगर मुझे खोकर वह भी बहुत ही पछताती होगी । हाय, उस आदमी की सूरत भी नहीं दिखाई देती जो उस किले के अन्दर से मुझे इस तरह उठा लाया कि किसी को कानों-कान खबर तक न हुई । वह कौन है ? (जोर से) यहां अगर कोई है तो मेरे सामने आवे ।"

मगर रनबीरसिंह की बात का किसी ने कोई जवाब न दिया, वे और भी घबड़ाये और सोचने लगे कि अब बिना इधर-उधर घूमे कुछ काम न चलेगा, कोई मिले तो उससे पूछूं कि तेजगढ़ किधर और यहां से कितनी दूर है ? अफसोस, इस समय मेरे पास कोई हर्बा भी नहीं है । यदि किसी दुश्मन से मुलाकात हो जाय तो मैं क्या कर सकूंगा ?

यकायक रनबीरसिंह की निगाह एक लिखे हुए कागज पर जा पड़ी जो उस पेड़ के साथ चिपका हुआ था जिसके नीचे कोमल पत्तों के बिछावन

पर उन्होंने अपने को पाया था। पास जाकर देखा तो यह लिखा हुआ था–

"उसको मत भूलो जिसने तुमको सब योग्य बनाया। पश्चिम की तरफ जाओ, जहां तक जा सको। दोस्त और दुश्मनों से होशियार रहो।"

इसके पढ़ने से एक नई फिक्र पैदा हुई क्योंकि उस कागज में पश्चिम तरफ जाने की आज्ञा के साथ ही दोस्त और दुश्मनों से अपने को बचाने के लिए ध्यान दिलाया गया था। थोड़ी देर तक तो खड़े–खड़े कुछ सोचते रहे, अन्त में यह कहते हुए पश्चिम तरफ को चल निकले कि–'जो होगा देखा जायगा!'

लगभग आध कोस के जाने बाद उन्हें पत्तों की एक झोपड़ी दिखाई पड़ी जिसके आगे की जमीन बहुत साफ और सुथरी थी। छोटे–छोटे जंगली मगर खुशनुमा पेड़ों को लगा कर छोटा–सा बाग भी बनाया हुआ था जिसके बीच में एक साधू धूनी लगाये बैठा था, जिसने रनबीरसिंह को देखते ही पुकारा और कहा, "आओ रनबीर, मैं मुबारकवाद देता हूं कि तुम दुश्मन के हाथ से बच गए!"

रनबीरसिंह : (पास जाकर और दंडवत करके) मेरी समझ में न आया कि आपने किस दुश्मन की तरफ इशारा करके मुझे मुबारकबाद दी?

साधू : (आशीर्वाद देकर) आओ मेरे पास बैठ जाओ, सब कुछ मालूम हो जायगा।

रनबीरसिंह : (बैठ कर और हाथ जोड़ कर) क्या आप अपना परिचय मुझे दे सकते हैं?

साधू : हां, परन्तु आज नहीं, इसके बाद मैं एक दफे तुमसे और मिलूंगा तब अपना हाल कहूंगा। इस समय जो जरूरी बातें मैं कहता हूं उसे ध्यान देकर सुनो।

रनबीरसिंह : आज्ञा कीजिये, मैं ध्यान देकर सुनूंगा।

रनबीरसिंह के ऊपर उस साधू का रौब छा गया। दमकता हुआ चेहरा कहे देता था कि साधू महाशय साधारण नहीं हैं बल्कि तपोबल की बदौलत अच्छे दर्जे को पहुंच चुके हैं। उनकी अवस्था चाहे जो हो परन्तु सिर और दाढ़ी के बाल चौथाई से ज्यादे सफेद नहीं हुए थे, और रनबीरसिंह गौर करने पर भी नहीं समझ सकते थे कि इन साधू महाशय की इज्जत और मुहब्बत उनके दिल में ज्यादे क्यों होती जा रही है?

साधू : मैं समझता हूं कि तुम्हें इस समय जख्मों की तकलीफ न होगी और उस अनमोल बूटी ने तुम्हें बहुत-कुछ फायदा पहुंचाया होगा जो तुम्हारे जख्मों पर बांधी गई थी ।

रनबीरसिंह : बेशक, अब मुझे किसी तरह की तकलीफ नहीं है । मालूम होता है कि यह कृपा आप ही की तरफ से हुई है ।

साधू : इसका जवाब अभी नहीं दे सकता । हां, अब सुनो कि मैं क्या कहता हूं । कुसुम बेशक तुम्हारी है क्योंकि उसके साथ तुम्हारी शादी हो चुकी है, परन्तु तेजगढ़ उसकी अमलदारी है इसलिये तुम स्त्री की अमलदारी में रह के और वहां हुकूमत करके जमाने के आगे इज्जत नहीं पा सकते । बेशक उस से जुदा होने का रंज तुम्हें होगा, परन्तु इस समय उसका ध्यान भुला देना चाहिये । तुम्हें वह दिन याद होगा जिस दिन तुम्हारा बाप राजा इन्द्रनाथ अपना राज अपने मित्र नारायणदत्त को देकर आजाद हुआ था और तुम्हें उसके सुपुर्द करके साधू हुआ था ।

रनबीरसिंह : जी हां, वह बात मुझे बखूबी याद है, परन्तु ऐसा करने का सबब मैं कुछ नहीं जानता ।

साधू : इसके कई सबब हैं जो पीछे मालूम होंगे, उनमें से एक सबब यह भी है कि बेईमान कर्मचारियों ने उन्हें कई दफे जहर दे दिया था जिससे उन्हें राज्य से घृणा हो गई थी, तथापि उन्होंने जो कुछ किया, अच्छा किया, आज इसका समय नहीं है कि मैं उनका खुलासा हाल तुमसे कहूं बल्कि मैं समझता हूं कि बहुत कुछ हाल दीवान सुमेरसिंह ने तुमसे उन चित्रों को दिखा कर कहा होगा जो कुसुम के खासमहल में एक कमरे के अन्दर दीवारों पर बने हुए हैं ।

रनबीरसिंह : बेशक उन चित्रों ने मेरी आंखें खोल दी थीं परन्तु दीवान साहब की जुबानी उनका हाल सुनने का मौका न मिला क्योंकि पहिले दिन जब दीवान साहब उन तस्वीरों की तरफ इशारा कर के खुलासा हाल कहने लगे तभी कुसुम पर आफत आ गई जिसके... !

साधू : हां हां, उसका हाल मुझे मालूम है, अपना बयान जल्द खत्म करो ।

रनबीरसिंह : दूसरे दिन जब दीवान साहब से उन तस्वीरों का हाल मैंने पूछा तो उन्होंने यह कह कर टाल दिया कि बीमारी अथवा रंज की अवस्था

में इन तस्वीरों का हाल कहने की आज्ञा नहीं है ।

साधू : दीवान ने बहुत अच्छा किया, खैर, सुनो इस समय मेरी आज्ञानुसार तुम्हें एक जरूरी काम करना होगा जिससे तुम इन्कार नहीं कर सकते और न उस काम को किये बिना तुम दुनिया में खुशी और नेकनामी के साथ रह सकते हो ।

रनबीरसिंह : मैं समझता हूं कि कुसुम के महल से यकायक मेरा यहां पहुंचना आप ही के सबब से हुआ ?

साधू : (कुछ चिढ़कर) इन सब बातों को तुम अभी मत पूछो क्योंकि मैं तुम्हारी इन बातों का जवाब न दूंगा । अच्छा, पहिले इस कागज को देखो और पढ़ो फिर जो कुछ मैं कहूं उसे करो ।

इतना कह कर साधू ने धूनी के बगल की जमीन खोदी और वहां से कागज का एक छोटा-सा मुट्ठा निकालकर रनबीरसिंह के हाथ में दिया । रनबीरसिंह ने उसे खोला और पढ़ना शुरू किया । सबसे ऊपर एक तस्वीर थी और उसके नीचे कुछ लिखा हुआ था । रनबीरसिंह उस कागज को पढ़ते जाते थे और आंखों से आंसू की बूंदें गिरा रहे थे, यहां तक कि कागज खत्म करते-करते तक हिचकी बंध गई और अन्त में कागज जमीन पर रख कर साधू महाराज के पैरों पर गिर पर बोले, "बस अब सिवाय आपके बदनामी का टीका मेरे सर से छुड़ाने वाला और कोई भी नहीं है ।"

साधू ने रनबीर को जमीन से उठाकर गले लगाया और कहा, "घबड़ाओ मत, आज दोपहर बाद तुम्हें अपने साथ लेकर मैं रवाना हो जाऊंगा ।"

साधू महाशय इतना कहकर उठ खड़े हुए और रनबीरसिंह को बैठे रहने के लिये ताकीद करके जंगल में चले गए । थोड़ी देर बाद वे एक बूटी हाथ में लिये हुए आ पहुंचे जिसके जड़ का हिस्सा तोड़कर रनबीरसिंह को खाने के लिये दिया और पत्तियां मलकर उसका रस रनबीरसिंह के जख्मों पर लगाने के बाद बोले, "अब तुम्हें जख्म की तकलीफ बिलकुल न रहेगी और चलने तथा लड़ने की ताकत भी आ जायेगी !" घंटे-भर बाद कुटी के अन्दर से दो-चार फल लाकर रनबीरसिंह को खिलाया और पानी पिलाया । दोपहर होते-होते उन्हें अपने साथ चलने के लिये कहा और वह कागज का मुट्ठा जो रनबीरसिंह को पढ़ने के लिये दिया था जंगल में रनबीरसिंह के सामने ही एक पेड़ के नीचे गाड़ दिया । ❑

26

रनबीरसिंह को साथ लिए हुए साधू महाशय धीरे-धीरे पश्चिम की तरफ रवाना हुए और सूर्य अस्त होते-होते तक जंगल ही जंगल बराबर चले गये। यद्यपि धूप की तेजी दु:खदाई थी परन्तु घने पेड़ों की बदौलत दोनों मुसाफिरों को कोई कष्ट न हुआ। इस बीच में उन दोनों में विशेष बातचीत न हुई, हां, दो-चार बातें मतलब की हुई जिन्हें हम नीचे लिखते हैं।

साधू : तुमने समझा होगा कि जसवन्तसिंह को मार कर और बालेसिंह को बेकाम करके हम निश्चिंत हो गए मगर नहीं, तुम्हें उस भारी दुश्मन की कुछ भी खबर नहीं है जिसकी बदौलत तुम्हारे पिता ने दु:ख भोगा और जो तुमको भी सुख की नींद सोने न देगा।

रनबीरसिंह : उस कागज के पढ़ने से मुझे बहुत कुछ हाल मालूम हुआ है। आशा है कि उस दुश्मन का पता आप मुझे देंगे और मैं जिस तरह हो सकेगा उससे बदला ले सकूंगा।

साधू : बेशक ऐसा ही होना चाहिये। तुम वीर-पुत्र हो और इसमें कोई सन्देह नहीं कि तुम स्वयं बहादुर हो, इस लिये दुश्मन से अपना बदला अवश्य लोगे। मैं एक आदमी से तुम्हारी मुलाकात कराता हूं जो समय पर तुम्हारी सहायता करेगा। ताज्जुब नहीं कि इस काम को करते-करते बहुत-से दीन-दु:खियों का भला भी तुम्हारे हाथ से हो जाय। तुम्हें इस समय कुसुम का ध्यान भुला देना चाहिये क्योंकि उस कागज के पढ़ने से तुम समझ ही गए होगे कि कुसुम की भलाई भी इस काम के साथ ही साथ होगी।

रनबीरसिंह : बेशक ऐसा ही है।

इसके अतिरिक्त और जो कुछ बातें हुई उनके लिखने की हम कोई आवश्यकता नहीं समझते।

सूर्य अस्त होने पर ये दोनों यात्री उस घने जंगल से बाहर हुए और एक पहाड़ी के नीचे पहुंचे, अब साधू महाशय उस पहाड़ी के नीचे-नीचे दखिन की तरफ जाने लगे। लगभग आधा कोस के जाने के बाद एक छोटी-सी बावली और उसके किनारे एक बारहदरी दिखाई पड़ी जिसके पास पहुंचने पर साधू महाशय ने रनबीरसिंह की तरफ देखा और कहा, "दो-तीन घंटे यहां आराम करना उचित है, इसके बाद पहाड़ी पर चढ़ेंगे।" इसके जवाब में

रनबीरसिंह ने कहा, "बहुत अच्छा ।"

पहर भर से ज्यादे रात जा चुकी है, चन्द्रमा के दर्शन की कोई आशा नहीं है परन्तु साधू महाशय को इसकी कोई परवाह नहीं, वह रनबीरसिंह को साथ ले पहाड़ी के ऊपर चढ़ने लगे । इस समय रनबीरसिंह के मन में तरह-तरह की बातें पैदा होती थीं परन्तु न-जाने क्यों उन्हें साधू पर इतना विश्वास हो गया था कि उसकी आज्ञा के विरुद्ध कुछ भी करने का जरा साहस नहीं कर सकते थे । आधी रात जाने के पहिले ही दोनों मुसाफिर उस पहाड़ी के ऊपर जा पहुंचे ।

इस पहाड़ी के ऊपर से चारों तरफ निगाह दौड़ाकर देखना और विचित्र छटा का आनन्द लेना इस समय कठिन है क्योंकि रात का समय है तिस पर चन्द्रदेव के भी दर्शन अभी तक नहीं हुए, हां, इतना मालूम हुआ कि पश्चिम तरफ मैदान है । रनबीरसिंह को साथ लिये हुए साधू महाशय उसी मैदान की तरफ रवाना हुए और लगभग आध कोस के जाकर रुके क्योंकि आगे की जमीन ढलवीं थी और उन दोनों को नीचे की तरफ उतरना था । रनबीरसिंह को चलने में परिश्रम हुआ होगा और थक गये होंगे, यह सोच कर साधू महाशय रनबीरसिंह को एक चट्टान पर बैठने का इशारा करके आप भी उसी पर बैठ गए मगर थोड़ी देर दम लेकर फिर उठ खड़े हुए और बाई तरफ झुकते हुए ढलवीं पहाड़ी उतरने लगे । लगभग सौ कदम के जाकर एक गुफा के मुंह पर साधू खड़े हुए और कुछ ऊंची आवाज में बोले, 'महादेव !' इसके जवाब में गुफा के अन्दर से भी वैसी ही आवाज आई और साथ ही इसके एक सन्यासी बाहर निकल आया जिसने रनबीरसिंह की तरफ इशारा करके साधू महाशय से कुछ पूछा । सन्यासी की विचित्र बोली रनबीरसिंह की समझ में न आई और उसके जवाब में साधू ने भी जो कुछ कहा वह भी वे समझ न सके । इसके बाद दोनों को लिए हुए सन्यासी गुफा के अन्दर चला गया और जब तक रात बाकी रही उस गुफा के अन्दर से कोई भी न निकला, सवेरा होने पर बल्कि कुछ दिन निकलने पर तीनों आदमी गुफा के बाहर आये । मगर इस समय रनबीरसिंह की सूरत कुछ विचित्र ही हो रही थी, उनका तमाम बदन इतना काला हो गया था कि उनका कोई संगी-साथी भी उन्हें नहीं पहिचान सकता था । रनबीरसिंह अपने बदन की तरफ देख कर हंसे और बोले, "बूटी तो लाल थी परन्तु उसके रस ने मुझे बिलकुल काला कर

दिया !"

सन्यासी : धूप लगने पर यह रंग और भी काला और चमकीला होगा और महीने-भर तक इसमें किसी तरह की कमी न होगी, इसके अन्दर तुम्हारा काम न हुआ तो एक दफे फिर उसी बूटी का रस लगाना।

रनबीरसिंह : बहुत अच्छा।

सन्यासी : उस बूटी को तुमने बखूबी पहिचान लिया है न ?

रनबीरसिंह : जी हां, मैं बखूबी पहिचान गया।

सन्यासी : इस पहाड़ी में वह बूटी बहुतायत से मिलेगी। अच्छा अब वहां जाने का रास्ता तुम्हें समझा देना उचित है, (हाथ का इशारा करके) तुम इस तरफ जाओ, थोड़ी-थोड़ी दूर पर स्याह पत्थर की छोटी-छोटी ढेरियां तुम्हें मिलेंगी, उन्हें बाई तरफ रखते चले जाना, अर्थात् उन ढेरियों के दाहिनी पगडंडी पर बराबर चले जाना,और वहां का हाल तो तुम्हें अच्छी तरह समझा ही चुके हैं और कुछ पूछना है या सब बातें ध्यान में अच्छी तरह आ गई ?

रनबीरसिंह : अब कुछ नहीं पूछना है, सब बातें मैं अच्छी तरह समझ गया।

इसके बाद साधू और सन्यासी से रनबीरसिंह बिदा हुए और पश्चिम तरफ चल निकले। इस समय सूरत-शक्ल के साथ ही साथ रनबीरसिंह की पोशाक भी बदलीं हुई थी। वह फकीर के भेष में थे और हाथ में एक लकड़ी के सिवाय एक छोटी-सी कटार भी कमर में छिपाये हुए थे। दो सौ कदम जाकर एक स्याह पत्थर की ढेर नजर आई जिसके दाहिनी तरफ पगडंडी थी। रनबीरसिंह उसी पगडंडी पर चलने लगे और इसी तरह स्याह पत्थर की ढेरियों को अपना निशान मान कर दो पहर दिन चढ़े तक एक चश्मे के किनारे पहुंचे जिसके दोनों तरफ सायेदार और घने पेड़ लगे हुए थे। रनबीरसिंह ने पीछे फिर कर देखा तो बहुत ऊंचा पहाड़ दिखाई दिया क्योंकि अभी तक वे बराबर नीचे अर्थात् ढाल की तरफ ही उतरते चले गये थे। सामने और दाहिनी तरफ भी ऊंचा पहाड़ था मगर बाई तरफ जहां तक निगाह काम करती थी बराबर जमीन और घना जंगल दिखाई देता था और यह चश्मा भी उसी तरफ बह कर गया था।

रनबीरसिंह को सफर की थकावट और भूख ने आगे चलने न दिया इसलिये थोड़ी देर तक आराम करना उन्हें उचित जान पड़ा। पास ही के पेड़ों

में से जंगली फल जो वहां बहुतायत से लगे हुए थे तोड़ कर खाये और चश्मे के पानी से प्यास बुझा कर पत्थर की एक चट्टान पर लेट रहे जो चश्मे के किनारे ही सायेदार पेड़ों के नीचे थी। जंगली पेड़ों से छनी हुई नीरोग और ठंडी-ठंडी हवा लगने से उन्हें नींद आ गई और वे ऐसा बेखबर सोये कि सूर्यास्त तक उठने की नौबत न आई। सन्ध्या होते-होते दस-पन्द्रह सिपाही एक पालकी को घेरे हुए वहां आ पहुंचे और दम लेने के लिए उसी चश्मे के किनारे थोड़ी देर तक ठहर गए। उन लोगों की आवाज से रनबीरसिंह की नींद उचट गई। वे घबरा कर उठ बैठे और आसमान की तरफ देख कर अफसोस करने लगे क्योंकि शाम होने के पहिले ही उन्हें उस जगह पहुंच जाना चाहिये था जहां ये जा रहे थे। यद्यपि वह जगह अब बहुत दूर न थी परन्तु रात के समय उन निशानों का पाना बहुत ही मुश्किल था जिनके सहारे वे चश्मे के आगे बढ़कर अपने नियत स्थान पर पहुंचते।

थोड़ी देर तक चिन्ता करने के बाद रनबीरसिंह उठ खड़े हुए और यह जानने के लिये पालकी की तरफ बढ़े कि उसके अन्दर कौन है और इतने सिपाही उस पालकी को घेर कर क्यों और कहां चले जाते हैं ? इस विचार के साथ ही रनबीरसिंह को यह भी शक हुआ कि इन सिपाहियों को हमने कहीं देखा है, या इनकी चाल-ढाल से जानकार अवश्य हैं, आखिर दिल ने गवाही दी और बता दिया कि बेशक ये सब बालेसिंह के सिपाही हैं।

हम ऊपर लिख आये हैं कि इस सफर में रनबीरसिंह फकीराना भेष में थे, साथ ही उनका शरीर भी इतना काला हो गया था कि उनकी मां भी यदि देखती तो शायद पहिचान न सकती, इसलिये हमारे बहादुर ने निश्चय कर लिया कि ये लोग मुझे कदापि न पहिचान सकेंगे, अस्तु पास चल कर टोह लेना चाहिए कि ये लोग कहां जा रहे हैं और इस पालकी के अन्दर कौन है।

रनबीरसिंह मस्त साधू की नकल करते हुए उस पालकी की तरफ चले अर्थात् कभी जमीन और कभी आसमान की तरफ देखते और यह बकते हुए आगे बढ़े कि-"अहा ! तू ही तो है !" जब पालकी के पास पहुंचे तो सिपाहियों ने हाथ जोड़ा और अनोखें बाबाजी ने पालकी की तरफ देख के कहा-"अहा ! तू ही तो है !" फिर आसमान की तरफ देख के कहा-"अहा ! तू ही तो है !" उस पालकी का पट खुला हुआ था इसलिये रनबीरसिंह ने देख लिया कि उसके अन्दर बालेसिंह लेटा हुआ है।

ऐसे उजाड़ और बीहड़ स्थान में बालेसिंह को देखकर रनबीरसिंह को ताज्जुब नहीं हुआ क्योंकि स्वामीजी की बदौलत वे बालेसिंह के गुप्त भेदों को अच्छी तरह जान चुके थे और उन्हें यह भी निश्चय हो गया था कि जहां मैं जा रहा हूं बालेसिंह भी उसी जगह जायगा। बालेसिंह के सिपाहियों ने भी रनबीरसिंह को अच्छी तरह गौर से देखा मगर महात्मा जान कर चुप ही रहे, कुछ पूछने की हिम्मत न पड़ी। रनबीरसिंह भी ज्यादा देर तक पालकी के पास न रहे, वहां से लौटकर चश्मे के पार उतर गये और एक पेड़ के नीचे बैठ कर देखने लगे कि अब वे लोग क्या करते हैं या किधर जाते हैं ?

घंटे ही भर के बाद अंधकार ने धीरे-धीरे अपना दखल जमा लिया। बालेसिंह के सिपाहियों ने मशालें जलाई, कहारों ने पालकी उठाई और सभी ने उस तरफ का रास्ता लिया जिधर चश्मे का पानी बह कर जा रहा था। रनबीरसिंह को भी उसी तरफ जाना था मगर एक तो सन्ध्या हो गई थी दूसरे बालेसिंह के साथ जाना मुनासिब न समझा, लाचार होकर यह निश्चय किया कि रात इसी जंगल में बितावेंगे और सवेरा होने पर रवाना होंगे। रनबीरसिंह एक पत्थर की चट्टान पर लेट रहे मगर दिन को सो जाने और इस समय तरह-तरह के विचारों में डूबे रहने के कारण उन्हें नींद न आई। पहर रात जाते-जाते तक जंगली जानवरों के बोलने की आवाज आने लगी। ऐसी अवस्था में वहां ठहरना उचित न जान रनबीरसिंह एक ऊंचे और घने पेड़ पर चढ़ गये।

उन्हें पेड़ पर चढ़े हुए आधी घड़ी से ज्यादे न बीती थी कि दूर से मशाल की रोशनी नजर आई जो इन्हीं की तरफ चली आ रही थी, कुछ पास आने पर मालूम हुआ कि एक आदमी हाथ में मशाल लिये हुए आगे है और उसके पीछे पांच औरतें और हाथ में नंगी तलवार लिये हुए एक सिपाही है। कुछ ही देर में वे औरतें उसी पेड़ के नीचे आ पहुंची जिस पर रनबीरसिंह चढ़े हुए थे। वे पांचों औरतें कमसिन और खूबसूरत थीं लेकिन पोशाक उनकी बिलकुल ही सादी यद्यपि साफ थी, बदन पर जेवर का नामो-निशान न था। ये औरतें बहुत ही खूबसूरत और भोली-भाली थीं मगर इनके चेहरे पर रंज-गम और तरद्दुद की निशानी साफ-साफ नजर आती थी। ये सब औरतें एक पत्थर की चट्टान पर बैठ गई जो उसी पेड़ के नीचे था, एक तरफ मशालची खड़ा हो गया और दूसरी तरफ वह सिपाही भी हुकूमत की निगाह

से उन औरतों की तरफ देखता हुआ खड़ा हो गया। अन्दाज से मालूम होता था कि इन सभी को शीघ्र ही किसी के आने की आशा है, क्योंकि वे पांचों औरतें सिर झुकाये बैठी हुई थीं। मशालची अपना काम कर रहा था, सिपाही को केवल हिफाजत का ख्याल था, पूरी तौर से सन्नाटा था, कोई किसी से बात करने की इच्छा भी नहीं करता था। आधे घंटे तक यही हालत रही, इसके बाद घोड़े की टापों की नर्म आवाज आने लगी जिससे साफ जाना जाता था कि कोई आदमी घोड़े पर सवार धीरे-धीरे इसी तरफ आ रहा है। टापों की आवाज ने सभी को चौंका दिया, मशालची ने कुप्पी में से तेल उल्ट कर मशाल की रोशनी तेज कर दी, सिपाही अपने कुर्ते को जो कई जगह से सिकुड़ गया था खींच-तानकर और चपरास को ठीक कर मुस्तैदी के साथ खड़ा हो गया, मगर उन पांचों औरतों के चेहरे पर बदहवासी का हिस्सा बहुत ज्यादा हो गया और वे तरद्दुद-भरी निगाहों से एक-दूसरी को देखने और आंसू की बूंदें गिराने लगीं। बात-की-बात में वह सवार वहां आ पहुंचा जिसके आने की आहट ने सभी की हालत बदल दी थी। उसे देखते ही वे औरतें उठीं और हाथ जोड़ कर मगर सिर झुकाये हुए सामने खड़ी हो गई। पेड़ पर बैठे हुए रनबीरसिंह सोच रहे थे कि वह बेशक कोई जालिम और भयानक रूपधारी मनुष्य होगा जिसके आने की आहट से वे औरतें ज्यादे दुःखी और परेशान हो गई थीं, मगर नहीं, यह आदमी बहुत ही हसीन और नौजवान था। इसकी पोशाक भी बेशकीमती थी, इसका मुश्की घोड़ा भी बहुत ही खूबसूरत और चंचल था, और सूरत देखने से यह जवान नेक और रहमदिल भी मालूम पड़ता था, फिर भी न-मालूम वे औरतें उसके आने से इतना क्यों डरी थीं! हां, एक बात और कहने के लायक है जो यह कि उस अभी आये हुए नौजवान की सूरत से भी रंज और गम की निशानी पाई जाती थी। वह अपने घोड़े से नहीं उतरा मगर हसरत-भरी निगाहों से उन औरतों की तरफ देखने लगा। उन औरतों में से जो अभी तक हाथ जोड़े खड़ी थीं एक ने सिर उठाया और नौजवान की तरफ देख कर पूछा, "क्या हम लोगों के लिए जो कुछ हुक्म हुआ था वह बहाल ही रहा ?" इसके जवाब में नौजवान ने एक लम्बी सांस लेकर कहा, "अफसोस ! क्या करूं, लाचार हूं !!" उस औरत ने फिर पूछा, "क्या कुसुमकुमारी के लिए भी वही हुक्म दिया गया है ?" अबकी दफे जवान केवल "हां !" करके रह गया।

अभी तक तो रनबीरसिंह बड़ी सावधानी से इन सभी की बातें सुन रहे थे मगर आखिरी दो बातों ने उन्हें भी उदास करके तरद्दुद में डाल दिया। वह सोचने लगे कि ये औरतें कौन हैं ! यह नौजवान कहां से आया ! इन औरतों से और कुसुमकुमारी से क्या निस्बत या इस नौजवान से और कुसुमकुमारी से क्या सम्बंध है ! और इस भयानक जंगल में कुसुमकुमारी पर हुकूमत करने वाला कौन है और कहां रहता है ? आह, इस जगह उन्हें एक दूसरे ही तरद्दुद ने घेर लिया और वे मन-ही-मन सोचने लगे-"अब मुझमें इतनी ताकत न रही कि इन बातों का पता लगाये बिना आगे बढ़ूं। खैर देखना चाहिये अब ये औरतें कहां जाती हैं और यह नौजवान इन सभी के साथ कैसा बर्ताव करता है !!"

उन सभी में फिर कुछ बातें न हुई, हां, उस नौजवान ने उन पांचों की तरफ देखकर केवल इतना कहा, "अच्छा, मेरे पीछे-पीछे चले आओ।" नौजवान ने धीरे-धीरे जंगल की तरफ घोड़ा बढ़ाया। सिपाही, मशालची और औरतें पीछे-पीछे जाने लगीं। रनबीरसिंह से भी रहा न गया, उन सभी के कुछ आगे बढ़ जाने पर वे भी पेड़ से उतरे और छिपते हुए उन सभी के पीछे-पीछे रवाना हुए।

❐

27

थोड़ी ही दूर जाने पर रनबीरसिंह को मालूम हो गया कि ये सब लोग भी उसी तरफ जा रहे हैं जिधर बालेसिंह गया है या जिधर वे जाने वाले थे। यद्यपि रात का समय था मगर आगे-आगे मशाल की रोशनी रहने के कारण रनबीरसिंह ने उन निशानों में से कई निशान देखे जो रास्ते में मिलने वाले थे और जिनके बारे में सन्यासी ने पता दिया था। यह रास्ता थोड़ी दूर तक चश्मे के किनारे-किनारे गया था और उसके बाद चक्कर खाकर ढलवीं पहाड़ी उतरनी पड़ती थी। रनबीरसिंह उन लोगों के पीछे-पीछे घूमघुमौवे और पेचीदे रास्ते पर नीचे की तरफ झुकते हुए पहर भर तक बराबर चले गए और इसके बाद एक मकान के पास पहुंचे। यह मकान बहुत लम्बा-चौड़ा पत्थरों से बना हुआ, चारों तरफ के ऊंचे-ऊंचे पहाड़ों से इस तरह घिरा हुआ था कि रास्ते

का हाल पूरा-पूरा जाने बिना यहां तक पहुंचना बहुत ही मुश्किल था, यद्यपि यह मकान बहुत बड़ा था मगर उसका दरवाजा इतना छोटा था कि एक साथ दो आदमियों से ज्यादा उसके अन्दर नहीं आ सकते थे । नौजवान सवार ने दरवाजे के पास पहुंचकर एक सीटी बजाई जिसे सुनते ही चार आदमी मकान के बाहर निकल आये । नौजवान घोड़े पर से उतर पड़ा और उन चारों को कुछ कह कर मकान के अन्दर चला गया । उन चारों में से एक आदमी उसका घोड़ा थाम कर चक्कर खाता हुआ मकान के पीछे की तरफ चला गया और तीन आदमी उस नौजवान के अन्दर जाते ही उन पांचों औरतों और मशालची तथा सिपाही को साथ लिए हुए मकान के अन्दर चले गए ।

रनबीरसिंह दूर खड़े हुए यह सब तमाशा देख रहे थे । जब मकान के बाहर सन्नाटा हो गया तो वे एक पत्थर की चट्टान पर यह सोचकर लेट रहे कि सवेरा होने पर जो कुछ होगा देखा जायगा, मगर उनकी आंखों में नींद न थी क्योंकि वे इस बात को भी सोच रहे थे कि कहीं ऐसा न हो कि इस मकान के अन्दर से वे औरतें जिनके पीछे-पीछे हम आये हैं या और कोई निकलकर बाहर चला जाय और उन्हें खबर तक न हो ।

साफ सवेरा हो जाने पर वही नौजवान जो उन पांचों औरतों, सिपाही तथा मशालची को साथ लिए हुए यहां आया था मकान के बाहर निकला और निगाह दौड़ाकर चारों तरफ देखने लगा । यकायक उसकी निगाह रनबीरसिंह पर पड़ी जो उससे थोड़ी ही दूर पर एक चट्टान पर लेटे हुए थे । एक नये आदमी को वहां देख उसे ताज्जुब मालूम हुआ और हाल-चाल मालूम करने के लिये वह रनबीरसिंह की तरफ बढ़ा । रनबीरसिंह ने उसे अपने पास आते देख आंखें बन्द कर लीं और घुर्राटा लेने लगा ।

नौजवान रनबीरसिंह के पास पहुंचा और उन्हें गौर से देखने लगा । उसी समय रनबीरसिंह ने भी मानों उसके पैर की आहट पाकर आंखें खोल दीं और चारों तरफ देख के बोले, "अहा ! तू ही तो है !!"

नौजवान : कहिये बाबाजी, आपका गुरुद्वारा कहां है और यहां किसके साथ आये ?

रनबीरसिंह : अहा ! तू ही तो है !! गुरुद्वारा गिरनार है । अहा, तू ही तो है ! सतगुरु देवदत्त की जय !!

नौजवान: अहा, आप महात्मा देवदत्त की गद्दी के चेले हैं ! तब तो

आप हम लोगों के गुरु हैं !![1]

रनबीरसिंह : (ताज्जुब से) क्या तुम हमारे चेले हो ?

नौजवान : केवल मैं ही नहीं बल्कि (मकान की तरफ इशारा करके) इस मकान में जितने आदमी रहते हैं सब सतगुरु देवदत्त जी की गद्दी को मानते हैं और आपके चेले हैं ।

रनबीरसिंह : (हंस कर) तब तो हम अपनी राजधानी में आ पहुंचे !!

नौजवान : बेशक ।

रनबीरसिंह : (आसमान की तरफ देख के) अहा ! तू ही तो है !!

नौजवान : (रनबीर का पैर छू कर) अब आप कृपा करके मकान के अन्दर चलिये तो हम लोग आपका चरणामृत लेकर कृतार्थ हों ।

रनबीरसिंह : (सिर हिला कर) नहीं नहीं, मैं मकान के अन्दर तब तक न जाऊंगा जब तक मुझको यह न मालूम हो जायगा कि मैं यहां क्योंकर आ पहुंचा ! कल संध्या के समय मैं एक चश्मे के किनारे पर था, रात को सतगुरु का ध्यान करने लगा । सतगुरु ने दर्शन दिया और कहा कि यहां क्यों घूम रहा है–कुछ काम कर, अपने शिष्यों के पास जा और उन लोगों को नित्य-क्रिया का उपदेश दे, क्योंकि वे लोग अपनी नित्य-क्रिया को बहुत दिनों तक छोड़ देने के कारण भूल गए हैं, और इससे उनके ऊपर एक भारी आफत आने वाली है ! (कुछ सोचकर) न मालूम क्या बात थी कि मुझे यकायक नींद आ गई और आंख खुली तो अपने को यहां पाता हूं । अहा ! तू ही तो है !! अब तो सब के पहिले गुरु की आज्ञा पालन करूंगा और अपने शिष्यों से मिलकर उन्हें उपदेश करूंगा, मैं तुम्हारे साथ उस मकान में नहीं जा सकता, (खड़े होकर) पहिले मैं उन चेलों को खोजूंगा और उन्हें उपदेश करूंगा ।

नौजवान : (पैरों पर गिर कर) बस-बस, अब मुझे निश्चय हो गया कि सतगुरु ने आपको हमारे ही लिए यहां भेजा है, हमीं लोग उपदेश पाने योग्य हैं और नित्य-क्रिया भूले हुए हैं ।

रनबीरसिंह : (झुककर) अहा, तू ही तो है ! मगर मैं तुम्हारी बातें नहीं

---

1. उस मकान के रहने वाले जिनका असल हाल आगे चलकर मालूम होगा । सतगुरु देवदत्त की गद्दी को मानते थे और उस गद्दी के चेलों को गुरु के समान मानते और उनसे डरते थे ।

मान सकता, यहां से चले जाओ, आधी घड़ी के लिए मुझे छोड़ दो, हम सतगुरु से पूछ लें ।

इतना कहकर रनबीरसिंह चट्टान पर बैठ गए और सिद्धासन होकर ध्यान करने लगे । नौजवान थोड़ी देर तक पास खड़ा रहा, इसके बाद जल्दी-जल्दी कदम बढ़ाता हुआ मकान के अन्दर चला गया और थोड़ी ही देर में उन्नीस-बीस आदमियों को साथ लिए रनबीरसिंह के पास आ पहुंचा । रनबीरसिंह अभी तक ध्यान में बैठे हुए थे इसलिए वे लोग उन्हें चारों तरफ से घेरे चुपचाप अदब से बैठ गए । उन लोगों की पोशाक बेशकीमती और सिपाहियाना ठाठ की थी और वे लोग नौजवान और देखने में हाथ-पैर से मजबूत और लड़ाके मालूम होते थे ।

थोड़ी देर बाद रनबीरसिंह ने आंखें खोलीं और अपने चारों तरफ भीड़ देख कर बोले, "अहा ! तू ही तो है !" (नौजवान से) हां ठीक है, सतगुरु की आज्ञा हो गई, बेशक यहां के रहने वाले तीन आदमियों को छोड़कर बाकी सब हमारे चेले हैं, इसलिये मैं सभी को उपदेश करूंगा ।

नौजवान : (जिससे पहिले मुलाकात हुई थी) वे तीन आदमी कौन हैं जिन्हें आप अपना नहीं मानते ? बेशक सतगुरु उनसे रुष्ट हैं, यदि आप कृपा करके उन तीनों का पता सतगुरु से पूछ के हमें बतावें तो उन्हें अवश्य दण्ड दिया जाय ।

रनबीरसिंह : (झूमकर) अहा ! तू ही तो है ! अच्छा देखा जायगा, घबड़ाओ मत, मुझे सतगुरु ने पन्द्रह दिन तक यहां रहने की आज्ञा दी है ।

नौजवान : (खुश होकर) सतगुरु की हम लोगों पर बड़ी भारी कृपा है ! अब आप कृपा करके मकान के अन्दर चलें तो हम लोगों का चित्त प्रसन्न हो ।

थोड़ी देर तक मस्ताने ढंग की बातें करने के बाद रनबीरसिंह मकान के अन्दर जाने के लिए उठ खड़े हुए, नौजवान और उसके साथी बड़े ही आदर-सत्कार के साथ अपने अनूठे गुरु रनबीरसिंह को मकान के अन्दर ले गए और उनके रहने के लिए एक उत्तम स्थान का प्रबन्ध किया । इस मकान के अन्दर जाने और उसकी बनावट देखने से रनबीरसिंह को बहुत ताज्जुब हुआ क्योंकि यह मकान सैकड़ों आदमियों के रहने लायक और विचित्र ढंग का बना हुआ था और इसमें कई कैदखाने और तहखाने भी बने हुए थे जिनका कुछ-कुछ

हाल आगे चलकर मालूम होगा ।

रनबीरसिंह ने सत्कार पाने, स्नान-ध्यान-पूजा-पाठ करने और मकान को अच्छी तरह देखने में वह समूचा दिन बिता दिया और सन्ध्या होते ही हुक्म दे दिया कि जब तक मैं न बुलाऊं कोई मेरे पास न आवे ।

महात्मा रनबीरसिंह को जो स्थान रहने के लिये दिया गया था उसके सामने ही एक छोटा-सा मन्दिर था जिसमें मां अन्नपूर्णा की मूर्ति स्थापित थी और एक बुढ़िया औरत के सुपुर्द वहां का बिलकुल काम था । रात आधी बीत गई, चारों तरफ सन्नाटा छा गया, उस मकान के अन्दर रहने वाले स्त्री-पुरुष अपने-अपने स्थान पर सो रहे होंगे मगर रनबीरसिंह की आंखों में नींद नहीं । वह उस मृगछाला पर से उठे जो उन्हें बिछाने के लिए दिया गया था और चुपचाप अन्नपूर्णाजी के मन्दिर की तरफ चले । जब उस छोटे-से सभा-मंडप में पहुंचे तो एक चटाई पर उस बुढ़िया पुजारिन को सोते हुए पाया । रनबीरसिंह ने उसे उठाया । वह चौंककर उठ खड़ी हुई और अपने सामने रनबीरसिंह को देखकर ताज्जुब करने लगी क्योंकि बुढ़िया रनबीरसिंह की फकीरी इज्जत को अच्छी तरह जानती थी, दिन-भर में जो खातिरदारी उनकी की गई थी उसे भी अच्छी तरह देख चुकी थी, और उसे मालूम था कि ये उन विकट मनुष्यों के गुरु हैं जो इस मकान में रहते हैं । रनबीरसिंह ने अपने कमर में से एक चिट्ठी निकाली और बुढ़िया के हाथ में देकर कहा, "मैं खूब जानता हूं कि तू पढ़ी-लिखी है, अस्तु इस चिट्ठी को बहुत जल्द बांच ले और इसके बाद जलाकर राख कर दे ।" बुढ़िया ने ताज्जुब के साथ वह चिट्ठी ले ली और पढ़ने के लिये उसे चिराग के पास गई जो मन्दिर के एक कोने में जल रहा था । उसने बड़े गौर से चिट्ठी पढ़ी और उसकी लिखावट पर अच्छी तरह ध्यान देने के बाद उसी चिराग में जलाकर रनबीरसिंह के पास लौट आकर बोली, "निःसन्देह आपने बड़ा ही साहस किया, परन्तु वह काम बहुत ही कठिन है जिसके लिए आप आये हैं ।"

रनबीरसिंह : बेशक वह काम बहुत ही कठिन है परन्तु जिस तरह मैं अपनी जान पर खेलकर यहां आया हूं उसे भी तू जानती ही है । उस चिट्ठी के पढ़ने से तुझे मालूम हुआ होगा कि यहां तुझसे ही सहायता पाने की आशा पर मैं भेजा गया हूं ।

बुढ़िया : बेशक ! और मुझसे जहां तक होगा आपकी सहायता

करूंगी । आह ! आज एक भारी बोझ मेरी छाती पर से हट गया और एक बहुत पुराना भेद मालूम हो गया जिसके जानने की मैं इच्छा रखती थी । खैर, जो होगा देखा जायगा, आप दो-तीन दिन तक चुपचाप रहें, इस बीच में मैं सब बन्दोबस्त करके आपको इत्तिला दूंगी । तब तक आप यहां की तालियों का छब्बा किसी तरह अपने कब्जे में कर लीजिये । बस अब यहां से जाइये, ऐसा न हो, कोई यहां आपको देख ले तो केवल काम ही में विघ्न न पड़ेगा वरन् मेरी- आपकी दोनों ही की जान चली जायगी ।

रनबीरसिंह : ठीक है, मैं अभी लौट जाता हूं ।

रनबीरसिंह वहां से लौटे और अपनी जगह आकर मृगछाला पर लेट रहे ।

28

रनबीरसिंह दो दिन के जागे हुए थे इसलिए नींद ने उन्हें अच्छी तरह धर दबाया, ऐसा सोये कि पहर दिन चढ़े तक आंख न खुली और उस मकान के रहने वालों में से भी किसी ने उन्हें न जगाया । आखिर जब आंख खुली तो "अहा ! तू ही तो है !" कहते हुए उठ बैठे । उस समय बीस-पच्चीस आदमी इनके सामने हाथ जोड़े खड़े थे जिन्हें देखकर रनबीरसिंह ने बैठने का इशारा किया और बोले, "तुम लोगों को जो कुछ कहना हो कहो !" उन आदमियों में वह नौजवान भी था जिसके पीछे-पीछे इस विचित्र स्थान में रनबीरसिंह आये थे और जिससे पहिले-पहल उस हाते में मुलाकात हुई थी । इस किस्से में जब तक उसकी जरूरत पड़ेगी हम उसे नौजवान ही के नाम से लिखेंगे ।

जब सब कोई बैठ गए तो नौजवान ने हाथ जोड़कर रनबीरसिंह से कहा, "इस समय गुरुमहाराज की जो कुछ आज्ञा हो हम लोग करने के लिये तैयार हैं !"

रनबीरसिंह : सिवाय इसके और कुछ भी कहना नहीं है कि सतगुरु की पूजा के लिए ग्यारह फल कहीं से ला दो ।

नौजवान : (सिर झुकाकर) जैसी आज्ञा ! (अपने साथियों में से एक की तरफ देखकर) तुम जाओ ।

रनबीरसिंह : इस समय और कोई बात अगर न हो तो तुम लोग जाओ,

अपना-अपना काम करो, मेरे पास व्यर्थ बैठने की कोई जरूरत नहीं। अहा! तू ही तो है !!

नौजवान : हम लोग चाहते हैं कि आज की कचहरी आपके सामने की जाय और उसमें सब काम आप ही की आज्ञानुसार किया जाय। रनबीरसिंह और कुसुमकुमारी के हाथ से दुःखी होकर बालेसिंह यहां आया है और सतगुरु से मदद चाहता है, अब तक उसकी मदद बराबर की गई है, आगे के लिए जैसी आज्ञा हो। बालेसिंह बड़ा ही नेक, ईमानदार और सतगुरु का भक्त है।

रनबीरसिंह : बालेसिंह का हाल हमें मालूम हो चुका है और सतगुरु की आज्ञा बालेसिंह को आज के पांचवें दिन सुनाई जायगी।

नौजवान : बहुत अच्छा, तब तक यहां....

रनबीरसिंह : बस बस बस, चुप चुप ! अहा, तू ही तो है !!

इसके आगे नौजवान की हिम्मत न पड़ी कि कुछ कहे। थोड़ी देर बाद रनबीरसिंह ने फिर कहा-"सतगुरु की आज्ञा से तुम लोगों के सरदार को मैं कुछ उपदेश करूंगा, उसे जल्द बुलाओ।"

नौजवान : (हाथ जोड़कर) वे तो काशी की तरफ गए हुए हैं, आजकल में.....

रनबीरसिंह : बस बस बस, ज्यादे मत बोलो, किसी को भेजो, आगे बढ़के उसे देखे और जल्द आने के लिए कहे !

नौजवान : जो आज्ञा !

नौजवान ने तुरन्त दो आदमियों को जाने का इशारा किया। रनबीरसिंह भी "अहा ! तू ही तो है ! अहा, तू ही तो है !!" कहते हुए वहां से उठे और मकान के बाहर हो उसके चारों तरफ वाले खुशनुमा मैदान में टहलने लगे, और लोगों को उन्होंने अपना-अपना काम करने के लिए कहा।

इत्तिफाक की बात थी कि उन लोगों का सरदार जो किसी काम के लिए सफर में गया हुआ था इसी समय वहां आ पहुंचा, मगर इस बात को उन लोगों ने बाबा जी की ही करामात समझा और सभी को विश्वास हो गया कि सतगुरु देवदत्त की गद्दी के महात्मा जी (रनबीर) निःसन्देह महान पुरुष हैं। नौजवान ने आगे बढ़ कर अपने सरदार को सतगुरु के आने का हाल कहा। जिसे सुनकर वह बहुत ही प्रसन्न हुआ। यद्यपि उन लोगों का काम डाकू-लुटेरों

और बदमाशों का–सा बल्कि इससे भी बढ़ा हुआ था.परन्तु अपने गुरु के नाम तथा गद्दी की बड़ी ही इज्जत करते थे और समझते थे कि सतगुरु देवदत्त एक अवतार हो गए हैं और उन्हीं की कृपा से हम लोग अपना काम कर सकते हैं । उन लोगों का जब कोई काम बिगड़ता तो यही समझते कि आज सतगुरु देवदत्त हम लोगों से रंज हो गए हैं इसी से यह काम बिगड़ गया है, यही कारण था कि सरदार ने गुरु का दर्शन किये बिना मकान के अन्दर जाना उचित न जाना और सब लोगों तथा नौजवान को लिए मैदान के उस हिस्से की तरफ बढ़ा जहां रनबीरसिंह–"अहा, तू ही तो है !!" कहते हुए मस्तानों की तरह झूम–झूमकर टहल रहे थे ।

रनबीरसिंह ने दूर ही से देखा कि उस मकान के रहने वाले इकट्ठे होकर हमारी तरफ आ रहे हैं और उनके आगे–आगे एक आदमी जो हर तरह से सरदार मालूम होता है हाथ जोड़े हुए चला आ रहा है । जब वह सरदार रनबीरसिंह के पास पहुंचा तो दण्डवत करने के लिए जमीन पर लेट गया और उसकी देखा–देखी उसके साथियों ने भी यही किया, मगर उस सरदार को देखते ही रनबीरसिंह का कलेजा कांप गया और उसके चेहरे पर डर और तरद्दुद की निशानी दौड़ गई जिसे यद्यपि उन्होंने बड़ी मुश्किल और होशियारी से उन लोगों के उठने के पहिले दूर कर दिया मगर कलेजे की धड़कन कुछ–कुछ रह ही गई जिसे उद्योग करने पर भी दूर न कर सके, हां, इतनी चालाकी अवश्य की कि बैठ गए ।

हम नहीं कहते कि उस सरदार से रनबीरसिंह के इतना डरने का क्या कारण था । क्या रनबीरसिंह उसे पहिले कभी देख चुके थे ! या उसके हाथों कुछ तकलीफ उठा चुके थे ! या वे इस बात को नहीं जानते थे कि इस जगह हम किसी ऐसे आदमी को देखेंगे जिसके देखने की आशा न थी ! या उन बाबाजी ने इस सरदार के बारे में कुछ परिचय दिया था जिसकी बदौलत यहां तक आए हैं, या और कोई सबब है सो तो वही जानें, मगर यह अवस्था उनकी ज्यादे देर तक न रही बल्कि तुरन्त ही दूसरी अवस्था के साथ बदल गई, अर्थात् जब सरदार हाथ जोड़कर सामने खड़ा हो गया तो डर की जगह गुस्से ने अपना दखल जमा लिया और रनबीरसिंह के चेहरे पर वे निशानियां दिखाई देती हैं । यद्यपि रनबीरसिंह ने इस अवस्था को भी बड़ी होशियारी से दबाया तथापि माथे के बल और आंखों की लाली पर सरदार की निगाह पड़ ही गई

और उसने बड़े ताज्जुब में आकर रनबीरसिंह से पूछा, "क्या गुरु महाराज मुझ पर कुछ क्रोधित हैं ?"

रनबीरसिंह : (जमीन की तरफ देखकर) हां ।

सरदार : क्यों ?

रनबीरसिंह : इसलिए कि तुमने कई काम नियम और धर्म के विरुद्ध किये हैं ।

यह एक साधारण-सी बात थी जो रनबीरसिंह ने सरदार से कही, और ऐसी बातें हर एक से कह कर उसका जी खुटके में डाला जा सकता है क्योंकि दुनिया में कोई मनुष्य ऐसा न होगा जिससे नियम तथा धर्म के विरुद्ध कोई-न-कोई काम न हो गया हो, फिर ऐसे नालायकों से जिनका कि दिन और रात बुरे कामों ही में बीतता हो ! यह रनबीरसिंह की केवल चालाकी थी, सो भी इसलिए कि उनके हाव-भाव को देखकर सरदार के दिल में किसी दूसरे प्रकार का खुटका न पैदा हो ! मगर सरदार ने उनकी बात सुन सिर नीचा करके कुछ सोचा और कहा, "ठीक है, परन्तु आशा है कि गुरु महाराज उस अपराध को क्षमा करेंगे ।"

रनबीरसिंह : (मुस्कुराकर) सतगुरु देवदत्त से पूछकर तुम्हारा अपराध क्षमा किया जायगा परन्तु तुम लोगों को कुछ प्रायश्चित करना होगा ।

सरदार : आज्ञानुसार करने के लिए मैं तैयार हूं ।

रनबीरसिंह : अच्छा इस समय तुम लोग जाओ, अपना-अपना काम करो, कल सन्ध्या को देखा जायगा ।

सरदार : (हाथ जोड़कर) गुरु महाराज भी मकान के अन्दर पधारें जिसमें हम लोग सेवा करके जन्म कृतार्थ करें ।

रनबीरसिंह : आज हम (हाथ का इशारा करके) उस पेड़ के नीचे दिनभर और मकान के अन्दर रात-भर उपासना करेंगे, इस बीच में बिना बुलाये मेरे पास कोई न आवे, कल देखा जायगा । अहा ! तू ही तो है ! सतगुरु की पूजा के लिए ग्यारह फल भेजो, बस जाओ ! अहा ! तू ही तो है ! अहा ! तू ही तो है !!

इस मकान के चारों तरफ की जमीन बहुत ही साफ-सुथरी थी और जगह-जगह कुदरती फूल-बूटों से बहुत ही भला मालूम देता था । चारों तरफ ऊंचे-ऊंचे पहाड़ थे जिनमें से पानी के कई झरने गिर रहे थे जो नीचे आकर

एक हो गये थे और दक्षिण तरफ ढलवीं जमीन होने के कारण बह कर एक पहाड़ी के नीचे चले गये थे। रनबीरसिंह झरने के किनारे सुन्दर छाया देखकर बैठ गये और आंखें बन्द कर सोच-विचार में दिन बिताने लगे। थोड़ी देर बाद एक आदमी ग्यारह फल लेकर आया और उनके पास रख कर चला गया।

रनबीरसिंह ने दिन-भर उसी पेड़ के नीचे बिताया और वही ग्यारह फल खाकर आत्मा को सन्तोष कराया, सन्ध्या होने पर मकान के अन्दर गए, अगवानी के लिये आदमियों के साथ सरदार को दरवाजे पर मौजूद पाया, झूमते और उन्हीं मामूली शब्दों का उच्चारण करते हुए मकान के अन्दर गये और अपने स्थान पर मृगछाला के ऊपर जा बिराजे। नैवेद्य की रीति पर खाने-पीने की सामग्री आगे रखी गई मगर रनबीरसिंह ने इन्कार करके कहा, "मैं फल के सिवाय और कुछ भी नहीं खाता, इसके अतिरिक्त मैं तो तुमसे कह चुका हूं कि आज का पूरा दिन और रात उपासना में बिताऊंगा, अस्तु इसे ले जाओ, कल देखा जायगा। अब मैं दरवाजा बन्द करके ध्यान किया चाहता हूं, मगर यह मकान सन्नाटे का नहीं है, उत्तर तरफ कोने में जो कोठरी है वह मुझे इस काम के लिये पसन्द है, कल घूम-फिर के देखने के समय उसे भी मैंने देखा था!" इसके जवाब में सरदार ने कहा, "जैसी इच्छा गुरु महाराज की, चलिये।"

रनबीरसिंह ने देखा कि आखिरी बात कहते समय सरदार के चेहरे की रंगत कुछ बदल गई परन्तु दिलावर रनबीरसिंह ने इसका कुछ ख्याल न किया और उस स्थान पर चलने के लिये तैयार हो गये। सरदार ने भी रनबीरसिंह की इच्छानुसार सब सामान उसी कोठरी में ठीक कर दिया। रनबीरसिंह ने भीतर से दरवाजा बन्द करके मृगछाला पर आराम किया, कोठरी में गर्मी बहुत थी जिसे पंखे से निवारण करने लगे।

यह कोठरी यद्यपि बहुत लम्बी-चौड़ी तो न थी तथापि इसमें चार-पांच चारपाई बिछने लायक जगह थी। एक तरफ दीवार में छोटा-सा दरवाजा था जिसमें एक साधारण पुराना ताला लगा हुआ था। आधी रात जाने के बाद रनबीरसिंह के कान में एक आवाज आई, उन्हें साफ सुनाई दिया कि मानों किसी ने दिल से दर्द से दुःखी होकर कहा, "प्यारे रनबीरसिंह! तू इस दुनिया में है भी या नहीं!" यह आवाज भारी और कुछ बुझी हुई थी, रनबीरसिंह को केवल इतना ही निश्चय नहीं हुआ कि यह आवाज किसी मर्द की है

बल्कि उन्हें और भी कई बातों का निश्चय हो गया जिससे वे बेताब हो गए। इस समय यदि कोई उन्हें देखता तो ठीक वैसी ही अवस्था में पाता जैसी गोली लगने पर शेर की होती है और इसका अनुभव उन्हीं को हो सकता है जिन्होंने शेर का शिकार किया या अच्छी तरह देखा है।

रनबीरसिंह मृगछाला पर से उठ खड़े हुए और सोचने लगे कि यह आवाज किधर से आई ? उनकी आंखें सुर्ख हो गई और क्रोध के मारे बदन कांपने लगा। उनका ध्यान उस छोटे-से दरवाजे पर गया जिसमें साधारण छोटा-सा ताला लगा हुआ था। रनबीरसिंह उसके पास गए, कमर से कटार निकाल कर धीरे-से उस ताले का जोड़ खोल डाला और कुंडे से ताला अलग करने के बाद दरवाजा खोल कर अन्दर की तरफ झांका। भीतर अन्धकार था जिसमें कुछ मालूम न पड़ा। जहां रनबीरसिंह का आसन लगा हुआ था उसके पास ही एक दीवार के ऊपर चिराग जल रहा था, रनबीरसिंह ने वह चिराग उठा लिया और उस छोटी-सी खिड़की के अन्दर चले गए। यहां उन्होंने अपने को एक लम्बी-चौड़ी कोठरी में पाया चारों तरफ दीवार में सैंकड़ों खूंटियां गड़ी हुई थीं और उनमें तरह-तरह की पोशाकें लटक रही थीं, जिनमें से कई पोशाकें तो बहुत ही बेशकीमती थी मगर बहुत दिनों तक यों ही पड़े रहने के कारण बर्बाद-सी हो रही थी, कोई पोशाक सौदागरों की सी, कोई सिपाहियों की सी, और किसी-किसी खूंटी पर जनाने कपड़े भी लटक रहे थे। रनबीरसिंह एक खूंटी के पास गए जिस पर एक बेशकीमती पोशाक लटक रही थी, उस पर एक टुकड़ा सुफेद कपड़े का सीया हुआ था और उस टुकड़े पर यह लिखा था–"यह भूदेवसिंह अपने को बड़ा ही बहादुर लगाता था।"

इसके बाद एक दूसरी पोशाक के पास गए जो किसी जमींदार की मालूम पड़ती थी। उसके साथ भी सुफेद कपड़े का एक टुकड़ा सीया हुआ था और उस पर यह लिखा था, "इसे अपनी जमींदारी का बड़ा ही घमण्ड था। किसी से डरता ही न था और अपने को जालिमसिंह के नाम से मशहूर कर रखा था।" पोशाक के बगल ही में एक जनानी साड़ी लटक रही थी और उस पर यह लिखा हुआ था, "यह चन्द्रावली रनबीरसिंह को अपनी गोद से उतारती ही न थी।" इस लिखावट ने रनबीरसिंह के गुस्से के साथ वह काम किया जो भभकती हुई आग के साथ घी करता है, मगर क्रोध का मौका

न जानकर उन्होंने बड़ी कोशिश से अपने को सम्हाला तथा फिर किसी पोशाक के पास जाने का इरादा न किया। इतने ही में वह आवाज फिर सुनाई दी जिसे सुन कर रनबीरसिंह बेताब हुए मगर अबकी दफे शब्द बदले हुए थे अर्थात् कहने वाले ने यह कहा–"हाय कुसुम ! तेरे साथ किसी ने दगा तो नहीं की !" रनबीरसिंह को निश्चय हो गया कि इन शब्दों का कहने वाला भी वही है क्योंकि बनिस्बत पहिले के यह आवाज कुछ पास मालूम हुई। रनबीरसिंह का ध्यान जमीन की तरफ गया और एक तहखाने के दरवाजे पर निगाह पड़ी जो केवल जंजीर के सहारे बन्द था। रनबीरसिंह ने उस दरवाजे को खोला तो नीचे उतरने के लिये सीढ़ियां दिखाई दीं, हाथ में चिराग लिये हुए नीचे (तहखाने में) उतर गए। यह तहखाना वास्तव में कैदखाना था क्योंकि यहां लोहे की छड़ों से बनी हुई एक कोठरी के अन्दर उदास–सुस्त और हथकड़ी–बेड़ी से बेबस एक कैदी पर रनबीरसिंह की निगाह पड़ी और साथ ही इसके यह भी दिखाई दिया कि उस कैदखाने में आने–जाने के लिये एक दूसरी राह भी है जिसका अधखुला दरवाजा सामने की तरफ दिखाई दे रहा था।

कैदी के ऊपर रनबीरसिंह की निगाह पड़ने के पहिले ही कैदी की निगाह रनबीरसिंह पर पड़ी क्योंकि कैदखाने का दरवाजा खुलने की आहट से चौंक कर वह आने वाले को देखने के लिये पहिले ही से तैयार था।

कैदी की अवस्था उस समय बहुत ही बुरी हो रही थी, सर–दाढ़ी के बाल बढ़े रहने और कैद की तकलीफ बहुत दिनों तक उठाने के कारण उसकी उम्र का अन्दाजा करना इस समय बहुत ही कठिन है, उसकी बड़ी–बड़ी आंखें भी इस समय गड्ढे के अन्दर घुसी हुई थीं और शरीर के ऊपर अन्दाज से ज्यादे मैल चढ़ी हुई थी, इतने पर भी रनबीरसिंह ने उस कैदी को देखने के साथ ही पहिचान लिया और कैदी ने भी इनको गहरी निगाह से देखने में किसी तरह की त्रुटि नहीं की। रनबीरसिंह ने जंगला खोला और अन्दर जाकर तेजी के साथ कैदी के पैरों पर गिर पड़े, बोलने के लिये उद्योग किया मगर रुलाई ने गला दबा दिया, उधर उस कैदी ने मुहब्बत से रनबीरसिंह के सिर पर हाथ फेरा ही था कि सिर में एक छोटा–सा गड्ढा पाकर चौंक उठा और बोला, "यद्यपि तूने रंगकर अपना चेहरा और बदन बिगाड़ रखा है तथापि यह गड्ढा और दिल गवाही देता है कि तू मेरा प्यारा पुत्र रनबीरसिंह

है ! है, है और अवश्य वही है !!"

इतने ही में पीछे से आवाज आई, "है, है, बेशक वही है ! सतगुरु देवदत्त के नाम से धोखा देने वाला यही रनबीरसिंह है ! भला कम्बख्त अब जाता कहां है !!"

रनबीरसिंह ने चौंक कर पीछे की तरफ देखा तो उसी सरदार पर निगाह पड़ी जो इस जगह और यहां के रहने वालों का मालिक था ।

❑

29

जिस समय रनबीरसिंह ने चौंककर पीछे की तरफ देखा और उस सरदार पर निगाह पड़ी जो वहां के रहने वालों का मालिक था तो उनका क्रोध चौगुना बढ़ गया । यद्यपि यह ऐसा मौका था कि देखने के साथ ही रनबीरसिंह उससे डर जाते मगर नहीं, डर के बदले में क्रोध से उनकी भुजा फड़क उठी क्योंकि उनका प्यारा बाप जो न मालूम कितने दिनों से दुःख भोग रहा था कैदियों की तरह बेबस उनके सामने मौजूद था और जिसने उनके बाप को कैद कर रखा था और तरह-तरह का दुःख दिया था उसने भी माफी मांगने के बदले में धमकी की आवाज दी थी । इस समय रनबीरसिंह ने जितनी तेजी और फुर्ती दिखाई उससे ज्यादे कोई आदमी दिखा नहीं सकता था । उनके दिल में क्रोध के साथ ही साथ इस ख्याल ने भी तुरन्त जगह पकड़ ली कि-"कहीं यह सरदार इस जंगले वाली कोठरी का दरवाजा बाहर से बन्द करके मेरे पिता की तरह मुझे भी बेबस और मजबूर न कर दे ।" अस्तु रनबीरसिंह बिजली की तरह लपक कर कोठरी के बाहर निकल आये और आते ही उन्होंने उस सरदार के गले में हाथ डाल दिया । यद्यपि वह सरदार ताकतवर और बहादुर था मगर इस समय रनबीरसिंह के सामने उसके बलकौशल ने उसका कोई साथ न दिया, यहां तक कि वह म्यान से तलवार भी न निकाल सका । उसने कुश्ती के ढंग पर दांव-पेंच करना चाहा परन्तु रनबीरसिंह ने उसका भी जवाब देकर उसे जमीन पर पटक दिया और उसकी छाती पर चढ़ कर ऐसा दबाया और एक दफे कूदे कि उसकी तमाम पसलियां कड़कड़ा कर टूट गई और उसने अपनी जिन्दगी की आखिरी निगाह रनबीरसिंह पर डाल कर आंखें उलट

दीं। उसके मुंह से खून का सोता-सा बह चला और वह फिर न उठा। दो-चार दफे सांस लेने के बाद उसकी आत्मा ने यमालय की तरफ प्रस्थान किया।

रनबीरसिंह उसकी छाती पर से उतरे और उसे अच्छी तरह देखने और जांचने के बाद पुनः जंगले के अन्दर जाकर अपने बाप के पास पहुंचे जिनके मुंह से दो दफे "शाबांश, शाबाश" की आवाज निकल चुकी थी। हथकड़ी और बेड़ी खोलने के बाद वे बोले, "अब विलम्ब न कीजिये, उठिये और मेरे साथ ही साथ इस मकान के बाहर निकल चलिये !"

जरा देर रुक कर रनबीरसिंह ने पहिले यही बात सोची कि किस राह से बाहर निकलना चाहिये ? जिस राह से वे आये हैं उस राह से या जिस राह से यहां सरदार आया था। उस राह से निकल चलना चाहिये ? पर अन्त में उन्होंने यही निश्चय किया कि जिस राह से हम आये हैं उसी राह से निकल चलने में सुभीता होगा।

रनबीरसिंह अपने पिता को लिये हुए कोठरी के बाहर निकले और ऊपर जाने वाली सीढ़ियों पर चढ़ना ही चाहते थे कि पीछे से आवाज आई, "नहीं, नहीं, आप इधर से आइये !" रनबीरसिंह ने फिर कर देखा, उसी बूढ़ी औरत पर निगाह पड़ी जिसके नाम की चिट्ठी वे लाये थे, जो यहां मन्दिर की पुजारिन थी और जिसके साथ इस समय एक नौजवान भी था। रनबीरसिंह उस नौजवान को देखकर हिचके मगर बुढ़िया ने उनके दिल का विचार समझ कर तुरन्त कहा, "आप इसकी तरफ से (नौजवान की तरफ इशारा करके) कुछ चिन्ता न कीजिये। यह मेरा लड़का है, और उस चिट्ठी में जो आप लाये थे इसी लड़के के बारे में इशारा किया हुआ था !"

रनबीरसिंह : हां ! तुम्हारा लड़का यही है !!

बुढ़िया : जी हां, मेरा लड़का यही है !

रनबीरसिंह : जिस समय मैंने पहिले-पहल इसे देखा था उसी समय मेरे दिल ने गवाही दी थी कि यह जवान बहुत नेक और धर्मात्मा जान पड़ता है, परन्तु-न-जाने ऐसे दुष्ट पुरुषों का साथ क्यों दे रहा है ?

नौजवान : (हाथ जोड़कर) इसका हाल भी आपको मालूम हो जायगा परन्तु इस समय आप विलम्ब न कीजिये और हम लोगों के पीछे-पीछे चले आइये, हां, पहिले मुझे एक काम कर लेने दीजिये।

इतना कह वह नौजवान सीढ़ी चढ़ कर उस कोठरी में चला गया जिसमें रनबीरसिंह ने अपना आसन जमाया था और भीतर से उस कोठरी को और उसके बाद वाली दूसरी कोठरी को भी अच्छी तरह बन्द करता हुआ नीचे उतर कर फिर बोला, "हां, अब आप लोग चले आइये !!"

आगे-आगे वह नौजवान, उसके पीछे बूढ़ी औरत, फिर रनबीरसिंह के पिता और सबसे पीछे रनबीरसिंह वहां से रवाना हुए । चौखठ पार हो जाने पर उन्होंने उस रास्ते को एक सुरंग की तरह पाया जिसके खत्म होने के बाद सीढ़ी की राह से ऊपर चढ़ना पड़ता था । वे लोग जब उस राह से बाहर निकले तो अपने को मकान के अन्त में पश्चिम तरफ की मामूली कोठरी के दरवाजे पर पाया । उस समय रनबीरसिंह ने नौजवान से पूछा, "अब तुम्हारी क्या राय है ?"

नौजवान : पहिले आप ही बातइये कि आपकी क्या राय है !

रनबीरसिंह : नहीं, पहिले तुम्हीं को अपनी राय देनी चाहिये क्योंकि मैं यहां की हर बातों से अनजान हूं ।

नौजवान : मान लीजिये कि यहां पर आप हर तरह से अनजान हैं मगर यह कहिये कि अगर हम लोग आपको न मिलते तो आप क्या करते ?

रनबीरसिंह : अगर तुम लोग न मिलते तो मुझे बहुत कुछ सोचना और गौर करना पड़ता, क्योंकि मैंने कई दिन की जल्दी की थी ।

बुढ़िया : (ताज्जुब से) तो क्या दो-चार दिन में यहां आपका कोई मददगार आने वाला है और क्या वह भी आप ही की तरह से आवेगा ?

रनबीरसिंह : यह मैं नहीं कह सकता कि कौन और किस तरह आवेगा मगर बाबाजी ने इतना कहा था कि तुम्हारे पास फलाने दिन मदद पहुंच जायगी, मगर यकायक (पिता की तरफ इशारा करके) इनकी आवाज पाकर मैं कैदखाने में चला गया और वहां तुम्हारे सरदार के पहुंच जाने से उसे भी मारना पड़ा ।

बुढ़िया : मैं भी यही सोचे हुए थी कि आपको मुझसे मदद लेने की जरूरत पड़ेगी और आपका काम दो-एक रोज के बाद होगा, यही बात मैंने अपने लड़के से भी कही थी ।

नौजवान : मुझे भी जब मां ने यह बताया कि आप फलाने हैं तो मैं हर एक बातों से होशियार हो गया । आज जब मैंने देखा कि सरदार को

आप पर शक हुआ है और वह इस राह से कैदखाने में जा रहा है तो हम दोनों भी छिप कर उसके पीछे-पीछे चले गये और वहां उसकी अनूठी मौत देखने में आई।

रनबीरसिंह : मैंने यह प्रण कर लिया था कि यहां जितने कैदी हैं सभी को छुड़ाऊंगा मगर अब एक तरद्दुद-सा मालूम होता है।

बुढ़िया : अगर सरदार का मरना दो दिन तक छिपा रहे तो सब कुछ हो सकता है मगर जिस समय (रनबीर के पिता की तरफ इशारा करके) इनको मालूम समय पर खाना देने के लिए वह आदमी जो नित्य जाया करता है जायेगा तो सब बातें खुल जायेंगी और सरदार के नौकर तथा साथी सब आफत मचा डालेंगे।

नौजवान : यह हो सकता है कि दो दिन तक खाना पहुंचाने का जिम्मा मैं ले लूं और किसी को कैदखाने में जाने न दूं।

बुढ़िया : तो बेहतर है कि यही किया जाय और लोगों को इस बात की खबर कर दी जाय कि गुरुजी महाराज ने सरदार को किसी गुप्त कार्य के लिए कहीं भेजा है। इधर इन्हें (रनबीर के पिता को) दो दिन तक कहीं छिपा रखा जाय, ऐसी अवस्था में दो दिन में कोई खराबी नहीं हो सकती।

रनबीरसिंह : बात तो बहुत अच्छी है मगर दो दिन तक रुके रहना बड़ा कठिन जान पड़ता है, यहां से इसी समय चल देना ही ठीक होगा।

नौजवान : मगर क्योंकर जा सकेंगे? यह तो आप जानते ही हैं कि रास्ता बहुत खराब और पथरीला है और पीछा करने वाले हम लोगों को बहुत जल्द पकड़ लेंगे।

रनबीरसिंह : हां, यह तो मैं जानता हूं मगर मैंने इसके लिये भी एक तर्कीब सोची है।

नौजवान : वह क्या?

रनबीरसिंह : पहिले यह तो बताओ कि रात कितनी बाकी होगी?

नौजवान : रात अभी पहर भर से भी ज्यादे बाकी है।

रनबीरसिंह : तब तो जो कुछ मैंने सोचा वह बखूबी हो जायगा। अच्छा, यह कहो कि तुम अपने सरदार की कोठरी में जाकर उसके पहिरने के कपड़े जिसे वह सफर में जाती समय पहिरता हो ला सकते हो?

नौजवान : हां, मैं ला सकता हूं मगर फिर... (कुछ रुक कर)

अच्छा, अच्छा, मैं समझ गया, वह कपड़ा आप इनको (रनबीर के पिता को) पहिरावेंगे और यहां से निकाल ले चलेंगे । ठीक तो है, ऐसा करने से हम लोग सभी के देखते-ही-देखते यहां से निकल चलेंगे और कोई आदमी पीछा भी न करेगा, हां, उस समय हम लोगों का हाल यहां वालों को जरूर मालूम हो जायेगा जब कैदी को भोजन देने के लिये कोई आदमी तहखाने में जायेगा ।

रनबीरसिंह : तब तक तो हम लोग बड़ी दूर निकल जायेंगे ! और हां, एक काम चलते-चलते तुम और करना ।

नौजवान : वह क्या ?

रनबीरसिंह : चलते समय यहां के किसी ऐसे आदमी को जो तुम्हारे बाद बाकी नालायकों पर हुकूमत कर सकता हो कह देना कि तुमको और तुम्हारी मां को भी सरदार साहब और गुरु महाराज किसी काम के वास्ते कहीं लिये जा रहे हैं और हुक्म देना कि कल तक कोई आदमी फलाने कैदी को दाना-पानी न दे ।

नौजवान : बात तो ठीक है, और ऐसा करने से हम लोग बेफिक्री के साथ चले जायंगे (कुछ जोश में आकर) उंह, अगर कोई कम्बख्त हम लोगों का पीछा करेगा ही तो क्या होगा ? केवल यहां से पांच कोस अर्थात् सरहद के बाहर ही जाना चाहिये, फिर बीस-पच्चीस आदमी भी हमारा कुछ नहीं कर सकते, आपकी बहादुरी को मैं अच्छी तरह जान गया हूं और मैं भी आपकी ताबेदारी करने लायक हूं ।

रनबीरसिंह : खैर, तो तुम अब जाओ और जो कुछ मैंने कहा है उसे जल्दी करो जिसमें आधे घंटे से ज्यादे देर न होने पावे और हम लोग अंधेरा रहते यहां से निकल चलें ।

नौजवान : बहुत अच्छा, मैं अभी जाता हूं, आप लोग इसी जगह खड़े रहिये ।

❑

30

बेचारी कुसुमकुमारी ने रनबीरसिंह का पता लगाने के लिए बहुत ही उद्योग

किया परन्तु सब व्यर्थ हुआ । दो दिन बीते, चार दिन बीते, सप्ताह, दो सप्ताह के बाद महीने-दिन की गिनती भी कुसुम ने अपनी नाजुक उंगलियों पर पूरी की, मगर रनबीरसिंह का कुछ हाल मालूम न हुआ । बेचारी कुसुम मुर्झा गई, उसे कोई चीज, कोई बात अच्छी नहीं लगती थी, पर तिस पर भी आशा ने उसका साथ नहीं छोड़ा था । वह रनबीरसिंह से मिल कर प्रफुल्लित होने की आशा में जान बचाने के लिए दूसरे-तीसरे दिन कुछ थोड़ा-सा अन्न खा लेती और तमाम रात आंखों में बिता कर ईश्वर से रनबीरसिंह को कुशलपूर्वक रखने की प्रार्थना किया करती थी ।

बीरसेन को भी रनबीरसिंह से बड़ी मुहब्बत हो गई थी । अतएव उसने भी रनबीरसिंह का पता लगाने के लिये कोई बात उठा नहीं रखी और उतना ही उद्योग किया जितना एक परले सिरे का उद्योगी मनुष्य कर सकता है, परन्तु परिणाम कुछ भी न हुआ ।

आज जिस दिन का हम जिक्र कर रहे हैं वह शुक्ल पक्ष की द्वितीया का दिन है । सन्ध्या होने के पहले ही कुसुमकुमारी अपनी अटारी पर चढ़ गई और आश्चर्य नहीं कि आज चन्द्रमा का दर्शन पृथ्वी के मनुष्यों में सबसे पहले उसी ने किया हो । यद्यपि अब चन्द्रदेव को निकले बहुत देर हो गई परन्तु कुसुम ने अभी तक उनकी तरफ से आंखें नहीं फेरीं, क्यों ? क्या रनबीरसिंह से मिलने की आशा में चन्द्रमा से टपकते हुए अमृत को नेत्रों द्वारा पान करके कुसुमकुमारी अमर हुआ चाहती हैं ? नहीं, ऐसा नहीं है, यदि ऐसा होता तो कलिकाल में प्राण-रक्षा का सबसे बड़ा सहारा 'अन्न' कुसुमकुमारी के जी से न उतर जाता । तो क्या कुसुमकुमारी अपने कलेजे के दाग का चन्द्रमा के दाग से मिलान कर रही हैं ? नहीं, यह भी नहीं है, क्योंकि इसका आनन्द बिना पूर्ण चन्द्रोदय के नहीं मिल सकता ! तो क्या चन्द्रदेव से अपने टेढ़े नसीब को सीधा करने के लिये प्रार्थना कर रही हैं ? नहीं, नहीं, चन्द्रदेव तो आज स्वयं ही बंक हो रहे हैं, उनसे ऐसी आशा बुद्धिमान कुसुमकुमारी को नहीं हो सकती । अच्छा, कदाचित् कुसुमकुमारी इसलिये चन्द्रमा को बड़ी देर से देख रही है कि आज द्वितीया के चन्द्रमा का दर्शन आवश्यक होने के कारण रनबीर की आंखें भी चन्द्रदेव ही की तरफ लगी हुई होंगी, और नहीं तो इसी बहाने चार आंखें तो हो जायेंगी ! ठीक है, यह बात ध्यान में आ सकती है, आश्चर्य नहीं कि अभी तक चन्द्रदेव की तरफ इसी लालच से कुसुमकुमारी

देख रही हों। यद्यपि चन्द्रदर्शन से उसकी तृप्ति नहीं होती थी और कदाचित् उसका इरादा बहुत देर तक वहां ठहरने का था परन्तु एक लौंडी ने अचानक वहां पहुंच कर ऐसी खबर सुनाई जिससे वह चौंककर लौंडी की तरफ देखने लगी और बोली, "तूने क्या कहा ?"।

लौंडी : रनबीरसिंह के पिता नारायणदत्त की सवारी शहर के पास आ पहुंची।

कुसुमकुमारी : शहर के पास !!

लौंडी : जी हां, अब दो कोस से ज्यादे दूर न होगी।

कुसुमकुमारी : क्या जासूस यह खबर लेकर आया है ?

लौंडी : जी नहीं, उन्होंने स्वयं अपना आदमी खबर करने के लिये भेजा है।

कुसुमकुमारी : बड़ी खुशी की बात है, अच्छा मैं नीचे चलती हूं, तू दौड़ी हुई जा और बीरसेन को मेरे पास बुला ला।

"बहुत अच्छा" कह कर लौंडी वहां से चली गई और कुसुमकुमारी भी नीचे उतर कर अपने कमरे में आ बैठी, थोड़ी ही देर में बीरसेन भी वहां पहुंचे जिन्हें देखते ही कुसुम ने कहा, "सुनती हूं कि महाराज की सवारी शहर के पास आ पहुंची है !"

बीरसेन : जी हां, यह खबर लेकर उनका खास मुसाहब यहां आया है, मगर हमारे जासूस ने और भी एक खुशखबरी सुनाई है।

कुसुमकुमारी : वह क्या ?

बीरसेन : वह कहता है कि दो-तीन दिन के अन्दर ही रनबीरसिंह भी यहां आने वाले हैं।

कुसुमकुमारी : (खुश होकर) इसका पता उसे कैसे लगा ?

बीरसेन : नारायणदत्त जी के लश्कर में जब वह गया था तो उन्हीं लोगों में से कई आदमियों को रनबीरसिंह के विषय में तरह-तरह की बातें करते सुना था जिसका नतीजा उसने यह निकाला कि रनबीरसिंह भी शीघ्र ही यहां आने वाले हैं।

कुसुमकुमारी : ईश्वर करे कि जासूस का ख्याल ठीक निकले परन्तु रंग-बिरंग की गप्पें सुनकर सच्ची बात का पता लगा लेना बहुत कठिन है, हां, यदि मैं उन बातों को पूरा-पूरा सुनूं जो जासूस ने सुनी हैं तो मालूम हो

कि जासूस ने अपने मतलब का नतीजा क्योंकर निकाला ।

बीरसेन : यों तो जासूस ने बहुत-सी बातें सुनी थीं परन्तु एक बात जो उसने सुनी है वह यदि सच है तो मैं भी कह सकता हूं कि रनबीरसिंह शीघ्र ही आने वाले हैं ।

कुसुमकुमारी : वह क्या ?

बीरसेन : जासूस के सामने ही एक जमींदार ने फौजी अफसर से पूछा था कि महाराज नारायणदत्त जी "तेजगढ़"[1] क्यों जा रहे हैं ? इसके जवाब में अफसर ने कहा कि 'वहां उन्हें अपने लड़के रनबीरसिंह के पाने की आशा है ।' बस यही बात जासूस ने सुनी थी ।

कुसुमकुमारी : अगर यही बात है तो तुम्हें बहुत जल्द इसका सच्चा पता लग जायगा क्योंकि महाराज की अगवानी (इस्तकबाल) के लिये तुमको और दीवान साहब को इसी समय जाना होगा ।

बीरसेन : जी हां, दीवान साहब महाराज की खातिरदारी का इन्तजाम कर रहे हैं और मैं भी उसी बन्दोबस्त में लगा हूं, आधी घड़ी के अन्दर ही हम लोग चले जायंगे ।

कुसुमकुमारी : शाबाश, देखो मैं तुम्हें भाई के बराबर समझती हूं और तुम पर बहुत भरोसा रखती हूं इसलिए कहती हूं कि मेरी इज्जत तुम्हारे हाथ है, मैं आजकल अपने होशो-हवाश में नहीं हूं, अस्तु जो कुछ मुनासिब समझो करो, ऐसा न हो कि किसी बात में कमी हो जाय और पीछे शर्मिन्दगी उठानी पड़े ।

बीरसेन : नहीं नहीं, ऐसा कदापि नहीं हो सकता, आप बेफिक्र रहें, किसी तरह की बदनामी न होने पावेगी, अच्छा, तो अब मुझे जाने की आज्ञा मिले क्योंकि अभी बहुत काम करना है ।

कुसुमकुमारी : अच्छा जाओ ।

❐

1. कुसुमकुमारी की राजधानी "तेजगढ़" ।

31

अब हम अपने पाठकों को राजा नारायणदत्त के लश्कर में ले चलते हैं ।

कुसुमकुमारी की राजधानी तेजगढ़ से लगभग दो कोस की दूरी पर राजा नारायणदत्त का लश्कर उतरा हुआ है । लश्कर में हजार-बारह सौ आदमियों से ज्यादे की भीड़-भाड़ नहीं है और कोई बहुत बड़ा या शानदार खेमा या शामियाना भी दिखाई नहीं देता, छोटी-छोटी मामूली रावटियों में अफसरों, सरदारों तथा गल्ला इत्यादि बांटने वालों का डेरा पड़ा हुआ है और उसी तरह की एक रावटी में राजा नारायणदत्त का भी आसन लगा हुआ है । और रावटियों से राजा साहब की रावटी में यदि कुछ भेद है तो इतना ही कि राजासाहब की रावटी आसमानी रंग की है और बाकी सब रावटियां सफेद कपड़े की ।

पहरभर से कुछ ज्यादे रात बीत जाने पर जिस समय कुसुमकुमारी के दीवान और बीरसेन वहां पहुंचे और आज्ञानुसार राजा साहब के पास हाजिर किये गए उस समय उन्होंने देखा कि राजा साहब एक चटाई पर साधू रूप से बैठे हुए हैं, सिर के बाल संवारे न जाने के कारण बिखरे हुए हैं, ललाट में भस्म का त्रिपुण्ड और बीच में सिन्दूर की बिन्दी लगी हुई है, बदन में गेरुए रंग के रेशमी कपड़े का एक चोगा है जिससे तमाम बदन ढंका हुआ है, खुशबूदार जल और इत्र से शरीर की सेवा न होने पर भी प्रताप और तपोबल उनके सुन्दर तथा सुडौल चेहरे से झलक रहा है और बड़ी-बड़ी आंखें एक ग्रन्थ की तरफ झुकी हुई हैं जो लकड़ी की छोटी-सी चौकी पर उनके सामने रखा है और जिसके बगल में घी का बड़ा-सा चिराग जल रहा है ।

पाठकों को आश्चर्य होगा कि नारायणदत्त राजा होने पर भी साधुओं की तरह क्यों रहते हैं ? और ऐसी अवस्था में राजकाज कैसे देखते होंगे ? इसके जवाब में यदि हम राजा साहब का असल हाल न कहें तो भी इतना कहना आवश्यक है कि राजा नारायणदत्त जब बिहार की गद्दी पर बैठे थे तब से एक साल तक तो उसी ढंग और टीमटाम के साथ रहे जिस तरह राजा लोग रहते हैं मगर उसके बाद उन्होंने अपना ढंग और रहन-सहन तथा खानपान आदि बिलकुल बदल दिया, सादा अन्न अपने हाथ से बनाकर खाना, सादा कपड़ा पहिरना, जमीन पर सोना और दरबार का समय छोड़ दिन-रात ग्रन्थ देखने

और ईश्वराराधन में बिताना उनका काम था । वे शरीर सुख या मनोविलास के लिये कोई काम न करते और प्रजा के हित-साधन का ध्यान बहुत रखते थे और प्रजा भी उन्हें ईश्वर के तुल्य समझती थी । सतोगुण स्वभाव और आचरण रहने पर भी जब वे दरबार में बैठते थे तो दुष्टों को दण्ड की आज्ञा दिये बिना न रहते थे । उन्हें पत्नी न थी और न कोई भाईबन्द था, हां, रनबीरसिंह को लड़के से बढ़कर मानते और बड़ा स्नेह रखते थे । इस बात का ध्यान तो बहुत ही रखते थे कि राज्य की आमदनी राज्य और प्रजा ही के हित में लगे ।

राजा नारायणदत्त में केवल इतनी ही बात न थी बल्कि एक-दो बातें और भी थीं । वे इस बात को भी अच्छी तरह समझते थे कि-"हमारे ऐसा राजा औरों के लिये चाहे सुखदाई क्यों न हो परन्तु व्यापारियों के लिये दुःखदाई होता है । उससे व्यापार की उन्नति नहीं होती ।" इसीलिये वे इनाम बहुत बांटते थे और इनाम में नकद रुपये न देकर अच्छे-अच्छे गहने, जेवर, कपड़े, बर्तन इत्यादि बांटा करते थे, और इसी सबब से उनके मुसाहब, नौकर, कारगुजार और अन्य लोग भी उन्हें खुश करने की चेष्टा करते थे और प्रजा को किसी बात की कमी नहीं रहती थी और न किसी तरह का कष्ट होता था ।

राजा नारायणदत्त का हाल जो हम ऊपर लिख आये हैं, दीवान को बीरसेन व कुसुमकुमारी और उसकी रिआया को अच्छी तरह मालूम था, क्योंकि राजा साहब दूर रहने पर भी कुसुमकुमारी के हालचाल की खबर रखते थे और आवश्यकता पड़ने पर कुसुमकुमारी भी उनसे मदद और राय लिया करती थी ।

जब दीवान साहब और बीरसेन राजा साहब के सामने पहुंचे तो दोनों ने प्रणाम किया । राजा साहब ने उन्हें अपने सामने चटाई पर बैठने की आज्ञा दी और प्रसन्नता के साथ बातचीत करने लगे-

राजा : कहो, तुम लोग अच्छे तो हो ?

दोनों : (हाथ जोड़ के) महाराज के आशीर्वाद से सब कुशल है ।

राजा : कुसुमकुमारी और उसकी प्रजा प्रसन्न है ?

दोनों : रानी कुसुमकुमारी महाराज का आगमन सुन कर बहुत

प्रसन्न हैं और उनकी प्रजा भी दिन-रात महाराज का मंगल मनाया करती हैं।

बीरसेन : महाराज ने अपने आने की कोई सूचना नहीं दी थी इसीलिए हम लोग इससे पहिले सेवा में उपस्थित न हो सके।

राजा : यह तो हमारा घर है, घर में आने की सूचना कैसी ? जब आवश्यकता हुई आ गए और जब समय आया चले गए !

दीवान : हम लोगों को इस बात की बड़ी लज्जा है कि आपका अमूल्य रत्न रनबीरसिंह हमारे यहां से खो गया, हम लोग महाराज के आगे मुंह दिखाने योग्य नहीं रहे। यद्यपि अभी तक खोज हो रही है। परन्तु पता नहीं लगा।

राजा : उसके लिये खेद करने की आवश्यकता नहीं, मुझे खबर मिल चुकी है कि वह प्रारब्ध और उद्योग का आनन्द लेने लगा है और अब शीघ्र ही हम लोगों से मिलने वाला है।

बीरसेन : (उत्कण्ठा से) कब तक उनके दर्शन होंगे ?

राजा : जहां तक मैं समझता हूं आजकल के बीच ही में हमलोग यकायक उसी कमरे के अन्दर देखेंगे जिसमें उसके तथा कुसुमकुमारी के सम्बंध की तस्वीरें लिखी हुई हैं, और इसलिये मैं यहां आया भी हूं। (कुछ सोच कर) ईश्वर की माया बड़ी प्रबल है, इसी दो दिन में कई छिपे हुए भेद भी खुलने वाले हैं और बिहार तथा तेजगढ़ दोनों राजधानियों की कायापलट होने वाली है, प्रारब्ध और उद्योग दोनों एक से एक बढ़ के हैं, इसमें कोई सन्देह नहीं।

बीरसेन और दीवान साहब ने आश्चर्य के साथ राजा साहब की बातें सुनीं। उद्योग तथा प्रारब्ध के खुटके ने उनके दिल में भी जगह पकड़ ली। वे दोनों सिर नीचा कर के सोचने लगे कि इस विषय में राजा साहब से और कुछ पूछना उचित होगा या नहीं ?

राजा : (दीवान से) क्यों सुमेरसिंह, तुम्हें कुछ पिछली बातें याद हैं ?

दीवान : (हाथ जोड़ के) बहुत अच्छी तरह से, वे बातें इस योग्य नहीं कि भूल जाऊं।

राजा : अच्छा, जो कुछ भूला-भटका हो उसे भी याद कर लो क्योंकि कल तुम लोग एक अनूठा और आश्चर्यजनक तमाशा देखने वाले हो।

दीवान : सो क्या महाराज ?

राजा : सो सब कल ही मालूम होगा जब मैं उस चित्र वाले कमरे में बैठा होऊंगा जिसमें कुसुम और रनबीर के सम्बंध की तस्वीरें लिखी हुई हैं ।

दीवान : तो अब महाराज को यहां से प्रस्थान करने में क्या विलम्ब है ?

राजा : कुछ नहीं, मैं वहां चलने के लिये तैयार बैठा हूं और इसीलिये कुसुम के पास कहला भेजा था (बाहर की तरफ मुंह करके), कोई है ?

इतना सुनते ही एक चोबदार रावटी के अन्दर घुस आया और हाथ जोड़ कर सामने खड़ा हो गया ।

राजा : (चोबदार से) मैं इसी समय तेजगढ़ जाने वाला हूं, लश्कर से सिवाय तुम्हारे और कोई आदमी मेरे साथ न जायगा ।

चोबदार : जो आज्ञा ।

इतना कह कर चोबदार चला गया और थोड़ी देर में फिर हाजिर होकर बोला, "सवारी तैयार है ।"

राजा : (दीवान से) आप दोनों आदमी अकेले आये हैं या कोई साथ आया है ?

दीवान : हम दोनों के साथ तो केवल दो सवार आए हैं परन्तु तेजगढ़ के बहुत-से आदमी महाराज के दर्शन की अभिलाषा से हम लोगों के पीछे-पीछे आए हैं और चले आ रहे हैं ।

इतना सुन कर राजा साहब कुछ सोचने लगे और कुछ देर बाद सिर उठा कर चोबदार की तरफ देखा ।

चोबदार : बहुत-से आदमी महाराज के दर्शन की अभिलाषा से आए हुए हैं और चले ही आ रहे हैं, छोटे दर्जे के आदमी दही, दूध, अन्न इत्यादि लेकर.....

राजा : हमने तो तुमसे पहिले ही कह दिया था ।

चोबदार : जी महाराज, उस बात का प्रबन्ध पूरा-पूरा किया गया है ।

राजा : तब कोई चिन्ता नहीं, अच्छा गोपीकृष्ण से कह दो कि

सभी को जो तेजगढ़ से आये हैं, इनाम बांट दें और सूचना दे दें कि हम कल तुम लोगों को तेजगढ़ में ही देखेंगे ।

इतना सुनते ही आधी घड़ी के लिये चोबदार बाहर चला गया जब आया तो महाराज उठ खड़े हुए और बीरसेन तथा दीवान साहब को साथ लिये हुए रावटी के बाहर निकले जहां कसे-कसाये तीन घोड़े नजर पड़े तथा मशालों की रोशनी भी बखूबी हो रही थी ।

बीरसेन और दीवान साहब ने देखा कि उनके घोड़े जिन्हें वे लश्कर के छोर पर छोड़ आये थे उसी जगह खड़े हैं, और उनके पास महाराज का घोड़ा खड़ा है । महाराज घोड़े पर सवार हो गये और उनको आया पा बीरसेन तथा दीवान साहब भी घोड़े पर सवार हुए और महाराज के पीछे-पीछे तेजगढ़ की तरफ चल निकले । बीरसेन को इस बात से बड़ा ही आश्चर्य था कि इतने बड़े राजा होकर हम लोगों के साथ रात के समय अकेले तेजगढ़ की तरफ जा रहे हैं ! थोड़ी दूर जाने के बाद पीछे से तीन घोड़ों के टापों की आवाज आई, बात की बात में मालूम हो गया कि साथ जाने के लिए महाराज का चोबदार और दीवान साहब के दोनों सवार आ पहुंचे ।

❑

32

आज कुसुमकुमारी को आश्चर्य, उत्कण्ठा और प्रसन्नता ने इस तरह घेर लिया है कि उसकी आंखों में निद्रा देवी अपना प्रभाव नहीं जमा सकतीं । आधी रात के लगभग बीत चुकी है मगर वह अभी तक अपने कमरे में बैठी हुई बीरसेन और दीवान साहब के लौट आने की बाट देख रही हैं और खबर लेने के लिये बार-बार लौंडियों को बाहर भेजती हैं । इसी अवस्था में एक लौंडी दौड़ती और हांफती हुई कमरे के अन्दर आई और बोली, "महाराज यहां पहुंच गए ! आपके पास बीरसेन और दीवान साहब को लिये हुए आ रहे हैं !!"

इतना सुनते ही कुसुमकुमारी घबड़ाकर उठ खड़ी हुई और खूंटी से लटकती हुई एक चादर उतार और अच्छी तरह ओढ़कर दरवाजे की तरफ लपक कमरे से बाहर निकल कर दालान में पहुंची ही थी कि महाराज के दर्शन हुए । कुसुम दौड़कर महाराज के पैरों पर गिर पड़ी, आंखों से आंसू की

धारा बह चली।

राजा नारायणदत्त को कुसुमकुमारी पहिले भी कई दफे देख चुकी थी और उन्हें अच्छी तरह पहचानती भी थी क्योंकि आवश्यकता पड़ने पर वे कई दफे कुसुमकुमारी के पास आ चुके थे मगर यह हाल रनबीरसिंह को मालूम न था। दालान में रोशनी बखूबी हो रही थी जिसके सबब से महाराज के प्रतापी चेहरे का हर एक हिस्सा साफ-साफ दिखाई दे रहा था।

इस समय महाराज के नेत्र भी अश्रुपूर्ण थे। उन्होंने बड़े प्यार से कुसुमकुमारी को उठाया और उसका सर अपनी छाती से लगा आशीर्वाद के तौर पर कहा, "बेटी ! ईश्वर तुझे सदैव प्रसन्न रखे और अभिलाषा पूरी हो।"

कुसुमकुमारी : (अपने कमरे की तरफ इशारा करके) कमरे में चलिये।

राजा : नहीं, मैं इस कमरे में न जाऊंगा बल्कि उस चित्र वाले कमरे में डेरा डालूंगा जिसमें अपने प्यारे लड़के रनबीर और उसी के साथ ही साथ अपने एक सच्चे मित्र से मिलने की आशा है।

इन शब्दों के सुनने से कुसुम के दिल की मुर्झाई हुई कली यकायक तरोताजा हो गई और उसे जितनी खुशी हुई उसका हाल स्वयं वही जान सकती थी। वह खुशी-खुशी महाराज को साथ लिये हुए उस कमरे की तरफ रवाना हुई और बीरसेन बैठने का सामान करने के लिए तेजी के साथ आगे बढ़ गए। इसके थोड़ी ही देर बाद महाराज नारायणदत्त, कुसुमकुमारी, दीवान साहब और बीरसेन को हम उस चित्रवाले कमरे में बैठे हुए देखते हैं जिसमें से रनबीरसिंह यकायक गायब हो गए थे।

राजा : (चारों तरफ देख के) अहा ! आज यहां एक सच्चे मित्र से मिलने की अभिलाषा मुझे कितना प्रसन्न कर रही है सो मैं ही जानता हूं। (दीवान से) क्यों सुमेरसिंह, अब कितनी रात बाकी होगी ?

दीवान : (हाथ जोड़ के) जी, यही कोई डेढ़ पहर रात होगी।

राजा : अब समय निकट ही है।

बीरसेन : क्या रनबीरसिंह जी से इसी कमरे में मुकाकात होगी ?

राजा : हां, वह अकस्मात इसी कमरे में दिखाई देगा।

बीरसेन : वो कैसे ?

राजा : (मुस्कुराकर) वैसे ही जैसे यहां से गायब हो गया था !

कुसुमकुमारी सिर नीचा किये तरह-तरह की बातें सोच रही थी। उसे

यकायक राजा नाराणदत्त के इस ढंग से यहां आने पर बड़ा ही आश्चर्य था और उसे यह भी विश्वास हो गया था कि आज यहां कोई नया गुल खिलने वाला है। राजा साहब की बातें उसे और भी आश्चर्य में डाल रही थीं और वह ईश्वर से प्रार्थना कर रही थी कि–'हे ईश्वर, जो अद्भुत और आश्चर्यजनक घटना तुझे दिखलानी हो शीघ्र दिखा !!'

राजा : (दीवान से) इस जगह तीन-चार साधुओं के बैठने का सामान शीघ्र करना होगा।

दीवान : जो आज्ञा ! (बीरसेन की तरफ देखकर) आज किसी को आज्ञा दे दें।

राजा : नहीं नहीं, बीरसेन को यहां बैठा रहने दीजिये, आप स्वयं बाहर जाकर इसका प्रबन्ध कीजिये, केवल इतना ही नहीं, एक प्रबन्ध आप को और भी करना होगा !

दीवान : (खड़े होकर) आज्ञा ?

राजा : हम लोगों के सिवाय कोई दूसरा आदमी इस कमरे में न आने पावे और यदि कोई बाहर हो तो इतनी दूर हो कि हम लोगों की बातें न सुन सके।

दीवान साहब कमरे के बाहर चले गए और थोड़ी देर में सब बन्दोबस्त जैसाकि राजा साहब ने कहा था हो गया।

हम ऊपर लिख आये हैं कि इस कमरे में एक तरफ संगमर्मर की दो बड़ी मूरतें थीं। उनमें से एक तो कुसुमकुमारी के पिता कुबेरसिंह की मूरत थी और दूसरी मूरत रनबीरसिंह के पिता इन्द्रनाथ की थी, इस समय सब कोई उसी मूरत के सामने बैठे हुए थे। यकायक दोनों मूरतें हिलने लगीं जिसे देख कुसुमकुमारी और बीरसेन को बड़ा ही ताज्जुब हुआ। तीन ही चार सायत के बाद वे दोनों मूरतें गज-गज भर अपने चारों तरफ की छत लिये हुए जमीन के अन्दर चली गई और उसके बदले में उसी गढ़हे के अन्दर से पांच आदमी बारी-बारी से इस तरह निकलते हुए दिखाई दिये जैसे कोई धीरे-धीरे सीढ़ी चढ़ कर ऊपर आ रहा हो।

उन पांचों आदमियों में से दो आदमियों को तो दीवान साहब, बीरसेन और कुसुमकुमारी भी पहिचान गई मगर बाकी के तीन आदमियों को जो फकीरी सूरत में थे सिवाय राजा नारायणदत्त के और किसी ने भी नहीं

पहिचाना ।

जिस समय वे पांचों आदमी छत के नीचे से ऊपर आये उसी समय राजा नारायणदत्त, दीवान साहब और बीरसेन उठ खड़े हुए । बेचारी कुसुमकुमारी सहम कर एक तरफ हट गई । राजा नारायणदत्त दौड़ कर उन तीनों साधुओं में से एक साधू के पैर पर गिर पड़े और आंसुओं की धारा से उसके चरण की धूलि धोने लगे । उस साधू ने मुहब्बत के साथ राजा साहब की पीठ पर हाथ फेरा और उठा कर कहा, "अपने सच्चे प्रेमी मित्र से मिलो !" यह कह कर दूसरे साधू की तरफ जो उनके बगल ही में था इशारा किया और राजा साहब झपट कर उसके गले के साथ चिमट गए । उस साधू ने भी बड़े प्रेम से राजा साहब को गले लगा लिया और दोनों की आंखों से आंसुओं की धारा बह चली ।

रनबीरसिंह आगे बढ़कर दीवान साहब से साहबसलामत करने के बाद बीरसेन से मिले और तब मोहब्बत-भरी एक गहरी निगाह कुसुमकुमारी पर डाली । उधर उसने भी अपने धड़कते हुए कलेजे को शान्ति देकर प्रेम पूरित दृष्टि से रनबीरसिंह को देखा और लज्जा से आंखें नीची कर लीं ।

इस समय का कौतुक देख कर दीवान साहब और बीरसेन तो हैरान थे ही मगर कुसुमकुमारी के दिल का क्या हाल था सो हमारे पाठक स्वयं अनुमान कर सकते हैं ।

अपने मित्र साधू से जो वास्तव में रनबीर के पिता थे मिलने के बाद राजा नारायणदत्त तीसरे साधू से गले मिले और तब रनबीरसिंह के पिता कुसुमकुमारी की तरफ बढ़े । राजा नारायणदत्त ने कुसुम से कहा, "बेटी कुसुमकुमारी आज का दिन हम लोगों को देखना नसीब होगा इसका तो गुमान भी न था, हां, इतना जानते थे कि हम लोगों की वास्तविक प्रसन्नता में कोई बाधा नहीं डाल सकता, अच्छा, बैठो और हम लोगों का जीवन-चरित्र सुनो ।" इतना कहकर इन्द्रनाथ (रनबीर के पिता) दीवानसाहब और बीरसेन की तरफ घूमे और कुशलमंगल पूछने लगे । दीवान साहब और बीरसेन भी इन्द्रनाथ के पैरों पर गिरे और दीवान साहब ने कहा, 'मुझे पूरा विश्वास था कि जो कुछ आपने कहा है वही होगा परन्तु आज के दिन की खबर न थीं और न यही जानता था कि आज का दिन हम लोगों के लिये इतनी बड़ी खुशी का होगा ।

हम ऊपर लिख आये हैं कि 'छत के नीचे से सीढ़ियां चढ़ कर पांच आदमी निकले' जिनमें से चार आदमियों का हाल तो हम लिख चुके हैं मगर पांचवें आदमी का परिचय अभी नहीं दिया गया, वह पांचवां आदमी वही सरदार चेतसिंह था जिसका बयान पहिले आ चुका है,जो बहुत-से फौजी सिपाहियों को लेकर रनबीरसिंह की खोज में पहाड़ी के ऊपर गया था जिस पर कुसुमकुमारी और रनबीरसिंह की मूरत बनी हुई थी। यह नेक सरदार पुरानी उम्र का था और दीवान साहब की तरह बहुत-से भेदों को जानता था, कुसुमकुमारी के पिता इसे दोस्ती की निगाह से देखते थे और इस पर बहुत भरोसा रखते थे, कुसुम को इसने गोद में खिलाया था, इसलिये कुसुम इससे किसी तरह का पर्दा नहीं करती थी। इन्द्रनाथ इत्यादि के साथ सरदार चेतसिंह को भी अद्भुत ढंग से उस कमरे में पहुंचते देख दीवान साहब, बीरसेन और कुसुमकुमारी को बड़ा ही ताज्जुब हुआ पर वह विचार कर कुछ न पूछा कि थोड़ी ही देर में बहुत-से भेद खुलने वाले हैं, ताज्जुब नहीं कि उन्हीं के साथ सरदार चेतसिंह का हाल भी मालूम हो जाय।

थोड़ी देर तक आश्चर्य से सब कोई एक-दूसरे को देखते रहे और जब राजा साहब की इच्छानुसार सब कोई बैठ गये तो उस नये साधू ने जिसके पैर पर राजा साहब गिरे थे कहा, "यह खुशी जो किसी कारणवश बहुत दिनों तक लोप हो गई थी आज यकायक विचित्र रूप से तुम लोगों के सामने आकर खड़ी हुई है, यह खुशी क्यों और कहां चली गई थी और आज यकायक कैसे आ पहुंची तथा अब क्या अवस्था होगी इसका पूरा-पूरा हाल जिसे जानने के लिये तुम बेचैन हो रहे होगे राजा इन्द्रनाथ और राजा कुबेरसिंह का हाल सुनने ही से तुम लोगों को मालूम हो जायगा और यह हाल इस समय हमारा यह शिष्य (दूसरे साधू की तरफ इशारा करके) तुम लोगों से कहेगा परन्तु अपनी जुबान से कुसुमकुमारी की प्रसन्नता के लिये या उसके दिल का खुटका शीघ्र ही दूर करने के लिए इतना मैं कह देता हूं कि दुनिया में मित्रता का नमूना दिखाने वाले दोनों मित्र इन्द्रनाथ और कुबेरसिंह मेरे चेले हैं और आज इस जगह ये दोनों ही मित्र उपस्थित हैं, तथा (राजा नारायणदत्त की तरफ इशारा करके) यह नारायणदत्त वास्तव में कुसुमकुमारी के पिता कुबेरसिंह हैं।"

गुरु महाराज के मुंह से इतनी बात निकलते ही कुसुमकुमारी चीख उठी और-"पिता पिता, मेरे प्यारे पिता ! इतने दिनों तक मुझ अभागिन को छोड़कर

तुम दूर क्यों रहे ?" कहती हुई राजा नारायणदत्त के पैरों पर गिर पड़ी और रोने लगी। राजा नारायणदत्त की आंखें भी डबडबा आई और उन्होंने बड़े प्यार से कुसुमकुमारी को उठा कर कहा, बेटी कुसुम, यद्यपि बहुत दिनों तक मैं तुझसे दूर रहा परन्तु तू खूब जानती है कि मैं तेरी तरफ से बेफिक्र नहीं रहा और बराबर तेरी हिफाजत करता रहा ! इतने दिनों तक मैं दूर क्यों रहा ? इसका हाल हमारे गुरु-भाई अभी-अभी तुम लोगों से कहेंगे, शान्त होकर बैठ और हम दोनों मित्रों का विचित्र हाल सुन।" इतना कह कर राजा साहब चुप हो गए और सब कोई अपने-अपने ठिकाने बैठ गए।

सभी का जी राजा साहब के गुरुभाई की तरफ लगा हुआ था जिनकी जुबानी दोनों राजाओं का विचित्र हाल सुनने के लिये बेचैन हो रहे थे। अस्तु राजा साहब के गुरुभाई ने यों कहना प्रारम्भ किया-'राजा इन्द्रनाथ और राजा कुबेरसिंह बड़े प्रेमी और पूरे मित्र होने के कारण प्राय: एक साथ रहा करते थे, दोनों इन्हीं (गुरु बाबाजी की तरफ इशारा करके) गुरु महाराज के चेले हैं जिनका चेला मैं हूं। दोनों मित्रों को ज्योतिष पढ़ने का हद्द से ज्यादे शौक था और गुरु महाराज ने भी बड़े प्रेम से दोनों को ज्योतिष के ग्रन्थ पढ़ाये और ज्योतिष की गूढ़ बातें बताई। उन दिनों इन दोनों मित्रों के पिता जीते थे और तेजगढ़ तथा बिहार का राज्य करते थे। एक दिन इन दोनों मित्रों ने एकान्त में बैठ कर अपने-अपने पिता के विषय में ज्योतिष द्वारा भविष्यत् फल तैयार करना आरम्भ किया और जब दोनों को यह मालूम हुआ कि इन दोनों की के पिता आज के चालीसवें दिन एक साथ संग्राम में मारे जायेंगे तो इन्हें बड़ा ही आश्चर्य और रंज हुआ। उन दिनों न तो किसी से लड़ाई लगी हुई थी और न उन दोनों राजाओं का कोई दुश्मन ही था ! अतएव इस बात से दोनों को आश्चर्य हुआ कि इतनी जल्दी किस लड़ाई में दोनों के पिता मारे जायेंगे। उस समय इन दोनों मित्रों की अवस्था लगभग बीस वर्ष की होगी।

जब इन दोनों को अपने-अपने पिता का हाल हर तरह से मालूम हो गया तो दोनों ने उस बात को छिपा रखा और इस उद्योग में लगे कि चालीस दिन की जगह पचास दिन तक न तो किसी से लड़ाई होने पावे और न उनके पिता मारे जायें, क्योंकि इन दोनों मित्रों को प्रारब्ध के साथ उद्योग पर बहुत कुछ भरोसा था।

उसके पांचवें दिन राजा इन्द्रनाथ की राजधानी में एक जवाहरी के घर

डाका पड़ा और राजा के कर्मचारियों ने तीन डाकुओं को और एक चौदह वर्ष की उम्र के लड़के को गिरफ्तार किया । उन तीनों डाकुओं में एक अपनी मण्डली का सरदार था और वह नौ-उम्र लड़का भी उसी का था । जब वे चारों दरबार में हाजिर किये गए तो उस समय राजा कुबेरसिंह के पिता भी उसी दरबार में मौजूद थे । इस जगह हमें यह भी कह देना आवश्यक है कि राजा इन्द्रनाथ के पिता और कुबेरसिंह के पिता भी आपस में बड़े मित्र थे और प्राय: मिला-जुला करते थे । जब दोनों राजाओं ने उन डाकुओं का हाल सुना और डाकुओं को तो प्राणदण्ड की आज्ञा दे दी और उस लड़के के विषय में अपने मित्र कुबेरसिंह के पिता से राय ली । कुबेरसिंह के पिता ने कहा कि जब यह लड़का चौदह वर्ष की उम्र में इतना दिलेर और निडर है तो भविष्य में बड़ा ही शैतान और खूनी निकलेगा और सिवाय डाकूपन के कोई दूसरा काम न करेगा अतएव इस लड़के को भी प्राणदण्ड ही देना चाहिये, छोड़ देने में भलाई की आशा नहीं हो सकती है ।

यह विचार जब उस डाकू सरदार ने सुना जिसका वह लड़का था तो वह बड़े जोर से चिल्लाया और बोला, "महाराज ! हम लोगों को प्राणदण्ड की आज्ञा हो चुकी है, खैर कोई चिन्ता नहीं, हम लोग अपनी जिन्दगी का बहुत बड़ा हिस्सा ऐश-ओ-आराम में बिता चुके हैं, किसी बात की हवस बाकी नहीं है, मगर इस बच्चे ने अभी दुनिया का कुछ भी नहीं देखा है अतएव आप कृपा कर इसे छोड़ दें, हम इस लड़के को कसम देकर कह देते हैं कि भविष्य के लिये यह डाकू-वृत्ति को छोड़ दे और कोई दूसरा रोजगार करके जीवन-निर्वाह करे ।"

डाकू सरदार ने बहुत कुछ कहा मगर महाराज ने कुछ भी न सुना और उस लड़के को भी फांसी की आज्ञा दे दी । बस उसी दिन से डाकुओं के साथ दुश्मनी की जड़ पैदा हुई और उन चारों के संगी-साथी डाकुओं ने उत्पात मचाना आरम्भ किया । दोनों राजाओं को भी इस बात की जिद्द हो गई कि जहां तक बन पड़े खोज-खोज के डाकुओं को मारना और उनका नामो-निशान मिटाना चाहिए । उस जमाने में डाकुओं की बड़ी तरक्की हो रही थी और भारतवर्ष में चारों तरफ वे लोग उत्पात मचा रहे थे ।

धीरे-धीरे बदनसीबी के तीस दिन बीत गए और दस दिन बाकी रहे, तब इन्द्रनाथ और कुबेरसिंह दोनों मित्रों ने विचार किया कि आजकल डाकुओं

से बड़ी लागहांट चल रही है और डाकू लोग भी दोनों राजाओं को मार डालने की फिक्र में लगे हुए हैं, ऐसी अवस्था में ज्योतिष की बात सच हो जाय तो कोई आश्चर्य नहीं, अस्तु कोई ऐसी तर्कीब निकालनी चाहिये कि आज से पन्द्रह दिन तक दोनों राजा घर में ही बैठ कर बदनसीबी के दिन बिता दें। कुबेरसिंह की राय हुई कि अपने-अपने पिता को इस बात से होशियार कर देना चाहिए। यद्यपि यह बात इन्द्रनाथ को पसन्द न थी मगर सिवाय इसके और कोई तर्कीब भी न सूझी, आखिर जैसा कुबेरसिंह ने कहा था वैसा ही किया गया अर्थात् दोनों राजा ज्योतिष के भविष्यत् फल से सचेत कर दिए गए।

यद्यपि दोनों राजा जानते थे कि उनके लड़के ज्योतिष-विद्या में होशियार और दक्ष हैं तथापि उन्होंने लड़कों की बात हंसकर उड़ा दी और कहा, "हमें इन बातों का विश्वास नहीं है, और यदि हम लड़ाई में मारे ही गए तो हर्ज क्या है ? क्षत्रियों का तो यह धर्म ही है !" लाचार हो दोनों मित्र चुप हो रहे और किसी से लड़ाई न होने पावे, छिपे-छिपे इसी बात का उद्योग करने लगे।

उनतालीस दिन मजे में बीत गये, चालीसवें दिन बाहर ही बाहर राजा इन्द्रनाथ के पिता अपने मित्र से मिलने के लिए तेजगढ़ की तरफ जा रहे थे जब रास्ते में सुना कि उनके मित्र शिकार खेलने के लिये शेरघाटी की तरफ घूम गए और शाम होते-होते बीच ही में उनसे जा मिले। दोनों का डेरा एक जंगल के किनारे पड़ा और वहां हजार-बारह सौ आदमियों की भीड़-भाड़ हो गई।

पहर रात गई होगी जब उन दोनों को खबर लगी कि कई आदमी जो पोशाक और रंग-ढंग से डाकू मालूम पड़ते हैं इधर-उधर घूमते दिखाई पड़े हैं।

राजा लोगों ने इस बात पर विशेष ध्यान न दिया और अपने आदमियों को होशियार रहने की आज्ञा देकर चुप हो रहे।

दो पहर रात से ज्यादे जा चुकी थी जब डाकुओं के एक गिरोह ने उस डेरे पर छापा मारा जिसमें दोनों राजा दो खूबसूरत पलंगड़ियों पर सो रहे थे और चारों तरफ कई आदमी पहरा दे रहे थे। फौजी सिपाही भी वहां जा पहुंचे मगर जान से हाथ धोकर लड़ने वाले डाकुओं को रोक न सके। दोनों महाराज भी तलवार लेकर मुस्तैद हो गये और चार-पांच डाकुओं को मार कर खुद

भी उसी लड़ाई में मारे गए। इस लड़ाई में बहुत से डाकू मारे गए जिनमें चार-पांच डाकू ऐसे भी मिले जिनकी जान तो नहीं निकली थी मगर जीने लायक भी न थे, इन्हीं की जुबानी मालूम हुआ कि उस गिरोह का सरदार अनगढ़सिंह नामी उस डाकू का बड़ा भाई था जिसे चौदह वर्ष की अवस्था में प्राणदण्ड दिया गया था।

यह खबर जब इन्द्रनाथ और कुबेरसिंह को लगी तो उन्हें बड़ा ही रंज हुआ, यहां तक कि राज्य करने की अभिलाषा दोनों के दिल में जाती रही। दोनों ने सोचा कि जब प्रारब्ध का लिखा हुआ मिट ही नहीं सकता और जो कुछ होना है, होगा ही तो व्यर्थ की किचकिच में फंसे रहने से क्या मतलब ? दो वर्ष तक तो इन्द्रनाथ किसी तरह से अपने पिता की गद्दी पर बैठे रहे, इसके बाद अपने दीवान को राज्य सौंप कर फकीर हो गए, उस समय रनबीरसिंह की उम्र पांच वर्ष की थी और कुसुमकुमारी की अढ़ाई वर्ष की।

राजा इन्द्रनाथ अपनी स्त्री और लड़के को लेकर काशी चले गए और उसी जगह श्रीविश्वनाथ जी की आराधना में दिन बिताने लगे। राजा इन्द्रनाथ के राज्य छोड़ने का केवल एक वही सबब न था बल्कि उन्हें आपस वालों ने कई दफे जहर देकर मार डालने का उद्योग भी किया था मगर ईश्वर की कृपा से जान बच गई थी इसलिये उन्हें कुछ पहिले भी राज्य से घृणा हो रही थी। राजा कुबेरसिंह ने भी अपने मित्र का साथ देना चाहा मगर इन्द्रनाथ ने कसम देकर उन्हें ऐसा करने से रोका और कहा कि कुछ दिन और ठहर जाओ उसके बाद जो चाहना सो करना। आखिर राजा कुबेरसिंह ने उनका कहा मान लिया मगर राज्य का काम बेदिली के साथ करने लगे और महीने-दो महीने पर अपने मित्र से अवश्य मिलते रहे।

कुछ दिन बाद जब एक रोज दोनों मित्र इकट्ठे हुए अर्थात् जब कुबेरसिंह काशी में जाकर इन्द्रनाथ से मिले तो बात ही बात में पुनः ज्योतिष-विद्या की चर्चा होने लगी, दोनों मित्रों की इच्छा हुई कि एक दफे पुनः उद्योग करके अपने नसीब को देखना चाहिये और मालूम करना चाहिये कि अब आगे क्या होने वाला है। आखिर ऐसा ही हुआ, तीन दिन के उद्योग में दोनों ने कई वर्ष का फल तैयार कर लिया जिससे मालूम हुआ कि 'इन्द्रनाथ और कुबेरसिंह दोनों साधू हो जायेंगे, रनबीरसिंह और कुसुमकुमारी दोनों के लिए राज-सुख बदा नहीं है, कुसुम को कोई राजा जबर्दस्ती ब्याह ले जायगा।'

इसके अतिरिक्त और भी कई बातें मालूम हुई। राजा इन्द्रनाथ ने कुबेरसिंह से कहा कि भाई, पहिली दफे तो हम लोग धोखे में रह गए परन्तु अबकी दफे देखना चाहिये कि उद्योग की सहायता से हम लोग अपने प्रारब्ध के साथ क्या कर सकते हैं, हम तो अब फकीर हो ही चुके हैं मगर तुम कदापि फकीर न होना, यद्यपि राजा बने रहने की इच्छा न भी रहे तो टेक निबाहने के लिये अपने देश के मालिक बने ही रहना। मालूम हुआ है कि कुसुम को कोई राजा जबर्दस्ती ब्याह ले जायगा, सो तुम अभी ही कुसम की शादी छिपे-छिपे रनबीर के साथ यहां ही कर दो और दो-तीन आदमियों को यह भेद बता दो जिससे वे समय पर काम आवे और कोई गैर आदमी इस भेद को जानने न पावे। अपने घर में एक चित्रशाला बनवाओ जो इन भेदों को समय पड़ने पर खोल दे, उस घर में हमेशा ताला बन्द रहे और उसकी ताली किसी योग्य पुरुष के सुपुर्द रहे, इसके बाद तुम अन्तर्ध्यान हो जाओ और फिर सूरत बदल कर हमारी राजगद्दी पर बैठे रहने से तुम कुसुम और रनबीरसंह की हिफाजत भी कर सकोगे, इत्यादि !!"

कुबेरसिंह अपने मित्र की बात किसी तरह टाल नहीं सकते थे मगर एक खुटके ने उन्हें तरद्दुद में डाल दिया और सिर झुका कर सोचने लगे। जब कुछ देर हो गई इन्द्रनाथ ने पूछा, "आप क्या सोच रहे हैं ?" इसके जवाब में कुबेरसिंह ने कहा कि 'मैं यह सोचता हूं कि आपने जो कुछ कहा उसे मैं जी-जान से कर सकता हूं परन्तु विचार इस बात का है कि जब मैं लड़की की शादी रनबीरसिंह के साथ कर दूंगा तो आपके राज्य का मालिक मैं कैसे बन सकूंगा ? आपकी आमदनी का एक पैसा भी मेरे काम आने से मैं लोक-परलोक दोनों में से कहीं का न रहूंगा, और जब अपना राज्य अपनी लड़की को दे दूंगा तो उसमें से भी एक पैसा लेने लायक न रहूंगा, ऐसी अवस्था में आपकी आज्ञानुसार काम करके अपना जीवन-निर्वाह मैं क्योंकर कर सकूंगा ? साथ ही इसके कोई काम ऐसा भी न होना चाहिये जिसमें आपकी राजगद्दी चलाने के समय में लोगों को मेरे असल हाल का पता लग जाय।"

कुबेरसिंह की बात सुन कर राजा इन्द्रनाथ ने कहा कि-"आपका सोचना बहुत ठीक है, मगर उसके लिये एक तर्कीब हो सकती है अर्थात् कुसुम को राज्य दे देने और उसकी शादी करने के पहिले ही आप अपने राज्य

का कोई मौजा या परगना राज्य से अलग करके किसी ऐसे आदमी के सुपुर्द कर दीजिए जिस पर आप पूरा विश्वास कर सकते हों और जिसको आप इस भेद में भी शरीक करना पसन्द करते हों, बस वह आदमी आपके अलग किये हुए परगने की आमदनी किसी ढंग से आपको दिया करेगा और उसी से आप अपना काम चलाया करेंगे ।"

राजा कुबेरसिंह को यह बात बहुत पसन्द आई और वह गुप्त नीति से इसका बन्दोबस्त करने लगे । (दीवार की तरफ इशारा करके) यह देखिये उसी जमाने की तस्वीर है, उन दिनों इन्द्रनाथ की स्त्री भी जो बड़ी पतिव्रता थी राजा साहब के साथ ही रहा करती थी और रनबीरसिंह के साथ खेलने के लिये वे जसवन्तसिंह नामी एक लड़के को भी साथ रखते थे । जसवन्तसिंह पर भी राजा साहब बड़ी कृपा रखते थे मगर उस कम्बख्त ने अन्त में ऐसी करनी की कि जो सुनेगा उसके नाम से घृणा करेगा, अब तो वह मर ही गया, उसका जिक्र करना फिजूल है ।

जब ऊपर कही हुई बात को दो वर्ष बीत गये और राजा कुबेरसिंह ने गुप्त रीति से सब बातों का पूरा-पूरा बन्दोबस्त कर लिया तब यात्रा करने के बहाने अपनी स्त्री और कुसुम को तथा और भी बहुत-से आदमियों को साथ लेकर काशी जी गये । कुबेरसिंह का जो कुछ इरादा था उसकी खबर सिवाय उनकी स्त्री, दीवान साहब और सरदार चेतसिंह के और किसी को भी न थी बल्कि और लोगों को यह भी मालूम न था कि राजा इन्द्रनाथ अपनी स्त्री और लड़के के सहित काशीपुरी में रहते हैं । मगर जिस रात उस मकान में जिसमें इन्द्रनाथ रहते थे गुप्त रीति से कुसुम का विवाह हुआ और विवाह करने के लिये काशी के एक पंडित को बुलाया गया, उसी रात गोत्रोच्चारण के समय में उस पंडित को मालूम हो गया कि वह साधू वास्तव में राजा इन्द्रनाथ हैं और उसी पंडित की जुबानी जिसे इस विवाह में बहुत कुछ मिला भी था मगर जो पेट का हल्का था, धीरे-धीरे कई आदमियों को इसकी खबर हो गई कि फलाना साधू या ब्रह्मचारी वास्तव में राजा इन्द्रनाथ हैं । (दीवार की तस्वीर दिखा कर) देखिये यह कुसुम के विवाह के समय की तस्वीर है । एक बात कहना तो हम भूल ही गए, देखिये, इसी तस्वीर में राजा इन्द्रनाथ के पीछे सिपाहियाना ठाठ से एक आदमी खड़ा है, यह इन पंडित जी का नौकर है जो विवाह कराने आये थे । डरपोक पंडित ने समझा कि कहीं ऐसा न हो कि

विवाह कराने के बहाने ये लोग बेठिकाने ले जाकर उन्हीं का कपड़-लता छीन लें जैसा कि काशी में प्रायः हुआ करता है इसीलिये इस आदमी को अपने साथ ले आये थे। राजा इन्द्रनाथ ने तो समझा था कि ब्राह्मण का आदमी है सीधा-सादा होगा मगर वह बड़ा ही शैतान और पाजी निकला और उसी ने रुपये की लालच में पड़ कर अन्त में इन्द्रनाथ का पता डाकुओं को दे दिया। कुसुम की शादी के थोड़ी ही दिन बाद कुसुम की मां का देहान्त हुआ। उन दिनों कुबेरसिंह बहुत उदास रहा करते थे और उसी उदासी के जलवे में ये तस्वीरें बनाई गई थीं। इन तस्वीरों के बनाने में सरदार चेतसिंह ने बड़ी कारीगरी खर्च की है। यद्यपि ये मसौवर नहीं थे अगर हमें सब के काम को अपने हाथ से पूरा करने के लिये राजा कुबेरसिंह की आज्ञानुसार इन्होंने बड़ी कोशिश से मुसौवरी सीखी थी। देखिये, चारों तरफ की तस्वीरें कुबेरसिंह और इन्द्रनाथ की दोस्ती और इनके लड़कपन के जमाने का हाल दिखा रही हैं। कुसुम की शादी के कई वर्ष बाद कुबेरसिंह ने कुसुम को गद्दी देकर दीवान साहब के सुपुर्द कर दिया और कुसुमकुमारी तथा और लोगों को यह कह कर कि 'मैं बद्रिकाश्रम जाता हूं, संन्यास लेकर उसी तरफ कहीं रहूंगा', घर से बाहर हो गए। जाते समय बहुत-सी बातें कुसुम को समझा गए जो उस समय कुछ होशियार हो चुकी थी, तथा यह भी कह गए कि मेरी नसीहत को आखिरी नसीहत समझियों क्योंकि अब मैं कदाचित् लौट कर घर भी न आऊंगा और यदि मेरे देहान्त की किसी तरह की खबर लगे तो क्रिया-कर्म न किया जाय क्योंकि मैं यहां से जाने के साथ ही सन्यासी हो जाऊंगा।

कुबेरसिंह जिस समय यहां से जाने लगे, घर और बाहर चारों तरफ हाहाकार मच गया और सभी का जी बड़ा ही दुःखी और उदास हुआ परन्तु कोई उनके इरादे को रोक नहीं सकता था अस्तु वह कार्य भी हो गया और तीन-चार आदमियों को छोड़ के फिर किसी को कुबेरसिंह का पता न लगा।

कुबेरसिंह घर से निकल कर बदरिकाश्रम नहीं गए बल्कि सीधे अपने मित्र इन्द्रनाथ के पास काशी पहुंचे और दोनों मित्र मिल-जुल के रहने लगे। थोड़े दिन बाद जंगल की जड़ी-बूटियों की सहायता से कुबेरसिंह का रंग-रूप बदल दिया गया और इन्द्रनाथ ने अपने दीवान को जो उनका सब हाल जानता था और जिसे मरे आज कई वर्ष हो गए हैं बुलवाकर बहुत कुछ समझाया और कुबेरसिंह को अपनी जगह राजा बनाने की आज्ञा देकर कुबेरसिंह के

सहित उसे बिदा किया। उस दिन से कुबेरसिंह ने अपना नाम नारायणदत्त रखा और बिहार के राजा कहलाने लगे। इसके थोड़े ही दिन बाद इन्द्रनाथ को मालूम हो गया कि डाकुओं को हमारा पता लग गया और वे लोग हमारी जान लेने की फिक्र कर रहे हैं। इन्द्रनाथ को अपनी जान प्यारी न थी मगर अपनी स्त्री और रनबीरसिंह का बड़ा ध्यान था इसलिये अपनी स्त्री और लड़के को अपने मित्र कुबेरसिंह के सुपुर्द करना चाहा परन्तु उनकी स्त्री ने स्वीकार न किया। उसने कहा कि लड़के को चाहे भेज दो मगर मैं आपका साथ न छोड़ूंगी, इस सबब से रनबीरसिंह को कुबेरसिंह के हवाले करने की कार्रवाई कुछ दिन के लिये रुकी रही। एक दिन रात के समय दो-तीन डाकू सेंध लगाकर उनके मकान में घुसे, ईश्वर-इच्छा से इन्द्रनाथ जाग रहे थे इसलिये जान बच गई मगर फिर भी उन डाकुओं के साथ लड़ना ही पड़ा, उनकी स्त्री उसी दिन एक डाकू के हाथ से मारी गई मगर इन्द्रनाथ ने भी उन डाकुओं में से सिवाय एक के किसी को जीता न छोड़ा, वह एक डाकू जो बच गया था इन्द्रनाथ की स्त्री के कपड़े की गठरी लेकर भाग गया, उस समय रनबीरसिंह और जसवन्तसिंह चारपाई पर सो रहे थे जिन्हें इस लड़ाई की कुछ भी खबर न थी। अब इन्द्रनाथ इस फेर में पड़े कि सवेरा होने पर जब इस डाके की खबर लोगों को होगी और राजकर्मचारी लोग इकट्ठे होकर तहकीकात करेंगे तो हमारा भेद खुल जायगा और अगर हम रनबीरसिंह को लेकर कहीं चले जायें तो अपनी स्त्री की लाश का क्या करें जो बेचारी इस समय डाकुओं के हाथ से मारी गई है, (कुछ रुककर) अहा, ईश्वर की भी विचित्र महिमा है! इन्द्रनाथ इस फेर में पड़े हुए सोच ही रहे थे कि मैं जा पहुंचा और सब हाल मालूम करने के बाद उनका साथ देने के लिये तैयार हो गया। अपनी स्त्री की लाश कम्बल में बांध कर इन्द्रनाथ ने पीठ पर लादी और रनबीरसिंह को मैंने गोद में उठा लिया, जसवन्तसिंह की उंगली पकड़ ली और उसी समय वहां से निकल बाहर हुए। तरनतारनी भगवती जाह्नवी के तट पर पहुंच कर और डोमों को बहुत-कुछ देकर रनबीरसिंह की मां की दाहक्रिया की गई और दो ही घंटे में उस काम से भी छुट्टी पाकर हम लोग काशी के बाहर हो गए, फिर न-मालूम पीछे क्या हुआ और लोगों ने क्या सोचा। रनबीरसिंह अपनी मां के मरने से बड़ा उदास और दुःखी हुआ, यद्यपि उस समय वह बालक ही था मगर घड़ी-घड़ी अपने पिता से यही कहता था

कि 'मेरी मां को जिसने मारा उसका पता बता दो, मैं अपने हाथ से उसका सर काटूंगा।' आखिर लाचार होकर इन्द्रनाथ ने उसे समझा दिया कि तेरी मां को किसी दूसरे ने नहीं मारा बल्कि वह अपने हाथ से अपना गला काट के मर गई।

इतना कहकर बाबा जी कुछ देर के लिए चुप हो गए क्योंकि यह हाल कहते-कहते उनका जी उमड़ आया था और रनबीरसिंह तथा कुसुमकुमारी की आंखों से भी आंसू की धारा बह रही थी। थोड़ी देर बाद बाबा जी ने फिर कहना शुरू किया-

'काशी से बाहर होकर हम लोग तीन दिन तक बराबर चलते ही गए और विन्ध्य की एक पहाड़ी पर जाकर विश्राम किया। इन्द्रनाथ ने एक खोह में डेरा डाला और मुझे कुबेरसिंह को बुलाने के लिये भेजा। जब कुबेरसिंह आये तो रनबीरसिंह तथा जसवन्तसिंह को समझा-बुझाकर उनके हवाले किया और आप अकेले रहने लगे। उस दिन से फिर रनबीरसिंह को अपने बाप का कुछ हाल मालूम न हुआ।

इस जगह हम यह कहना पसन्द नहीं करते कि रनबीरसिंह किस तरह अपनी राजधानी में रहा करते थे क्योंकि कुसुमकुमारी को छोड़ के और सभी को उसका हाल मालूम है तथापि रनबीरसिंह को पुनः जताने के लिये इतना अवश्य कहेंगे कि राजा नारायणदत्त (कुबेरसिंह) रनबीरसिंह को बराबर कहा करते थे कि जसवन्तसिंह अच्छे खानदान का शुद्ध लड़का नहीं है अतएव तुम इस पर भरोसा न रखा करो और इसका साथ छोड़ दो।

थोड़े दिन तक उस पहाड़ी में ईश्वराधन करने के बाद इन्द्रनाथ वहां से उठ कर अपने गुरु के पास गए और साल-भर तक उनके पास रहने के बाद फिर अलग हुए क्योंकि उस जगह (जहां गुरुजी रहते थे) डाकुओं की आमदरफ्त शुरू हो गई थी और डाकुओं को उनका पता लग जाने का भय था। अस्तु इन्द्रनाथ वहां से रवाना होकर मथुरापुरी की तरफ चले गए, फिर मुद्दत तक किसी को मालूम न हुआ कि राजा इन्द्रनाथ कहां गए, क्या हुआ और उन पर क्या मुसीबत आई, तथापि राजा कुबेरसिंह और गुरु महाराज उनकी खोज में लगे रहे। इधर लगभग तीन वर्ष के हुआ होगा कि राजा कुबेरसिंह के एक जासूस ने आकर यह खबर दी कि 'राजा इन्द्रनाथ को बालेसिंह ने गिरफ्तार करके डाकुओं के हवाले कर दिया।'

इतना सुनते ही कुबेरसिंह गुरु महाराज के पास गए और सब हाल उनसे कहा और इसके बाद उसका पता लगाकर कैद से छुड़ाने की फिक्र होने लगी ।

यह बात कई आदमियों को मालूम थी कि–'बालेसिंह डाकुओं के किसी गिरोह का गुप्त रीति से साथी है और डाकुओं की बदौलत वह अपने को बड़ा ताकतवर समझता है' और वास्तव में बात भी ऐसी ही थी । डाकुओं की बदौलत बालेसिंह बात की बात में अपनी फौजी ताकत तो बढ़ा ही लेता था, मगर वह खुद भी बड़ा ही कांइयां और शैतान था । स्वयं राजा कुबेरसिंह ने उससे रंज होकर कई दफे उस पर चढ़ाई की थी मगर वह काबू में न आया । ईश्वर रनबीरसिंह पर सदैव प्रसन्न रहे जिसने अपनी बहादुरी से बालेसिंह को बेकाम कर दिया ।

जिन दिनों गुरु महाराज को यह मालूम हुआ कि इन्द्रनाथ को बालेसिंह ने डाकुओं के हाथ में फंसा दिया उन दिनों गुरु महाराज की सेवा में एक नौजवान बहादुर आया करता था जो बड़ा ही नेक और रहमदिल था । उसका बाप जो बालेसिंह का नौकर था, मर चुका था, केवल उसकी एक मां थी जो बालेसिंह के यहां रहा करती थी, वह नौजवान लड़का भी जिसका नाम रामसिंह था अपनी मां के साथ बालेसिंह के यहां रहा करता था परन्तु यद्यपि वह बालेसिंह के यहां रहता था और उसका नमक खाता था मगर बालेसिंह की चाल-चलन उसे पसन्द न थी और इसलिए वह गुरु महाराज से कहा करता था कि कोई ऐसी तर्कीब बताइये जिससे मैं अमीर हो जाऊं और बालेसिंह की मुझे कुछ परवाह न रहे, जिसके जवाब में गुरु महाराज यही कहा करते थे कि 'उद्योग करो, जो चाहते हो सो हो जायगा, उद्योगी मनुष्य के आगे कोई बात दुर्लभ नहीं है !' जब गुरु महाराज को इन्द्रनाथ का हाल मालूम हुआ तो उन्होंने इन्द्रनाथ का ठीक-ठीक पता लगाने का काम उसी नौजवान रामसिंह के सुपुर्द किया और कहा कि उद्योग करने का यही मौका है, यदि तेरे उद्योग से इन्द्रनाथ का ठीक-ठीक पता लग गया और इन्द्रनाथ डाकुओं के फन्दे से निकल गए तो तुझे अमीर कर देने का जिम्मा हम लेते हैं । रामसिंह ने बड़े उत्साह से गुरु महाराज की आज्ञा स्वीकार कर ली क्योंकि वह जानता था कि कई राजा लोग गुरु महाराज के चेले हैं, अगर ये चाहेंगे और मुझसे प्रसन्न होंगे तो निःसन्देह

मुझे अमीर कर देंगे ।

गुरु महाराज को इस बात का पूर्ण विश्वास था कि बालेसिंह को या किसी डाकू को यह नहीं मालूम है कि इन्द्रनाथ और कुबेरसिंह हमारे चेले हैं या उनसे और हमसे कुछ सम्बंध है इसीलिए बेफिक्री के साथ रामसिंह को मदद दे सकते थे और रामसिंह को अपना भेद खुल जाने का भय न था ।

फिर तो रामसिंह को यह धुन हो गई कि किसी तरह डाकुओं का सरदार मुझसे प्रसन्न हो जाय और मुझे बालेसिंह से मांग ले तो मेरा काम बन जाय, अस्तु उसने वर्षों की कोशिश में बालेसिंह को अपने ऊपर प्रसन्न कर लिया और ऐसे-ऐसे बहादुरी के काम कर दिखाये कि बालेसिंह उसे जी-जान से मानने लग गया । जब-जब वह उस नौजवान रामसिंह की तारीफ उससे करता । एक दिन डाकू सरदार ने रामसिंह से कहा कि 'मैं बालेसिंह की जुबानी तेरी बड़ी तारीफ सुना करता हूं परन्तु मैं अपनी आंखों से तेरी बहादुरी देखना चाहता हूं । कल हम लोग एक मुहिम पर जाने वाले हैं, तू हमारे साथ चल और अपनी बहादुरी का नमूना मुझे दिखला ।'

रामसिंह ने मन में प्रसन्न होकर कहा कि 'मैं आपके साथ चलने के लिये जी-जान से तैयार हूं परन्तु मालिक की आज्ञा होनी चाहिये ।'

मुख्तसर यह है कि डाकू सरदार ने रामसिंह को आठ-दस दिन के लिए मांग लिया और अपने साथ एक मुहिम पर ले गया । डाकू सरदार को खुश करने का यह बहुत अच्छा मौका रामसिंह के हाथ लगा और उसने मुहिम पर जाकर ऐसी बहादुरी दिखलाई कि डाकू सरदार मोहित हो गया और मुहिम पर से लौटने के बाद बड़ी जिद्द करके उसने बालेसिंह से रामसिंह को मांग लिया । जब रामसिंह डाकू सरदार के साथ जाने लगा तब उसने कह-सुन कर अपनी मां को भी साथ ले लिया जो उसके दिल का हाल अच्छी तरह जानती थी ।

गिरनार पहाड़ के पास ही कहीं पर "सतगुरु देवदत्त" का कोई स्थान है । हम यह नहीं जानते कि "सतगुरु देवदत्त" कौन थे और उनकी गद्दी का क्या हाल है मगर इतना रामसिंह की जुबानी मालूम हो गया था कि आज-कल के डाकू लोग "सतगुरु देवदत्त" की गद्दी के चेले हैं और उनके नाम की बड़ी इज्जत करते हैं ।

डाकू सरदार के पास जाने के बाद भी महीने में दो-तीन दफे रामसिंह गुरु महाराज के पास आया करता था और अपना सब हाल कहा करता था। इसी महीने में जब डाकू सरदार ने खुश होकर रामसिंह को अपने सिपाहियों का सरदार बना दिया तब उसे मालूम हुआ कि इन्द्रनाथ इसी डाकू सरदार के कब्जे में पड़े हुए हैं, इसके पहिले उसे इस बात का केवल शक था पर विश्वास न था।

जिस दिन इस किले के सामने मैदान में बालेसिंह से और रनबीरसिंह से लड़ाई हुई थी उसी दिन रामसिंह ने गुरु महाराज के पास आकर यह खुशखबरी सुनाई थी कि 'इन्द्रनाथ का पता लग गया, वह उसी डाकू सरदार के कब्जे में हैं जिसके यहां मैं रहता हूं, आप जो कुछ उचित समझें करें और मुझे जो कुछ आज्ञा हो करने के लिये मैं तैयार हूं।'

यह खुशखबरी सुन कर गुरु महाराज बहुत प्रसन्न हुए, रामसिंह को तो कई बातें समझा-बुझाकर बिदा किया और मुझे यह आज्ञा दी कि रनबीरसिंह को इस ढंग से मेरे पास ले आओ जिसमें किसी को कानों-कान खबर न हो, हम सरदार चेतसिंह के नाम पत्र लिख देते हैं, वह इस काम में तुम्हारी सहायता करेगा बल्कि एक पत्र और लिये जाओ वह भी सरदार चेतसिंह को देना और कह देना कि अपने किसी विश्वासपात्र के हाथ राजा नारायणदत्त के पास भिजवा दें।

गुरु महाराज की आज्ञा पाकर मैं यहां आया और सरदार चेतसिंह से मिल कर तथा वह सब हाल कह कर गुरु महाराज की चिट्ठी दी। सरदार चेतसिंह ने उसी समय अपने भतीजे को राजा नारायणदत्त के पास रवाना किया और रनबीरसिंह को यहां से ले जाने में मुझे सहायता दी। (उस गढ्डे की तरफ इशारा करके जिस राह से ये लोग इस कमरे में आये थे) इसी राह से मैं इस कमरे में आया था, उस समय रनबीरसिंह और बीरसेन दोनों आदमी इस कमरे में सोये हुए थे और दोनों के सिर्हाने पानी का भरा हुआ एक चांदी का बर्तन रखा हुआ था, मैंने दोनों के सिर्हाने जाकर पानी के बर्तनों में एक प्रकार की दवा डाल दी जो जख्मों को फायदा पहुंचाने के साथ ही साथ गहरी नींद में बेहोश कर देने की शक्ति रखती थी और उल्टे पैर यहां से लौट गया तथा यह रास्ता बन्द करता गया। दो घंटे के बाद जब मैं फिर इस कमरे में आया तो पानी का बर्तन देखने

से मालूम हो गया कि दोनों ने इसमें से थोड़ा-थोड़ा जल पीया है, बस मैं बेफिक्री के साथ सरदार चेतसिंह की सहायता से रनबीरसिंह को यहां से उठा ले गया और जब अपने स्थान के पास पहुंचा तो एक पेड़ के नीचे इन्हें रख तथा इनके जख्मों पर अनूठी बूटी का रस लगाकर अलग हो गया।"

पाठक महाशय, अब तो आपको मालूम ही हो गया होगा कि यह साधू बाबा वही हैं जिनका हाल हम ऊपर पचीसवें बयान में लिख आए हैं और यह साधू महाशय अपने साथ रनबीरसिंह को लेकर जिस बाबाजी के पास गए थे या जिसने रनबीरसिंह की सूरत बदलकर डाकुओं की तरफ रवाना किया था वह गुरु महाराज ही थे जिनका हाल छब्बीसवें बयान में लिखा जा चुका है।

ऊपर लिखा हुआ हाल कहकर साधू बाबा दम लेने के लिए कुछ रुक गए और फिर इस तरह कहने लगे-"जब रनबीरसिंह की आंख खुली तो मेरा लिखा हुआ एक पुर्जा पढ़ कर जिसे मैंने उसके पास वाले एक पेड़ के साथ चिपका दिया था पश्चिम की तरफ चल निकले और थोड़ी ही देर बाद इनकी मुझसे मुलाकात हुई। मैंने गुरु महाराज की आज्ञा से इन्द्रनाथ का कुछ हाल कागज पर पहिले ही से लिख के इसलिये रख छोड़ा था कि इन्द्रनाथ का पता न लगेगा तो यह कागज कुसुमकुमारी के पास भेज देंगे। वही कागज मैंने रनबीर के आगे रख दिया जिसके पढ़ने से इन्हें सब हाल मालूम हो गया। इसके बाद मैं रनबीरसिंह को गुरु महाराज के पास ले गया और सब हाल कहा। गुरु महाराज ने इन्हें डाकुओं का सब भेद बताया, जहां वे रहते थे वहां का पता दिया, और यह भी कहा कि ये डाकू लोग सतगुरु देवदत्त की गद्दी तथा उनके चेलों और नाम को हद से ज्यादे मानते हैं, तुम सतगुरु देवदत्त के नकली चेले बन के वहां जाओ और अपने पिता को छुड़ाने का उद्योग करो। वहां डाकुओं के मकान में माई अन्नपूर्णा का एक स्थान है जिसकी पूजा एक औरत करती है, वह और उसका लड़का रामसिंह तुम्हारी मदद करेगा, हम बुढ़िया के नाम की एक चिट्ठी लिख देते हैं, इस बात की खबर राजा नारायणदत्त के पास भी भेज दी गई है, तीन-चार दिन के अन्दर तुम्हारे पास मदद भी पहुंच जायगी मगर तुम अपना काम बड़ी होशियारी से करना जिसमें डाकू सरदार को तुम पर शक न होने

पावे, नहीं तो सब काम चौपट हो जायगा, इस भरोसे पर मत रहना कि डाकू सरदार की जिन्दगी में उसके मकान की हद के अन्दर फौजी मदद (जो तुम्हारे पास भेजी जायगी) कुछ काम कर सकेगी। तुम्हें मदद पहुंचने के पहिले ही डाकू सरदार पर अपना कब्जा कर लेना चाहिए, इत्यादि बातें समझा-बुझा कर एक बूटी का रस लगाकर इनका रंग काला कर दिया और उस तरफ रवाना किया।

इतना कह कर साधू महाशय दम लेने के लिये फिर रुक गये और उस समय बीरसैन ने पूछा, "जब डाकू लोग सतगुरु देवदत्त को मानते हैं तो माई अन्नपूर्णा की पूजा क्यों करते हैं ?"

साधू : माई अन्नपूर्णा का वह स्थान जिसका मैंने जिक्र किया है डाकुओं का बनाया हुआ न था बल्कि रामसिंह की मां ने बनवाया था क्योंकि वह माई अन्नपूर्णा की उपासना और भक्ति बहुत दिनों से करती है।

बीरसेन : ठीक है, अच्छा तब क्या हुआ ?

साधू : इसके आगे का हाल यदि रनबीरसिंह बयान करें तो अच्छा होगा।

कुबेरसिंह : मैं भी यही अच्छा समझता हूं और रनबीरसिंह की जबानी सविस्तार हाल सुनने की इच्छा रखता हूं।

रनबीरसिंह : जैसी आज्ञा !

रनबीरसिंह ने डाकुओं के घर पर जाकर कार्रवाई करने का हाल जैसाकि हम ऊपर लिख आये हैं बयान किया, इसके बाद अपना बाकी का हाल जिसे हम छोड़ आये हैं या कहना शुरू किया-"जैसा कि अभी कह चुका हूं उस ढंग से जब मैं रामसिंह, उसकी मां और अपने पिता को साथ लेकर पैदल ही वहां से रवाना हुआ तो मैंने रामसिंह से पूछा कि वे पांचों औरतें कौन थीं जिन्हें तुम मेरे देखते-देखते इस मकान में ले आये थे ? इसके जवाब में रामसिंह ने कहा कि वे पांचों औरतें राजा कुबेरसिंह के रिश्तेदार मन्मथसिंह के घर की हैं जो डाकू सरदार की आज्ञानुसार इसलिए गिरफ्तार की गई हैं कि उनके बदले में बहुत-सा रुपया लेकर तब छोड़ी जाय क्योंकि डाकू सरदार को आजकल रुपये की बहुत जरूरत थी, और इसीलिए उसी दिन डाकू सरदार ने कुसुमकुमारी को भी गिरफ्तार करने की आज्ञा दी थी।"

इतना सुनते ही राजा कुबेरसिंह चौंक पड़े और बोले, "हैं ! मन्मथसिंह के घर की औरतें !"

रनबीरसिंह : जी हां ।

कुबेरसिंह : अब वे औरतें कहां हैं ?

रनबीरसिंह : (उस गड्ढे की तरफ इशारा करके) नीचे बैठी हुई हैं, यदि इच्छा हो तो बुला ली जायं ।

कुबेरसिंह : (गुरु महाराज की तरफ देख के) यदि आज्ञा हो तो वे ऊपर बुला ली जायं ?

गुरु : जल्दी न करो, वे आराम से नीचे बैठी हुई हैं, जहां तक हम समझते हैं सिवाय इन लोगों के जो यहां मौजूद हैं और किसी को भी तुम लोगों का हाल मालूम न होना चाहिए ।

कुबेरसिंह : सो तो ठीक है ।

इन्द्रनाथ : बेशक हम लोगों का हाल किसी को मालूम न होना चाहिये ।

मन्मथसिंह के घर की औरतों का नाम सुनकर कुसुमकुमारी के दिल की अजब हालत हुई, अगर बड़े लोग वहां उपस्थित न होते या रनबीरसिंह के बदले में कोई दूसरा आदमी इस किस्से को सुनाता होता तो कुसुमकुमारी अपने दिल को न रोक सकती, कुछ-न-कुछ जरूर पूछती और उन लोगों को देखने की इच्छा प्रकट करती मगर इस समय लज्जा ने उसे रोका और वह ज्यों-की-त्यों चुपचाप बैठी रही ।

कुबेरसिंह : (गुरु जी से) क्या उन औरतों को इन्द्रनाथ का हाल मालूम नहीं है ?

गुरु : अगर मालूम भी है तो केवल इतना ही कि यह कैदी वास्तव में राजा इन्द्रनाथ हैं जिन्हें छुड़ाने के लिये रनबीरसिंह आये थे ।

कुबेरसिंह : (रनबीरसिंह से) अच्छा तब क्या हुआ और उन औरतों को तुमने किस तरह छुड़ाया ?

रनबीरसिंह : (कुबेर से) जैसे ही हम लोग डाकुओं की सरहद के बाहर हुए वैसे ही आपके पांच सौ फौजी सिपाही जिन्हें गुरु महाराज की आज्ञानुसार आपने भेजा था, मिले, उस समय मैंने रामसिंह से पूछा कि अब क्या करना चाहिये ? यदि कहो तो इस छोटी-सी फौज को लेकर मैं पीछे

की तरफ लौटूं और जितने डाकू वहां हैं सभी को मार कर बाकी कैदियों को भी छुड़ाऊं, रामसिंह ने जवाब दिया कि बेशक ऐसा ही करना चाहिये, डाकू सरदार मारा ही गया और मैं जो सभी का अफसर था आपके साथ हूं, अस्तु अब ये लोग कुछ भी नहीं कर सकते, आपकी राय अगर ढीली भी हो तो मैं जोर देकर कहता हूं कि लौटिये और उन कम्बख्तों को मारिये जिससे भविष्य के लिये मुझे किसी तरह का डर न रहे। आखिर ऐसा ही हुआ, बस हम लोग उस छोटी-सी फौज को साथ लेकर लौट पड़े और डाकुओं के उस मकान को घेर लिया जिसमें पिताजी कैद थे। रामसिंह की बहादुरी की मैं जहां तक तारीफ करूं उचित है, उसने कोठरियों और तहखानों में घुस-घुस करके डाकुओं को खोज निकाला और मारा।

मेरी इच्छा तो बालेसिंह को वहां से ले आने की थी मगर उस मार-काट में रामसिंह की तलवार ने उसका सर भी धड़ से अलग कर दिया और उसके साथियों में से भी किसी को न छोड़ा जो उसकी खबर उसके घर पहुंचाता।

दीवान : अच्छा हुआ जो वह कम्बख्त मारा गया! उसने हम लोगों को बड़ा ही तंग किया था, परसाल उसने कुसुम से अपनी शादी के लिए कितना जोर मारा और दिक किया कि मैं कह नहीं सकता। जब उसे रनबीरसिंह का हाल मालूम हुआ तो उसने अपने इलाके में रनबीरसिंह को फंसाने के लिये पहाड़ पर कुसुम तथा रनबीरसिंह की मूरतें बनाई क्योंकि उसे यह खबर लग चुकी थी कि आजकल शिकार खेलते हुए रनबीरसिंह वहां तक आया करते हैं। यद्यपि हम लोगों को उसकी खबर हो गई थी मगर सिवाय निगरानी के हम लोग और कुछ भी नहीं कर सकते थे, अगर साल-भर पहिले ही हम रनबीरसिंह और जसवन्तसिंह के हाल से कुसुमकुमारी को होशियार न कर दिये होते और दोनों की तस्वीरें कुसुम को न दिखा दिये होते तो बड़ा ही गड़बड़ मचता। अच्छा हुआ जो उस कम्बख्त को रामसिंह ने जहन्नुम में पहुंचाया।

इन्द्रनाथ : कुसुम को अपनी शादी का पूरा-पूरा हाल कब मालूम हुआ?

दीवान : दो साल से ऊपर हुआ जब कुसुमकुमारी एक दिन ताला तोड़कर इस कमरे में चली आई थी क्योंकि वह बराबर सभी से इस कमरे

का हाल पूछती थी मगर कोई कुछ बताता न था, आखिर एक दिन क्रोध में आकर उसने ताला तोड़ ही डाला, और जब इन तस्वीरों को देखा तो मुझे बुलवा भेजा और इन तस्वीरों का हाल पूछा लाचार होकर मुझे कुछ थोड़ा-सा हाल कहना ही पड़ा। मैंने केवल उसकी शादी के विषय में थोड़ा-सा हाल कहा और रनबीरसिंह तथा जसवन्तसिंह की तस्वीर का परिचय देकर बताया कि यह रनबीरसिंह राजा नारायणदत्त का लड़का है। बस इससे ज्यादे कुछ हाल कुसुमकुमारी को मालूम न हुआ।

कुबेरसिंह : मुझे याद है, आपने एक दिन मुझसे मिलकर यह बात कही भी थी। (रनबीरसिंह से) अच्छा तब क्या हुआ ?

रनबीरसिंह : डाकुओं को मारने के बाद उनका माल-असबाब सब लूट लिया और उन लोगों को भी जो उनके यहां कैद थे छुड़ा हम गुरु महाराज के स्थान पर आये। गुरु महाराज की आज्ञानुसार कई फौजी आदमियों को साथ करके और खर्च इत्यादि देकर सब कैदियों को उनके घर भिजवा दिया। इसके बाद गुरु महाराज ने (कुबेरसिंह की तरफ देखकर) लालसिंह को जो उन फौजी सिपाहियों का अफसर था और जिसे आपने गुरु महाराज की आज्ञानुसार काम करने की आज्ञा दी थी बाकी फौजी आदमियों के सहित आपके पास लौट जाने की आज्ञा दी और उसी के हाथ एक पत्र भी आपको भेजा जिससे आपको हम लोगों का सब हाल मालूम हुआ होगा।

इतना कहकर रनबीरसिंह चुप हो गये। कुसुमकुमारी उठकर पुनः अपने पिता के पैरों पर गिर पड़ी और बोली, "पिता ! अब तो तुम मुझसे जुदा न होओगे ?" और रोने लगी।

कुसुमकुमारी के रोने ने सभी का कलेजा पानी कर दिया, कुबेरसिंह, इन्द्रनाथ और गुरु महाराज ने समझा-बुझा कर उसे शान्त किया। इसके बाद कुसुम और बीरसेन ने उस रास्ते को बड़े गौर से देखा जिधर से इन्द्रनाथ वगैरह इस कमरे में आये थे। मालूम हुआ कि वह छत का छोटा-सा टुकड़ा जंजीरों के सहारे टंगा हुआ रहता है और नीचे कमरे में जंजीरों को खैचने और ढीला करने के लिए चर्खियां लगी हुई हैं। इसी कमरे के आगे सरदार चेतसिंह के रहने का कमरा था।

❐

33

इस विचित्र ढंग से अपने पिता से मिलने का जैसा आनन्द रनबीरसिंह और कुसुमकुमारी को हुआ इसका लिखना कठिन है । आश्चर्य नहीं कि हमारे पाठकों को भी दोनों राजर्षि राजाओं के उद्योग और प्रारब्ध का हाल पढ़ कर कुछ आनन्द मिला हो । अब इस किस्से की समाप्ति में थोड़ा-सा हाल लिखना और बाकी रह गया है । वह यह कि घंटे-भर बाद मन्मथसिंह के घर की औरतें ऊपर बुलाई गई और कुसुमकुमारी बड़े प्रेम से उनसे मिली मगर इन औरतों को रनबीरसिंह के अतिरिक्त दोनों राजाओं और गुरु महाराज का का परिचय नहीं दिया गया और वे सब इसी समय अच्छी तरह से अपने घर पहुंचा देने के लिए सरदार चेतसिंह के हवाले की गई, उन्हें केवल इतना ही मालूम हुआ कि राजा रनबीरसिंह ने हम लोगों को छुड़ाया । रनबीरसिंह ने बहुत उद्योग किया कि उनके पिता इन्द्रनाथ अब उनके पास ही रहें मगर उन्होंने न माना और गुरु महाराज ने भी कहा कि अब ये राज्य करने और तुम्हारे पास रहने लायक न रहे क्योंकि संन्यास ले चुके हैं, शहर में रहने से कोई-न-कोई काम इनसे ऐसा हो ही जायगा जिससे यह पातकी होंगे और धर्म में बाधा पड़ेगी, मगर तुम्हें इन सब बातों का ख्याल न करके अपना राज करना ही होगा और इन्द्रनाथ को हम इसी समय यहां से ले जायेंगे ।

लाचार रोते और सिसकते हुए रनबीरसिंह को उनकी आज्ञा माननी ही पड़ी और उसी समय अपने चेले बाबाजी और इन्द्रनाथ को लेकर गुरु महाराज जिस राह से आये थे उसी राह से रवाना हो गए ।

दूसरे दिन राजा नारायणदत्त चोर दरवाजे के पहरेदार चंचलसिंह को प्राणदण्ड की आज्ञा देने के बाद रनबीरसिंह को इच्छानुसार तेजगढ़ की राजधानी रामसिंह के सुपुर्द करके कुसुमकुमारी, रनबीरसिंह, दीवान साहब, बीरसेन, सरदार चेतसिंह और उनके लड़के-वालों को साथ लेकर बिहार चले गये । इसके महीने-भर के बाद रनबीरसिंह को राजतिलक देकर अपने मित्र इन्द्रनाथ के अनुगामी और पक्षपाती होकर जंगल की तरफ पधार गए और फिर उन दोनों मित्रों का हाल किसी को मालूम न हुआ और कुसुमकुमारी तथा रनबीरसिंह को यह दुःख सहना ही पड़ा ।

साल-भर के बाद दीवान साहब को मालूम हुआ कि बालेसिंह के लश्कर से भागी हुई कालिन्दी को उन्हीं के दो नौकरों ने नदी पार उतारने के बहाने से डोंगी पर चढ़ा कर गिरफ्तार कर लिया था और जब उसे घसीट कर दीवान-साहब के पास लाने लगे तो कालिन्दी ने आत्महत्या कर ली थी। मगर इस खबर से दीवान साहब को किसी तरह का रंज न हुआ, वह बहुत दिनों तक जीते रह कर कुसुमकुमारी और रनबीरसिंह के सुख भोगने का आनन्द लेते रहे।

□□□